KB212984

사도들의 실천

ΠΡΑΞΕΙΣ ΑΠΟΣΤΟΛΩΝ

신약성서 헬라어 원전 강해 시리즈 5 — 사도행전

사도들의 실천 ΠΡΑΞΕΙΣ ΑΠΟΣΤΟΛΩΝ

2025년 4월 30일 처음 펴냄

지은이 | 진철
펴낸이 | 김영호
펴낸곳 | 도서출판 동연
주   소 | 서울시 마포구 월드컵로 163-3
전   화 | 02-335-2630
팩   스 | 02-335-2640
이메일 | yh4321@gmail.com
인스타그램 | dongyeon_press

ISBN 978-89-6447-095-4 04230
ISBN 978-89-6447-893-6 04230(신약성서 헬라어 원전 강해 시리즈)

신약성서 헬라어 원전 강해 시리즈 5

사도행전

사도들의
실천

ΠΡΑΞΕΙΣ ΑΠΟΣΤΟΛΩΝ

진철 지음

5

동연

이옥희 선교사님께

추 천 사

    사랑하고 존경하는 진철 목사가 사도행전 원전 강해를 출판하게 된 것을 진심으로 축하합니다.

    그는 예수님의 구속의 피로 세운 교회를 섬기는 가운데, 성서가 쓰여진 당시의 언어로 성서를 읽고 그 안에 담긴 진리를 우리 시대의 역사적 상황에 맞게 전하려는 깊은 열망을 품었습니다. 그러나 성서의 원어인 히브리어와 헬라어는 누구나 쉽게 접근할 수 있는 것이 아니었습니다. 그럼에도 불구하고 진 목사는 이 어려운 도전을 받아들였고, 신구약 성서를 원래의 시대적 맥락에서 읽고 하나님의 말씀을 정확하게 전하기 위해 수년간 깊이 있는 공부에 매진하였습니다. 그는 몇 년 동안 거의 모든 사회적 관계를 끊고, 마치 바울이 예수님을 만난 후 아라비아 사막에서 수년간 주님과의 영적 교류에 몰두한 것처럼, 오롯이 주님의 말씀을 새롭게 깨닫기 위한 시간을 보냈습니다.

    더욱이 진 목사는 이 언어를 공부하는 과정에서 성서 속에서 역사하시는 성령 하나님께 사로잡혔습니다. 신약성서에서 만난 예수님이 구약성서에서 만난 여호와 하나님과 동일한 영광의 하나님이라는 사실을 발견하고 삼위일체 하나님의 경이로움에 사로잡혀 놀라운 삶을 살기 시작했습니다.

    신학자 칼 바르트는 목회자가 신학을 연구하거나 교회를 섬기면서 끊임없는 놀라움에 사로잡혀야 한다고 말했습니다. 진 목사 역시 성서를 원전으로 읽으며 이 신비로운 놀라움 속에 깊이 빠졌고, 결국

이 진리를 세상에 전해야 한다는 뜨거운 소명으로 불타올라 견딜 수 없었습니다. 그리하여 그는 성서 원어 강해서를 집필하고 출간하기에 이르렀습니다.

그의 연구는 단순한 원어 해석에 머무르지 않고 각 장마다 해설을 덧붙여 오늘날의 역사적 상황에 적절하게 적용할 수 있도록 하였습니다. 우리는 이 책의 해설을 통해 하늘의 음성을 듣고 이 땅을 하나님의 나라로 확장해 나가야 할 것입니다. 여전히 거짓과 허위, 불의가 판치는 세상에서 고통받는 이들이 많기에 성서를 통해 흘러나오는 하늘의 음성이 더욱 절실한 시대입니다.

이번에 출판된 사도행전 강해서는 지식이 부족했던 베드로가 성령 충만하여 예수가 하나님의 아들 그리스도이심을 담대히 선포하며 어둠의 시대를 광명의 새 시대로 이끌고, 이어서 바울이 예수 그리스도께 붙잡혀 유럽 전역에 복음을 전하며 성령행전의 역사를 이루어 간 여정을 담고 있습니다.

이 성령행전은 지금도 계속되어야 합니다. 사도들이 성령의 능력에 사로잡혔던 것처럼 진 목사 또한 성서를 원전으로 읽으며 성령을 깊이 체험하였고, 그 성령과 함께 성서를 해석하고 해설을 달아 오늘날에도 하늘의 뜻을 전하고 있습니다.

바울이 복음을 전할 때 동족 유대인들과 로마 권력의 박해 속에서 막다른 상황에 처했지만 성령의 인도하심을 따라 길을 열어갔듯이, 오늘날 한국교회도 다시 성령 충만하여 시대의 위기를 극복해야 할 것입니다. 이 위기를 극복하고 이 땅에 정의와 평화, 생명이 충만하게 하기 위해서는, 사도들이 성령에 충만했던 것처럼 성령으로 무장해야 합니다.

이러한 때 출간된 사도행전 원전 강해를 통해 그때 역사하셨던 성령이 오늘날 한국에서도 강력하게 임하기를 기대합니다. 이 책이 오늘날 한국교회의 위기에 큰 도움이 되리라 확신합니다. 진 목사의 깊은 신앙과 학문적 통찰이 담긴 이 책을 강력히 추천합니다.

전병금 목사
(강남교회 원로목사, 기장 증경총회장)

머 리 말

독일 철학자 마틴 하이데거는 인간을 "세계-내-존재"라고 말했습니다. 그러나 그의 친구 루돌프 불트만은 그리스도인의 존재를 "탈세계화된 종말론적 실존"이라고 규정했습니다. 참 아름다운 표현입니다. 불트만의 말대로 탈세계화된 종말론적 실존의 삶을 행동으로 옮긴 사람이 있었으니, 그가 바로 디트리히 본회퍼입니다. 그는 자기 십자가를 지고 세상 밖으로 나간 사람입니다. 그리고 그가 독일 플로센부르크형무소의 사형장에서 세상을 떠난 지 20년 후에 본회퍼의 죽음을 신학적으로 해석한 책이 한 권 나왔습니다. 그것이 바로 저 유명한 위르겐 몰트만의 『희망의 신학』입니다. 몰트만의 '희망의 신학'은 다른 말로 하면 '부활의 신학'입니다. 기독교 역사상 그리스도의 부활을 그만큼 현실적으로 인식한 신학자는 없을 것입니다. 책에서 그는 그리스도 예수 안에서 하나님이 약속하신 부활의 미래, 종말론적 희망의 미래를 말합니다. 그것은 온 인류에게 던지는 참으로 아름답고 매력적인 희망의 메시지입니다.

내가 절대적 진리인 하나님의 말씀을 배우기 위해 한신에 입학한 지 한 달이 채 되지 않은 1975년 3월 말, 세계적인 신학자 몰트만이 우리 한신을 찾아왔습니다. 그것은 한신이 불의한 독재 권력에 온몸으로 저항하고 있었기 때문입니다. 나는 그분을 보는 순간 엄청난 감동을 받았습니다. 그것은 그분의 신학을 이해했기 때문이 아니라 그분의 외모가 매우 신비로운 분위기를 풍기고 있었기 때문입니다.

그분은 남자답게 잘생긴 얼굴이 아니라 곱상하고 사랑스러운 얼굴이었습니다. 그리고 짙은 녹색 계통의 재킷을 입고 있었는데, 뭔가 차원이 다른 세계에서 온 것 같은 느낌을 받았습니다. 일종의 문화충격이지요. 그러나 그분의 강연은 한마디도 알아듣지 못했습니다. 어쨌든 굉장히 멋있는 분이었다고 기억합니다.

내가 한신을 다닐 때 안병무 교수님께서 교무부장으로 계셨는데, 잘 아시다시피 그분은 독일 하이델베르크대학교 신학부에서 박사학위를 받으신 분입니다. 그분은 한신을 세계적인 신학대학으로 만들기 위해 독일 대학교 신학부 커리큘럼을 그대로 적용했습니다. 얼마나 대단합니까? 세계적인 신학자를 눈앞에서 보았지요, 공부는 세계 최고 수준입니다. 이제 남은 것은 무엇이겠습니까? 열심히 공부해서 훌륭한 목회자가 되거나 세계적인 신학자가 되는 것입니다. 선배들과 선생님들이 황금길을 다 깔아 놓으셨으니까요.

그러나 나는 제대로 적응하지 못하고 공부를 따라가지 못했습니다. 한국에서 고등학교를 나온 신학생이 소화하기에는 너무나 수준이 높았기 때문입니다. 그중에서도 가장 골칫거리는 언어였습니다. 독일어, 헬라어, 히브리어… 듣기만 해도 무시무시하지요. 2학년 1학기가 끝나고 학교에서 연락이 왔습니다. 두 과목이 학점이 안 나와서 유급시킬 수밖에 없으니 담당 교수님을 찾아가 학점을 받아오라는 것이었습니다. 그 두 과목은 헬라어 문법과 현대 철학 강의였습니다. 헬라어 문법을 가르친 진연섭 선생님을 어렵게 수소문하여 신촌 어느 교회로 찾아가 학점을 구걸했습니다. 그러자 선생님은 단칼에 잘라 버리셨습니다. 세상에 이보다 더 큰 망신이 어디 있겠습니까? 너무 비참했습니다. 그러나 어쩌겠습니까? 공부는 안 하고 엉뚱한 일에 열중한 첫값이지요. 그런데 감사하게도 철학과 장일조 교수님이 재시험 기회를 주셔서 가까스로 낙제는 면했습니다.

3학년 1학기 때 75학번 동기들 중 다섯 명이 유신에 저항하다가 감옥에 갔습니다. 그중에는 나도 있었습니다. 2년 7개월 정도 수감되었다가 대통령 암살 사건 후 석방되어 1980년 봄에 복학했습니다. 복학했더니 후배들은 무슨 대단한 영웅이 나타난 듯이 대접해 주었습니다. 그래서 한동안은 철없이 목에 힘주고 다니기도 했습니다. 그러다가 1980년 5월 다시 신군부 세력에 의해 수배되어 도망 다니는 신세가 되었습니다. 그리고 학교에서 쫓겨났다가 4년 후 1984년에 두 번째 복학을 했습니다. 그러나 매 학기 초면 어김없이 학과목 등록은 해놓고 학교에 가지 않고 공장을 다녔습니다. 당시 노동운동 바람이 강하게 불었던 시절이었습니다. 1986년 초 어느 날 학교 스승이신 김경재 교수님으로부터 호출이 와서 수유리 교수 공관으로 찾아갔더니 이렇게 말씀하셨습니다. "자네는 감옥에서 공부도 많이 했을 테니 논문은 쓰지 말고 책 한 권 정해서 요약(summary)해 오게. 그러면 그것으로 논문을 대체해 주겠네." 그래서 라틴아메리카의 아우구스토 보니노라는 분이 쓴 정치신학 책을 요약해서 교수님을 찾아갔습니다. 요약본의 제목은 "라틴아메리카의 혁명적 기독교"였습니다. 교수님께서는 요약 노트는 거들떠보지도 않고 걱정스러운 눈빛으로 나를 바라보며 말씀하셨습니다. "자네가 학교에 들어왔을 때 우리 선생들이 얼마나 큰 기대를 했는지 아나? 다들 세계적인 신학자가 탄생할 거라고 기대했었다네." 그러시더니 갑자기 요약 노트를 손에 들고 내 앞에 흔들면서 호통을 치셨습니다. "그런데 이게 뭔가!" 입이 백 개가 있으면 무슨 소용입니까? 그야말로 유구무언이지요. 그렇게 해서 겨우

학교를 졸업했습니다.

그랬던 사람이 헬라어 원전 강해 책들을 내고 있으니 인생이란 참으로 알 수 없는 길을 가는 것이라는 생각이 듭니다. 작년 7월 22일 스승이신 김경재 교수님을 모신 가운데 요한복음 강해 『영원한 로고스』 출판 기념회가 한신 수유리 캠퍼스에서 열렸습니다. 그 자리에는 한신 75학번 동기 강원돈 박사, 이화여대 신학대학원장 박경미 박사, 한신대 신학대학원장 전철 박사가 함께 참석해 자리를 빛내 주셨습니다. 나는 책을 헌정하기 위해 교수님 앞에 섰지만, 한마디의 말도 나오지 않았습니다. 대신에 교수님의 품에 안겨 "교수님, 사랑합니다"라고 고백했습니다. 젊은 시절 그렇게 풍채가 좋으셨던 스승의 몸은 너무 여위고 힘이 없었습니다. 그 순간 하나님께서 이끌어 가시는 시간의 무서운 힘을 실감했습니다. 우리는 함께 <스승의 은혜>를 불렀습니다. 이어서 교수님의 즉석 강의가 시작되었는데, 그것은 하늘 아래 두 번 다시 들을 수 없는 명강의였습니다. 우리는 모두 숨을 죽이고 쏟아지는 폭우 소리를 뚫고 들려오는 교수님의 카랑카랑한 음성을 들었습니다. 아, 사랑의 신학자 숨밭 선생님! 존경합니다.

사도행전은 한마디로 교회 이야기입니다. 그리고 그 무대의 주인공으로 등장하는 인물이 베드로와 바울입니다. 이 두 사람을 중심으로 히브리파와 헬라파의 대결 속에 기독교는 세계적인 신앙 공동체로 발전해 갑니다. 베드로는 그리스도께 직접 받은 사도직의 권위에 기초하여 창조적인 지도력을 발휘합니다. 교회의 정치가 시작된 것이지요. 그러나 그는 신학적 한계로 인해 세계 선교에 있어서 바울에게 주도권을 빼앗깁니다. 바울의 천재성은 진보적이고 혁신적인 신학을 통해 세계 선교의 길을 개척했다는 점에 있습니다. 신학의 시대가 열린 것이지요. 그리하여 마침내 기독교는 유대교 율법주의와 민족주의의 울타리를 부수고 광활한 역사의 무대에 등장하게 됩니다. 그러나 바울 역시 시대적 한계성을 피하지는 못합니다.

그러므로 우리는 새로운 시대에는 새로운 신학이 요구된다는 교훈을 얻게 됩니다. 오늘 이 시대의 교회가 나아갈 방향을 제시할 새롭고 창조적인 신학은 무엇일까요? 그리고 누가 그 역사적 사명을 감당할 것인가요?

2025. 4. 3.

진철

차 례

◦

◦

사도행전 1장

사도행전 2장

사도행전 3장

사도행전 4장

일러두기

성경 구절은 독일성서공회(academic-bible.com)의 '헬라어 성경'에서 인용하
였습니다.

새로운 시대의 개막

사도행전 1:1-11

1절

Τὸν μὲν πρῶτον λόγον ἐποιησάμην περὶ πάντων, ὦ Θεόφιλε, ὧν ἤρξατο ὁ Ἰησοῦς ποιεῖν τε καὶ διδάσκειν,

나는 모든 일들에 대하여 첫 번째 이야기를 만들었으니, 오 테오필로스여, 그것은 예수께서 행하고 가르치기를 시작하여

2절

ἄχρι ἧς ἡμέρας ἐντειλάμενος τοῖς ἀποστόλοις διὰ πνεύματος ἁγίου οὓς ἐξελέξατο ἀνελήμφθη.

그가 택한 사도들에게 성령을 통하여 명령하고 들림 받는 날까지의 모든 일에 대한 것이다.

3절

Οἷς καὶ παρέστησεν ἑαυτὸν ζῶντα μετὰ τὸ παθεῖν αὐτὸν ἐν πολλοῖς τεκμηρίοις, δι᾽ ἡμερῶν τεσσεράκοντα ὀπτανόμενος αὐτοῖς καὶ λέγων τὰ περὶ τῆς βασιλείας τοῦ θεοῦ·

그리고 그는 그들에게 그가 고난받은 후 40일 동안 나타나 하나님의 나라

에 대한 것들을 말하면서 많은 확실한 증거로 자신이 살아있음을 그들에게 제시했다.

4절

καὶ συναλιζόμενος παρήγγειλεν αὐτοῖς ἀπὸ Ἱεροσολύμων μὴ χωρίζεσθαι ἀλλὰ περιμένειν τὴν ἐπαγγελίαν τοῦ πατρὸς ἣν ἠκούσατέ μου,

그리고 그는 함께 모였을 때 그들에게 명령했다. "예루살렘을 떠나지 말고 너희가 나에게 들은 바 아버지의 약속을 기다려라.

5절

ὅτι Ἰωάννης μὲν ἐβάπτισεν ὕδατι, ὑμεῖς δὲ ἐν πνεύματι βαπτισθήσεσθε ἁγίῳ οὐ μετὰ πολλὰς ταύτας ἡμέρας.

왜냐하면 요한은 물로 세례를 베풀었지만, 너희는 이날 후에 오래지 않아 성령으로 세례받을 것이기 때문이다."

6절

Οἱ μὲν οὖν συνελθόντες ἠρώτων αὐτὸν λέγοντες· κύριε, εἰ ἐν τῷ χρόνῳ τούτῳ ἀποκαθιστάνεις τὴν βασιλείαν τῷ Ἰσραήλ;

그러자 그들이 함께 와서 그에게 물었다. "주님, 혹시 당신께서 이때에 이스라엘에게 나라를 회복시켜 주시려는 것입니까?"

7절

εἶπεν δὲ πρὸς αὐτούς· οὐχ ὑμῶν ἐστιν γνῶναι χρόνους ἢ καιροὺς οὓς ὁ πατὴρ ἔθετο ἐν τῇ ἰδίᾳ ἐξουσίᾳ,

그러자 그는 그들을 향하여 말했다. "아버지께서 자기의 권세 안에 놓아 두신 것을 아는 것은 너희들의 몫이 아니다.

8절

ἀλλὰ λήμψεσθε δύναμιν ἐπελθόντος τοῦ ἁγίου πνεύματος ἐφ᾽ ὑμᾶς καὶ ἔσεσθέ μου μάρτυρες ἔν τε Ἰερουσαλὴμ καὶ ἐν πάσῃ τῇ Ἰουδαίᾳ καὶ Σαμαρείᾳ καὶ ἕως ἐσχάτου τῆς γῆς.

대신에 성령이 너희에게 임하면 너희는 능력을 받을 것이고 예루살렘과 온 유대와 사마리아와 땅끝까지 나의 증인들이 될 것이다."

9절

Καὶ ταῦτα εἰπὼν βλεπόντων αὐτῶν ἐπήρθη καὶ νεφέλη ὑπέλαβεν αὐτὸν ἀπὸ τῶν ὀφθαλμῶν αὐτῶν.

그리고 이것들을 말한 후 그는 그들이 보고 있는 가운데 들려졌다. 그리고 그들의 눈앞에서 구름이 그를 받들어 올렸다.

10절

καὶ ὡς ἀτενίζοντες ἦσαν εἰς τὸν οὐρανὸν πορευομένου αὐτοῦ, καὶ ἰδοὺ ἄνδρες δύο παρειστήκεισαν αὐτοῖς ἐν ἐσθήσεσιν λευκαῖς,

그리고 그들이 그가 하늘로 가는 것을 응시하고 있을 때, 보라! 흰옷을 입은 두 사람이 그들 곁에 나타났다.

11절

οἳ καὶ εἶπαν· ἄνδρες Γαλιλαῖοι, τί ἑστήκατε ἐμβλέποντες εἰς τὸν οὐρανόν; οὗτος ὁ Ἰησοῦς ὁ ἀναλημφθεὶς ἀφ᾽ ὑμῶν εἰς τὸν οὐρανὸν οὕτως ἐλεύσεται ὃν τρόπον ἐθεάσασθε αὐτὸν πορευόμενον εἰς τὸν οὐρ ανόν.

그리고 말했다. "갈릴리 사람들아, 어찌하여 너희는 서서 하늘을 쳐다보고 있느냐? 너희로부터 하늘로 들려 올려진 이 예수는 그가 하늘로 가는 것을 너희가 보았던 그 모습 그대로 올 것이다."

해설

    사도행전의 저자는 데오빌로에게 보고하는 형식으로 이야기를 시작한다. 그의 첫 번째 책인 누가복음도 그렇게 시작했다. 그것은 참으로 특이한 방식의 글쓰기다. 그는 왜 엄청난 분량의 글을 데오빌로에게 전달하고 있는가? 그는 데오빌로라는 매우 높은 지위에 있는 인물을 통해 복음이 확장되기를 원하고 있다. 그것은 정치적인 의도가 있는 정치적 행위다. 드디어 하나님 나라는 종말론적 실존의 좁은 공간을 벗어나 역사의 광활한 무대로 나아간다. 그것은 새로운 시대의 개막이며 또한 대담한 도전이다.

    이제 이야기의 주인공은 나사렛 예수에게서 사도들로 바뀐다. 그러나 시대와 주인공이 바뀌어도 그 근저에 흐르는 힘의 원천은 동일하다.

    나사렛 예수는 성령의 힘으로 일하시고, 성령의 힘으로 부활하시고, 성령의 힘으로 제자들에게 명령하시고, 성령의 힘으로 하늘로 들려졌다. 사도들도 그 힘으로 땅끝까지 복음을 전할 것이다. 그러나 그들은 그들이 그리스도에게서 위탁받은 사명이 얼마나 큰 것인지를 아직 모르고 있다. 그들 역시 성령의 힘에 사로잡힐 때 하나님 나라의 실체를 경험하고, 그 사명을 감당할 것이다.

새로운 지도력의 탄생

사도행전 1:12-26

12절

Τότε ὑπέστρεψαν εἰς Ἰερουσαλὴμ ἀπὸ ὄρους τοῦ καλουμένου Ἐλαι ῶνος, ὅ ἐστιν ἐγγὺς Ἰερουσαλὴμ σαββάτου ἔχον ὁδόν.

그때 그들은 올리브나무의 산이라는 곳으로부터 예루살렘으로 돌아 갔는데, 그 산은 안식일에 길을 취할 수 있을 정도로 예루살렘에서 가까 웠다.

13절

καὶ ὅτε εἰσῆλθον, εἰς τὸ ὑπερῷον ἀνέβησαν οὗ ἦσαν καταμένοντες, ὅ τε Πέτρος καὶ Ἰωάννης καὶ Ἰάκωβος καὶ Ἀνδρέας, Φίλιππος καὶ Θωμ ᾶς, Βαρθολομαῖος καὶ Μαθθαῖος, Ἰάκωβος Ἀλφαίου καὶ Σίμων ὁ ζηλω τὴς καὶ Ἰούδας Ἰακώβου.

그리고 그들이 들어갔을 때 그들은 그들이 머물고 있던 위층 다락방으로 올라갔는데, 그들은 베드로와 요한과 야고보와 안드레, 빌립과 도마, 바돌로매와 마태, 알패오의 아들 야고보와 젤롯당원 시몬과 야고보의 아들 유다였다.

14절

οὗτοι πάντες ἦσαν προσκαρτεροῦντες ὁμοθυμαδὸν τῇ προσευχῇ σὺν γυναιξὶν καὶ Μαριὰμ τῇ μητρὶ τοῦ Ἰησοῦ καὶ τοῖς ἀδελφοῖς αὐτοῦ.

이들 모두는 여자들과 예수의 어머니 마리아와 그의 형제들과 함께 한마음으로 기도에 전념하고 있었다.

15절

Καὶ ἐν ταῖς ἡμέραις ταύταις ἀναστὰς Πέτρος ἐν μέσῳ τῶν ἀδελφῶν εἶπεν· ἦν τε ὄχλος ὀνομάτων ἐπὶ τὸ αὐτὸ ὡσεὶ ἑκατὸν εἴκοσι·

그리고 저 날들에 베드로가 형제들 한가운데 일어나서 말했다. 그런데 120개 정도의 이름을 가진 무리가 함께 있었다.

16절

ἄνδρες ἀδελφοί, ἔδει πληρωθῆναι τὴν γραφὴν ἣν προεῖπεν τὸ πνεῦμα τὸ ἅγιον διὰ στόματος Δαυὶδ περὶ Ἰούδα τοῦ γενομένου ὁδηγοῦ τοῖς συλλαβοῦσιν Ἰησοῦν,

"사람들과 형제들아, 예수를 잡아간 자들에게 길잡이가 되었던 유다에 대하여 성령께서 다윗의 입을 통하여 미리 말씀하신 성경이 반드시 성취되어야만 했다.

17절

ὅτι κατηριθμημένος ἦν ἐν ἡμῖν καὶ ἔλαχεν τὸν κλῆρον τῆς διακονίας ταύτης.

왜냐하면 그는 우리 속에 포함되어 있었고 이 섬김의 기업을 얻었기 때문이다.

18절

οὗτος μὲν οὖν ἐκτήσατο χωρίον ἐκ μισθοῦ τῆς ἀδικίας καὶ πρηνὴς
γενόμενος ἐλάκησεν μέσος καὶ ἐξεχύθη πάντα τὰ σπλάγχνα αὐτοῦ·

그런데 이 사람은 불의의 품삯으로 땅을 샀으나 거꾸로 떨어져 배가 터져
서 그의 모든 내장이 쏟아졌다.

19절

καὶ γνωστὸν ἐγένετο πᾶσιν τοῖς κατοικοῦσιν Ἰερουσαλήμ, ὥστε
κληθῆναι τὸ χωρίον ἐκεῖνο τῇ ἰδίᾳ διαλέκτῳ αὐτῶν Ἀκελδαμάχ, τοῦτ'
ἔστιν χωρίον αἵματος.

그리고 그 일이 예루살렘에 거주하는 모든 사람에게 알려져서, 저 땅이
그들의 말로, '하켈다마크', 곧 '피의 땅'이라고 불리게 되었다.

20절

γέγραπται γὰρ ἐν βίβλῳ ψαλμῶν·
γενηθήτω ἡ ἔπαυλις αὐτοῦ ἔρημος
καὶ μὴ ἔστω ὁ κατοικῶν ἐν αὐτῇ,
καί· τὴν ἐπισκοπὴν αὐτοῦ λαβέτω ἕτερος.

참으로 시편의 책에 기록되어 있다.
'그의 거주지가 황무지가 되게 하시고
그 안에 거주하는 사람이 없게 하소서.'

21절

δεῖ οὖν τῶν συνελθόντων ἡμῖν ἀνδρῶν ἐν παντὶ χρόνῳ ᾧ εἰσῆλθεν
καὶ ἐξῆλθεν ἐφ᾽ ἡμᾶς ὁ κύριος Ἰησοῦς,

그러므로 주 예수께서 우리 앞에 들어가고 나갔던 모든 시간 동안 우리와
함께했던 사람들 중에서,

22절

ἀρξάμενος ἀπὸ τοῦ βαπτίσματος Ἰωάννου ἕως τῆς ἡμέρας ἧς ἀνελή
μφθη ἀφ᾽ ἡμῶν, μάρτυρα τῆς ἀναστάσεως αὐτοῦ σὺν ἡμῖν γενέσθαι
ἕνα τούτων.

곧 요한의 세례로부터 시작하여 그가 우리에게서 들려 올려진 날까지
우리와 함께했던 이 사람들 중의 하나가 우리와 함께 그의 부활의 증인이
되는 것이 마땅하다.”

23절

Καὶ ἔστησαν δύο, Ἰωσὴφ τὸν καλούμενον Βαρσαββᾶν ὃς ἐπεκλήθη
Ἰοῦστος, καὶ Μαθθίαν.

그리고 그들은 둘을 세웠는데, 그들은 유스토스라 불리는 바르사빠 요셉
과 맛디아였다.

24절

καὶ προσευξάμενοι εἶπαν· σὺ κύριε καρδιογνῶστα πάντων, ἀνάδειξ
ον ὃν ἐξελέξω ἐκ τούτων τῶν δύο ἕνα

그리고 그들은 기도하면서 말했다. “모든 사람의 마음을 아시는 주님,

이 두 사람 중에 당신께서 택하신 한 사람을 확실히 보여주셔서,

25절

λαβεῖν τὸν τόπον τῆς διακονίας ταύτης καὶ ἀποστολῆς ἀφ᾽ ἧς παρέβη Ἰούδας πορευθῆναι εἰς τὸν τόπον τὸν ἴδιον.

그리하여 그로 하여금 유다가 자기의 장소로 가기 위하여 내버리고 간 이 섬김과 사도직의 자리를 차지하게 하소서."

26절

καὶ ἔδωκαν κλήρους αὐτοῖς καὶ ἔπεσεν ὁ κλῆρος ἐπὶ Μαθθίαν καὶ συγκατεψηφίσθη μετὰ τῶν ἔνδεκα ἀποστόλων.

그리고 그들은 두 사람에게 제비를 주었다. 그리고 제비는 맛디아에게 떨어졌다. 그리하여 그는 열한 명의 사도와 함께 숫자에 포함되었다.

해설

　사도행전은 교회의 탄생을 알리고 있다. 이 새로운 공동체는 나사렛 예수의 승천이 가져온 혼란 속에서 탄생했다. 그 어수선한 상황에서 지도력을 발휘한 인물은 시몬 베드로였다. 그는 120명의 제자 한가운데 일어나 재빨리 혼란을 수습한다. 그것은 탁월한 능력을 요구하는 일이었다. 그는 조직을 배신하고 이탈한 가룟 유다 사건에 대해 성경 말씀에 근거하여 신학적 해석을 내린다. 그는 가룟 유다가 거룩한 사도직을 버린 것은 결국 그에게 정해진 자기의 장소로 가기 위한 것이었다고 말한다. 그러므로 그는 가룟 유다가 자살하고, 거꾸로 떨어져서 배가 터지고, 내장이 쏟아져 땅을 피로 적신 것은 이미 다윗의 입을 통해 성령께서 말씀하신 예언의 성취일 뿐이라고 결론을 내린다. 이 대담하고도 냉정한 판단은 새로운 공동체의 출발점이 되었다. 베드로는 가룟 유다가 버리고 간 자리를 채워야 한다고 설득한다. 그리고 공동체의 구성원들은 베드로의 말에 따라간다. 그것은 새로운 지도력의 탄생이다. 그리하여 맛디아가 제비를 뽑아 그 자리를 차지하여 12사도의 반열에 오른다. 이제 이 새로운 공동체는 스스로 신학적 판단을 내리고 조직을 정비하는 주체적 활동을 통해 하나의 역사적 실체로 등장한다. 그리고 이 역사적 실체로서의 교회는 온갖 세상적 요소들과 함께, 세상 속에서, 세상을 초월하는, 신비롭고 매력적인 공동체로 성장할 것이다.

성령의 특성들

사도행전 2:1-4

1절

Καὶ ἐν τῷ συμπληροῦσθαι τὴν ἡμέραν τῆς πεντηκοστῆς ἦσαν πάντες ὁμοῦ ἐπὶ τὸ αὐτό.

그리고 오순절 날이 채워졌을 때 모든 사람이 함께 같이 있었다.

2절

καὶ ἐγένετο ἄφνω ἐκ τοῦ οὐρανοῦ ἦχος ὥσπερ φερομένης πνοῆς βιαίας καὶ ἐπλήρωσεν ὅλον τὸν οἶκον οὗ ἦσαν καθήμενοι

그리고 갑자기 하늘로부터 격렬한 바람이 실려 오는 듯한 소리가 있더니 그들이 앉아 있던 집 전체를 채웠다.

3절

καὶ ὤφθησαν αὐτοῖς διαμεριζόμεναι γλῶσσαι ὡσεὶ πυρὸς καὶ ἐκάθισεν ἐφ' ἕνα ἕκαστον αὐτῶν,

그리고 그들에게 불같은 혓바닥들이 나타나서 그들 한 사람, 한 사람 위에 앉았다.

4절

καὶ ἐπλήσθησαν πάντες πνεύματος ἁγίου καὶ ἤρξαντο λαλεῖν ἑτέρα
ις γλώσσαις καθὼς τὸ πνεῦμα ἐδίδου ἀποφθέγγεσθαι αὐτοῖς.

그리고 모든 사람이 성령으로 채워져서 성령께서 발설하도록 그들에게
주시는 대로 다른 언어들로 이야기하기 시작했다.

해설

오순절 마가 다락방 사건은 성령의 몇 가지 특성들을 계시하고 있다.

첫째, 초월성

성령께서는 하늘로부터 오셔서, 인간이 감당할 수 없는 강력한 힘으로 자신의 의지를 관철시키고, 사람들이 알지 못하는 언어를 말하게 함으로써 자신의 초월성을 드러낸다.

둘째, 물질성

하나님 영광의 본질인 성령은 하나님의 가장 깊은 곳에 숨어계시는 하나님이시다. 그러므로 성령이 자기 자신을 드러내는 것은 극히 이례적인 일이다. 성령은 예수의 세례식 때는 비둘기의 형체로, 오순절 마가 다락방 사건에서는 격렬한 바람 소리와 불의 혓바닥의 형체를 취한다. 영원한 로고스는 육체 속에 오시고, 영광의 본질인 성령은 물질 속에 오신다. 그것은 하나님의 아가페 사랑의 성실성 때문에 생기는 하나님의 자기 비하다. 그러므로 로고스의 성육신과 성령의 물질화는 본질적으로 같은 것이다.

셋째, 인격성

성령은 성도들을 찾아오셔서 각 사람 머리 위에 앉아계신다. 성령은 한 사람, 한 사람과 개별적인 관계 속에서 은밀한 사랑을 나누는 인격의 하나님이시다. 그것은 지극히 내밀한 부부의 사랑과 같다. 그 비밀을 외부에 발설하는 것은 사랑을 모독하는 것이고, 그들의 인격적 관계는 파괴된다. 그러므로 우리는 성령의 비밀스러운 일을 마음속 깊은 곳에 품고 있어야 한다. 예수님의 어머니 마리아처럼.

넷째, 공동체성

성령은 공동체의 영이시다. 성령은 각 사람 위에 임하시기 전에 먼저 예루살렘교회를 찾아오신다. 예루살렘교회는 목숨 바쳐 예수를 사랑하는 사람들의 모임이다. 그들은 예수 말씀에 순종하고, 예수 이름으로 모여 기도하고 있다. 성령은 각 사람 위에 임하시기 전에 먼저 그들이 모인 집 전체를 격렬한 바람 소리로 가득 채우심으로 자신이 공동체의 영임을 계시하신다. 그러므로 각 개인이 성령 받는 것보다 더 중요한 것은 그리스도의 몸 된 교회에 속하는 것이다.

다섯째, 격렬성

이 세상에 뜨뜻미지근한 사랑이란 없다. 모든 사랑은 폭풍 같은 열정을 품고 있고, 그 열정은 모든 창조의 원동력이다. 하나님이 열심을 품고 열정적으로 일하시는 것은 그분의 본질이 사랑이기 때문이다. 격렬한 바람 소리를 일으키며 교회를 찾아오시는 성령은 그리스도의 교회를 향한 열정으로 가득한 사랑의 하나님이시다.

헬라파 유대인들의 등장

사도행전 2:5-13

5절

Ἦσαν δὲ εἰς Ἰερουσαλὴμ κατοικοῦντες Ἰουδαῖοι, ἄνδρες εὐλαβεῖς ἀπὸ παντὸς ἔθνους τῶν ὑπὸ τὸν οὐρανόν.

그런데 예루살렘에는 유대인들, 곧 하늘 아래 모든 민족으로부터 온 경건한 사람들이 거주하고 있었다.

6절

γενομένης δὲ τῆς φωνῆς ταύτης συνῆλθεν τὸ πλῆθος καὶ συνεχύθη, ὅτι ἤκουον εἷς ἕκαστος τῇ ἰδίᾳ διαλέκτῳ λαλούντων αὐτῶν.

그런데 이 소리가 나자 무리가 함께 와서 모였다. 왜냐하면 그들이 이야기할 때 각 사람이 자기의 언어로 듣고 있었기 때문이다.

7절

ἐξίσταντο δὲ καὶ ἐθαύμαζον λέγοντες· οὐχ ἰδοὺ ἅπαντες οὗτοί εἰσιν οἱ λαλοῦντες Γαλιλαῖοι;

그러자 그들은 혼이 나가서 깜짝 놀라며 말했다. "보라! 이야기하는 이 사람들은 모두 갈릴리 사람들이 아니냐?

8절

καὶ πῶς ἡμεῖς ἀκούομεν ἕκαστος τῇ ἰδίᾳ διαλέκτῳ ἡμῶν ἐν ᾗ ἐγεννή

θημεν;

그런데 어떻게 우리가 태어난 곳의 언어로 각자 듣고 있느냐?

9절

Πάρθοι καὶ Μῆδοι καὶ Ἐλαμῖται καὶ οἱ κατοικοῦντες τὴν Μεσοποτ

αμίαν, Ἰουδαίαν τε καὶ Καππαδοκίαν, Πόντον καὶ τὴν Ἀσίαν,

파르타이인들과 메대인들과 엘람인들과 메소포타미아, 유대, 카파도키

아, 폰토스, 아시아,

10절

Φρυγίαν τε καὶ Παμφυλίαν, Αἴγυπτον καὶ τὰ μέρη τῆς Λιβύης τῆς

κατὰ Κυρήνην, καὶ οἱ ἐπιδημοῦντες Ῥωμαῖοι,

프리기아, 팜필리아, 에집트, 퀴레네 주변의 리비아 지역에 거주하는

자들 그리고 로마에 거류하는 자들,

11절

Ἰουδαῖοί τε καὶ προσήλυτοι, Κρῆτες καὶ Ἄραβες, ἀκούομεν λαλού

ντων αὐτῶν ταῖς ἡμετέραις γλώσσαις τὰ μεγαλεῖα τοῦ θεοῦ.

곧 유대인들과 개종자들, 크레테인들과 아라비아인들인 우리가 그들이

우리의 언어로 하나님의 위대하심을 이야기하는 것을 듣고 있다.”

12절

ἐξίσταντο δὲ πάντες καὶ διηπόρουν, ἄλλος πρὸς ἄλλον λέγοντες· τί θέλει τοῦτο εἶναι;

그러자 모든 사람들이 혼이 나가서 당황하며 각자 서로 말했다. "도대체 이 일이 어떻게 되려는 것이냐?"

13절

ἕτεροι δὲ διαχλευάζοντες ἔλεγον ὅτι γλεύκους μεμεστωμένοι εἰσίν.

그런데 다른 사람들은 비웃으면서 말하고 있었다. "이 사람들이 달콤한 포도주에 취했군."

해설

  나사렛 예수의 고난과 부활의 현장인 예루살렘을 떠나지 않고 있던 갈릴리 사람들에게 하늘로부터 기이하고 놀라운 표적이 일어난 날 새로운 증인들이 있었다. 그들은 디아스포라 유대인들과 유대교로 개종한 이방인들이다. 그들은 히브리파 유대인들과는 달리 세계화된 유대인들이었다. 그들은 개방적이고 진보적인 세계관을 가지고 있었으며 초기 기독교 공동체의 발전 과정에서 대단히 중요한 역할을 한다. 그리고 유대주의의 한계에 갇혀 있었던 기독교 공동체에 새로운 생명력을 제공하는데 이는 유대주의와의 격렬한 투쟁의 과정을 거치게 된다. 누가가 오순절 성령강림 현장을 소개하면서 이 헬라파 유대인들을 언급하는 것은 다분히 신학적 의도가 있다. 역사신학적 관점을 가지고 나사렛 예수 사건을 기록했던 누가는 장차 그들이 감당할 선교적 역할을 주목하고 있다. 그것은 그가 경험하고 목격한 기독교 선교의 역사적 발전 과정을 설명하는 가운데 그들이 결정적으로 중요한 요소라는 것을 깨달았기 때문이다. 우리는 바울이 이방인들의 사도로 등장하기 전에 이미 이 헬라파 유대인들에 의해 어느 정도 기독교 선교가 진행되고 있었다는 사실에 주목할 필요가 있다. 비록 헬라파 유대인들이 조직적이고 체계적인 기독교 선교를 전개하지는 못했을지라도, 예루살렘에서 나사렛 예수의 제자들에게 일어난 종말론적 구원의 표적에 관한 이야기들은 온 세상에 퍼지고 있었다.

디아스포라(διασπορα): 디아스페이로(διασπειρω=두루 뿌리다)의 명사형

이스라엘 민족의 죄악 때문에 하나님께서 온 세상에 흩어놓았던 유대인들은 가는 곳마다 유대교 회당을 중심으로 그들의 신앙생활을 계속하였는데, 이 회당은 새로 탄생한 기독교 공동체에 엄청난 영향을 미치게 된다. 어떤 의미에서 기독교는 헬라 문화의 옷을 입고 역사 속에 나타난 세계화된 유대교라고 해도 과언이 아니다. 유대 민족의 고난의 증거인 디아스포라 공동체는 선교적 관점에서 보면 하나님의 역사 섭리의 오묘함을 계시하는 증거다. 만약 디아스포라 유대교 회당 공동체가 없었다면 기독교는 이처럼 빠른 속도로 세계적 신앙 공동체로 성장하지 못했을 것이다. 이것으로 우리는 역사 섭리의 주인은 하나님이심을 고백하게 된다. 그러므로 어떤 개인의 신학적, 선교적 업적을 지나치게 절대화하거나 찬양해서는 안 된다. 단지 그들은 어떤 특정한 시대에 부름 받고 쓰임 받은 하나님의 일꾼들일 뿐이다.

베드로의 설교와 3,000명

사도행전 2:14-42

14절

Σταθεὶς δὲ ὁ Πέτρος σὺν τοῖς ἕνδεκα ἐπῆρεν τὴν φωνὴν αὐτοῦ καὶ ἀπεφθέγξατο αὐτοῖς· ἄνδρες Ἰουδαῖοι καὶ οἱ κατοικοῦντες Ἰερουσαλὴμ πάντες, τοῦτο ὑμῖν γνωστὸν ἔστω καὶ ἐνωτίσασθε τὰ ῥήματά μου.

그러자 베드로가 열한 명의 사도와 함께 일어나서 그의 목소리를 높이며 그들에게 열변을 토했다. "유대인들과 예루살렘에 거주하는 모든 사람이여, 이 일이 너희에게 알려질지어다. 그리고 나의 말들을 새겨들으라.

15절

οὐ γὰρ ὡς ὑμεῖς ὑπολαμβάνετε οὗτοι μεθύουσιν, ἔστιν γὰρ ὥρα τρίτη τῆς ἡμέρας,

너희가 생각하는 것처럼 이 사람들은 취한 것이 아니다. 왜냐하면 시간이 제3시(아침 9시)이기 때문이다.

16절

ἀλλὰ τοῦτό ἐστιν τὸ εἰρημένον διὰ τοῦ προφήτου Ἰωήλ·

대신에 이것은 선지자 요엘을 통해 말씀된 것이다.

17절

καὶ ἔσται ἐν ταῖς ἐσχάταις ἡμέραις, λέγει ὁ θεός,

ἐκχεῶ ἀπὸ τοῦ πνεύματός μου ἐπὶ πᾶσαν σάρκα,

καὶ προφητεύσουσιν οἱ υἱοὶ ὑμῶν καὶ αἱ θυγατέρες ὑμῶν

καὶ οἱ νεανίσκοι ὑμῶν ὁράσεις ὄψονται

καὶ οἱ πρεσβύτεροι ὑμῶν ἐνυπνίοις ἐνυπνιασθήσονται·

'그리고 마지막 날들에 있을 것이다. 하나님께서 말씀하신다.

내가 나의 영을 모든 육체 위에 부을 것이다.

그리고 너희의 아들들과 너희의 딸들은 예언할 것이다.

그리고 너희의 젊은이들은 환상을 볼 것이다.

그리고 너희의 늙은이들은 꿈을 꿀 것이다.

18절

καί γε ἐπὶ τοὺς δούλους μου καὶ ἐπὶ τὰς δούλας μου ἐν ταῖς ἡμέραις ἐκείναις

ἐκχεῶ ἀπὸ τοῦ πνεύματός μου,

καὶ προφητεύσουσιν.

그리고 마지막 날들에 나의 종들과 여종들에게 나의 영을 부을 것이다.

그리고 그들은 예언할 것이다.

19절

καὶ δώσω τέρατα ἐν τῷ οὐρανῷ ἄνω

καὶ σημεῖα ἐπὶ τῆς γῆς κάτω,

αἷμα καὶ πῦρ καὶ ἀτμίδα καπνοῦ.

그리고 나는 위로는 하늘에서 기사를 그리고 아래로는 땅에서 표적들을
줄 것이니, 곧 피와 불과 연기다.

20절

ὁ ἥλιος μεταστραφήσεται εἰς σκότος καὶ ἡ σελήνη εἰς αἷμα,
πρὶν ἐλθεῖν ἡμέραν κυρίου τὴν μεγάλην καὶ ἐπιφανῆ.
해가 어둠으로 변할 것이고, 달은 피로 변할 것이다.
주님의 크고 찬란한 날이 오기 전에.

21절

καὶ ἔσται πᾶς ὃς ἂν ἐπικαλέσηται τὸ ὄνομα κυρίου σωθήσεται.
그리고 주님의 이름을 부르는 모든 사람은 구원받을 것이다.'

22절

Ἄνδρες Ἰσραηλῖται, ἀκούσατε τοὺς λόγους τούτους· Ἰησοῦν τὸν
Ναζωραῖον, ἄνδρα ἀποδεδειγμένον ἀπὸ τοῦ θεοῦ εἰς ὑμᾶς δυνάμεσιν
καὶ τέρασιν καὶ σημείοις οἷς ἐποίησεν δι᾽ αὐτοῦ ὁ θεὸς ἐν μέσῳ ὑμῶν
καθὼς αὐτοὶ οἴδατε,
　이스라엘 사람들아, 이 말들을 들으라. 나사렛 예수, 곧 너희 자신들이
알고 있는 바와 같이 하나님께서 너희 가운데서 그를 통하여 행하신 능력
들과 기사들과 표적들로 하나님으로부터 너희에게 나타난 사람,

23절

τοῦτον τῇ ὡρισμένῃ βουλῇ καὶ προγνώσει τοῦ θεοῦ ἔκδοτον διὰ

χειρὸς ἀνόμων προσπήξαντες ἀνείλατε,

이 사람, 곧 하나님의 정하신 뜻과 미리 아심대로 무법자들의 손을 통하여
넘겨진 이 사람을 너희는 못 박아 제거했다.

24절

ὃν ὁ θεὸς ἀνέστησεν λύσας τὰς ὠδῖνας τοῦ θανάτου,
καθότι οὐκ ἦν δυνατὸν κρατεῖσθαι αὐτὸν ὑπ᾽ αὐτοῦ.

그러나 하나님께서는 사망의 고통을 풀어서 그를 일으키셨다.
왜냐하면 그는 사망에 의해 붙잡혀 있을 수 없기 때문이다.

25절

Δαυὶδ γὰρ λέγει εἰς αὐτόν·
προορώμην τὸν κύριον ἐνώπιόν μου διὰ παντός,
ὅτι ἐκ δεξιῶν μού ἐστιν ἵνα μὴ σαλευθῶ.

다윗은 그에 대하여 말하고 있다.
'나는 항상 내 앞에서 주님을 바라보고 있다.
왜냐하면 내가 흔들리지 않도록 그분께서 나의 오른쪽에 계시기 때문이다.

26절

διὰ τοῦτο ηὐφράνθη ἡ καρδία μου
καὶ ἠγαλλιάσατο ἡ γλῶσσά μου,
ἔτι δὲ καὶ ἡ σάρξ μου κατασκηνώσει ἐπ᾽ ἐλπίδι,

이러므로 나의 마음이 즐거워하고
나의 혀가 기뻐했고,

나의 육체는 여전히 희망 위에서 거할 것이다.

27절

ὅτι οὐκ ἐγκαταλείψεις τὴν ψυχήν μου εἰς ᾅδην

οὐδὲ δώσεις τὸν ὅσιόν σου ἰδεῖν διαφθοράν.

왜냐하면 그분께서 나의 영혼을 음부에 내버리지 않으실 것이고

또한 당신께서 당신의 거룩한 자가 부패를 보지 않게 하실 것이기 때문이다.

28절

ἐγνώρισάς μοι ὁδοὺς ζωῆς,

πληρώσεις με εὐφροσύνης μετὰ τοῦ προσώπου σου.

당신께서는 나에게 생명의 길들을 알려주시고,

나를 당신의 얼굴과 함께 즐거움으로 채워주실 것이다.'

29절

Ἄνδρες ἀδελφοί, ἐξὸν εἰπεῖν μετὰ παρρησίας πρὸς ὑμᾶς περὶ τοῦ

πατριάρχου Δαυὶδ ὅτι καὶ ἐτελεύτησεν καὶ ἐτάφη, καὶ τὸ μνῆμα αὐτοῦ

ἔστιν ἐν ἡμῖν ἄχρι τῆς ἡμέρας ταύτης.

형제들이여, 담대함으로 너희를 향하여 조상 다윗에 대하여 말하는 것이 합당

하다. 그 역시 죽어서 묻혔다. 그리고 그의 무덤이 이날까지 너희 안에 있다.

30절

προφήτης οὖν ὑπάρχων καὶ εἰδὼς ὅτι ὅρκῳ ὤμοσεν αὐτῷ ὁ θεὸς

ἐκ καρποῦ τῆς ὀσφύος αὐτοῦ καθίσαι ἐπὶ τὸν θρόνον αὐτοῦ,

그는 선지자이고, 하나님께서 그의 허리에서 난 열매가 그의 보좌에 앉게 될 것이라고 그에게 맹세하며 약속하신 것을 알고,

31절

προϊδὼν ἐλάλησεν περὶ τῆς ἀναστάσεως τοῦ Χριστοῦ ὅτι οὔτε ἐγκα
τελείφθη εἰς ᾅδην οὔτε ἡ σὰρξ αὐτοῦ εἶδεν διαφθοράν.

미리 내다보고 그리스도의 부활에 대하여 이야기한 것이니, 곧 그가 음부에 내버려지지 않으며 또한 그의 육체가 부패를 보지 않을 것이라는 것이다.

32절

τοῦτον τὸν Ἰησοῦν ἀνέστησεν ὁ θεός, οὗ πάντες ἡμεῖς ἐσμεν μάρτυ
ρες·

이 예수를 하나님께서 일으키셨고, 우리 모두는 그의 증인들이다.

33절

τῇ δεξιᾷ οὖν τοῦ θεοῦ ὑψωθείς, τήν τε ἐπαγγελίαν τοῦ πνεύματος
τοῦ ἁγίου λαβὼν παρὰ τοῦ πατρός, ἐξέχεεν τοῦτο ὃ ὑμεῖς καὶ βλέπετε
καὶ ἀκούετε.

그러므로 그는 하나님의 우편으로 올려졌고, 아버지께로부터 성령의 약속을 받아 너희도 보고 듣는 이것을 부어주신 것이다.

34절

οὐ γὰρ Δαυὶδ ἀνέβη εἰς τοὺς οὐρανούς, λέγει δὲ αὐτός·
εἶπεν ὁ κύριος τῷ κυρίῳ μου· κάθου ἐκ δεξιῶν μου,

다윗은 하늘에 올라가지 않았지만, 그는 말한다.
'주님께서 나의 주께 말씀하셨다, 너는 내 오른쪽에 앉아 있으라,

35절

ἕως ἂν θῶ τοὺς ἐχθρούς σου ὑποπόδιον τῶν ποδῶν σου.
내가 너의 원수들을 너의 발판으로 만들 때까지.'

36절

ἀσφαλῶς οὖν γινωσκέτω πᾶς οἶκος Ἰσραὴλ ὅτι καὶ κύριον αὐτὸν
καὶ χριστὸν ἐποίησεν ὁ θεός, τοῦτον τὸν Ἰησοῦν ὃν ὑμεῖς ἐσταυρώσατε.
그러므로 이스라엘의 모든 집안은 너희가 십자가에 못 박은 이 예수를
하나님께서 주님과 그리스도로 만드셨다는 것을 확실히 알라."

37절

Ἀκούσαντες δὲ κατενύγησαν τὴν καρδίαν εἶπόν τε πρὸς τὸν Πέτρον
καὶ τοὺς λοιποὺς ἀποστόλους· τί ποιήσωμεν, ἄνδρες ἀδελφοί;
그러자 그들은 듣고서 마음에 찔림을 받아 베드로와 나머지 사도들을
향하여 말했다. "형제들이여, 우리가 무엇을 해야 하느냐?"

38절

Πέτρος δὲ πρὸς αὐτούς· μετανοήσατε, φησίν, καὶ βαπτισθήτω ἕκασ
τος ὑμῶν ἐπὶ τῷ ὀνόματι Ἰησοῦ Χριστοῦ εἰς ἄφεσιν τῶν ἁμαρτιῶν ὑμῶν
καὶ λήμψεσθε τὴν δωρεὰν τοῦ ἁγίου πνεύματος.
그러자 베드로가 그들에게 엄숙히 말했다. "회개하라, 그리고 너희 죄의

용서를 위해 세례를 받으라. 그리하면 너희가 성령의 선물을 받을 것이다.

39절

ὑμιν γαρ εστιν ἡ επαγγελια και τοις τεκνοις ὑμων και πασιν τοις εις μακράν, ὅσους αν προσκαλεσηται κύριος ὁ θεός ἥμων.

왜냐하면 그 약속은 너희와 너희 자녀들과 또한 멀리 있는 모든 사람 곧 우리 주 하나님께서 미리 부르신 사람들에게 있기 때문이다."

40절

ἑτέροις τε λόγοις πλείοσιν διεμαρτύρατο καὶ παρεκάλει αὐτοὺς λέγ ων· σώθητε ἀπὸ τῆς γενεᾶς τῆς σκολιᾶς ταύτης.

그리고 그는 다른 더 많은 말들로 엄숙히 증거하고 그들을 권면하면서 말했다. "너희는 이 비뚤어진 세대로부터 구원받으라."

41절

οἱ μὲν οὖν ἀποδεξάμενοι τὸν λόγον αὐτοῦ ἐβαπτίσθησαν καὶ προσε τέθησαν ἐν τῇ ἡμέρᾳ ἐκείνῃ ψυχαὶ ὡσεὶ τρισχίλιαι.

그러자 그들은 그의 말을 받아들이고 세례를 받았다. 그리하여 저 날에 3,000명 정도의 영혼이 덧붙여졌다.

42절

Ἦσαν δὲ προσκαρτεροῦντες τῇ διδαχῇ τῶν ἀποστόλων καὶ τῇ κοιν ωνίᾳ, τῇ κλάσει τοῦ ἄρτου καὶ ταῖς προσευχαῖς.

그리고 그들은 사도들의 가르침과 교제와 빵을 나눔과 기도에 전념했다.

해설

　　오순절 집회의 설교자는 베드로이고, 청중은 헬라파 유대인들이다. 베드로는 성령 충만한 가운데 열변을 토하며 회개하고, 예수 이름으로 세례받고, 성령 받을 것을 촉구한다. 그러자 그날 3,000명이 회개하고 세례받는 놀라운 사건이 일어난다. 그들은 대부분 헬라파 유대인들이다. 그들은 베드로의 설교를 직접 듣고 유대교에서 기독교로 개종한 사람들이다. 그들은 베드로의 제자라고 할 수 있다. 그들은 오순절 축제가 끝나고 전 세계로 흩어진다. 3,000명은 엄청나게 많은 숫자다. 그 많은 사람은 각자 자기 집으로 돌아간 후 어떻게 살았을까? 그들은 결코 입 다물고 가만히 있었을 리 없다. 왜냐하면 성령의 능력을 경험한 사람은 반드시 간증하게 되어 있기 때문이다. 그러나 신약성경에는 이들의 이야기가 빠져 있다. 누가는 왜 이들에 대해 이야기하지 않는가? 사도행전은 지나치게 바울 중심적이다. 바울의 제자인 누가는 의도적으로 베드로 쪽 이야기를 축소하고 있다고 볼 수 있다.

　　어쩌면 바울이 선교여행을 다니면서 세웠던 교회들의 핵심 교인들은 베드로의 제자들이었을지도 모른다. 바울이 그들을 찾아다니며 자신의 신학적 케리그마로 체계적으로 교육하여 자기의 제자로 만들었을 개연성은 충분한 것이다. 실제로 프리스길라와 아굴라 부부는 클라우디우스황제 때 로마에서 추방된 유대인들이다. 그들은 고린도에서 바울을 만나 같이 천막 짜는 일을 하면서 바울의 심복이 된다. 만약 그들이 로마교회에 소속되어 있던 그리스도인이라면 바울은 베드로의 제자를 빼앗은 것이다. 그런데 바울이 고린도를 떠난 후 베드로파가 밀고 들어와 바울의 사도권을 부정하면서 교회를 빼앗으려는 엄청난 소동이 일어난다. 그것은 결코 우연히 발생한, 단순한 이야기가 아니다. 베드로와 바울 사이에는 엄청난 싸움이 있었던 것이다. 그 싸움의 결정판이 고린도후서와 갈라디아서다.

바울은 고린도후서 5장 16절에서 역사적 예수를 버리고 신학적 케리그마에 전념하겠다고 선언한다. 그러나 그것은 대단히 위험한 말이다. 온전한 믿음은 역사와 신학이 균형을 맞출 때 세워지기 때문이다. 우리는 바울이 개척한 고린도교회에서 일어난 온갖 추문을 알고 있다. 그러나 베드로의 제자들이 세운 로마교회는 300년의 박해를 이겨낸 영광스러운 교회다. 목회의 열매로 보면 베드로가 바울보다 훨씬 더 위대한 인물이다. 그런 점에서 기독교 역사는 새롭게 쓰여야 한다. 바울의 케리그마 중심주의에 대한 반작용으로 공관복음서가 기록되었다는 것은 상당히 설득력 있는 이야기다. 이미 신약성경 안에서 역사적 예수와 케리그마 그리스도의 갈등과 투쟁은 시작되고 있다.

은혜의 공동체

사도행전 2:43-47

43절

ἐγίνετο δὲ πάσῃ ψυχῇ φόβος, πολλά τε τέρατα καὶ σημεῖα διὰ τῶν ἀποστόλων ἐγίνετο.

그러자 모든 영혼에게 두려움이 생겼다. 그리고 사도들을 통하여 많은 기이한 일들과 표적들이 일어났다.

44절

πάντες δὲ οἱ πιστεύοντες ἦσαν ἐπὶ τὸ αὐτὸ καὶ εἶχον ἅπαντα κοινὰ

그런데 믿는 사람들은 모두 함께 있으면서 모든 것을 공동으로 소유하고 있었다.

45절

καὶ τὰ κτήματα καὶ τὰς ὑπάρξεις ἐπίπρασκον καὶ διεμέριζον αὐτὰ πᾶσιν καθότι ἄν τις χρείαν εἶχεν·

그리고 그들은 재산과 소유를 팔아서 그것들을 어떤 사람이 필요한 만큼 그들에게 나누어 주었다.

46절

καθ᾽ ἡμέραν τε προσκαρτεροῦντες ὁμοθυμαδὸν ἐν τῷ ἱερῷ, κλῶντές τε κατ᾽ οἶκον ἄρτον, μετελάμβανον τροφῆς ἐν ἀγαλλιάσει καὶ ἀφελότητι καρδίας

그리고 그들은 날마다 한마음으로 성전에 모이기를 힘쓰고, 집에서는 빵을 쪼개면서, 마음의 즐거움과 순수함으로 음식을 나누며,

47절

αἰνοῦντες τὸν θεὸν καὶ ἔχοντες χάριν πρὸς ὅλον τὸν λαόν. ὁ δὲ κύριος προσετίθει τοὺς σῳζομένους καθ᾽ ἡμέραν ἐπὶ τὸ αὐτό.

하나님을 찬양하며, 백성 전체를 향하여 은혜를 가지고 있었다. 그런데 주님께서는 날마다 함께 구원받는 사람들을 덧붙여 주고 계셨다.

해설

    초대교회 신앙 공동체는 성령의 능력 안에서 종말론적 구원의 기쁨을 누리고 있다. 그것은 개척교회에서 언제나 일어나는 일이다. 그때 교인들은 모이기를 힘쓰고, 함께 모여 예배드리는 것과 식탁의 교제 속에서 하나님 나라의 임재를 경험한다. 그러나 그 시기가 지나가면 신학과 정치의 시대가 오고 교회는 하나의 종교 문화적 현상으로 역사 속에 뿌리를 내린다. 그러는 가운데 교회는 복음의 능력과 순수함을 잃어버리고 교리와 제도 속에 굳어간다. 모든 그리스도인은 순수했던 그 시절을 그리워한다. 그리고 새로운 시대에 새로운 교회 운동이 일어난다.

성전 미문에서

사도행전 3:1-10

1절

Πέτρος δὲ καὶ Ἰωάννης ἀνέβαινον εἰς τὸ ἱερὸν ἐπὶ τὴν ὥραν τῆς προσευχῆς τὴν ἐνάτην.

그런데 베드로와 요한은 제9시 기도 시간에 성전에 올라가고 있었다.

2절

καί τις ἀνὴρ χωλὸς ἐκ κοιλίας μητρὸς αὐτοῦ ὑπάρχων ἐβαστάζετο, ὃν ἐτίθουν καθ᾽ ἡμέραν πρὸς τὴν θύραν τοῦ ἱεροῦ τὴν λεγομένην Ὡραίαν τοῦ αἰτεῖν ἐλεημοσύνην παρὰ τῶν εἰσπορευομένων εἰς τὸ ἱερόν·

그리고 자기 어머니의 배 속에서부터 불구자인 어떤 남자가 옮겨지고 있었는데, 사람들은 성전에 들어가는 사람들에게서 구제를 청하게 하기 위해 그를 날마다 '아름다운'이라는 성전 문 앞에 놓아두고 있었다.

3절

ὃς ἰδὼν Πέτρον καὶ Ἰωάννην μέλλοντας εἰσιέναι εἰς τὸ ἱερόν, ἠρώτα ἐλεημοσύνην λαβεῖν.

그가 성전에 들어가려는 베드로와 요한을 보고 구제 받기를 요구했다.

4절

ατενισας δε Πέτρος εις αυτόν συν τω Ιωάννη ειπεν, Βλεψον εις ήμας.

그러자 베드로가 요한과 함께 그를 응시하며 말했다. "우리를 보라."

5절

ὁ δὲ ἐπεῖχεν αὐτοῖς προσδοκῶν τι παρ' αὐτῶν λαβεῖν.

그러자 그는 그들로부터 무엇을 받을까 기대하고 그들에게 매달리고
있었다.

6절

εἶπεν δὲ Πέτρος· ἀργύριον καὶ χρυσίον οὐχ ὑπάρχει μοι, ὃ δὲ ἔχω
τοῦτό σοι δίδωμι· ἐν τῷ ὀνόματι Ἰησοῦ Χριστοῦ τοῦ Ναζωραίου ἔγειρε
καὶ περιπάτει.

그런데 베드로는 말했다. "은과 금은 나에게 없다. 그러나 내가 가지고
있는 이것을 너에게 준다. 나사렛 예수 그리스도의 이름으로 일어나
걸어라."

7절

καὶ πιάσας αὐτὸν τῆς δεξιᾶς χειρὸς ἤγειρεν αὐτόν· παραχρῆμα δὲ
ἐστερεώθησαν αἱ βάσεις αὐτοῦ καὶ τὰ σφυδρά,

그리고 그의 오른손을 잡고 그를 일으키고 있었다. 그러자 즉시 발들과
발목들이 강하게 되었다.

8절

καὶ ἐξαλλόμενος ἔστη καὶ περιεπάτει καὶ εἰσῆλθεν σὺν αὐτοῖς εἰς τὸ ἱερὸν περιπατῶν καὶ ἁλλόμενος καὶ αἰνῶν τὸν θεόν.

그리고 그는 뛰어올라 섰다. 그리고 걸어 다니고 있었다. 그리고 성전에 들어가서 걸어 다니고 뛰면서 하나님을 찬양했다.

9절

καὶ εἶδεν πᾶς ὁ λαὸς αὐτὸν περιπατοῦντα καὶ αἰνοῦντα τὸν θεόν·

그리고 모든 백성은 그가 걸어 다니며 하나님을 찬양하는 것을 보았다.

10절

ἐπεγίνωσκον δὲ αὐτὸν ὅτι αὐτὸς ἦν ὁ πρὸς τὴν ἐλεημοσύνην καθήμε νος ἐπὶ τῇ ὡραίᾳ πύλῃ τοῦ ἱεροῦ καὶ ἐπλήσθησαν θάμβους καὶ ἐκστάσε ως ἐπὶ τῷ συμβεβηκότι αὐτῷ.

그런데 사람들은 그가 구걸하기 위해 성전 미문에 앉아 있었던 사람이라 는 것을 알아차리고 있었다.

해설

　예루살렘 성전 미문 앞에서 일어난 이 놀라운 사건이 지시하는 것은 나사렛 예수의 부활이다. 그것은 나사렛 예수가 살아있을 때 약속했던 종말론적 희망의 미래를 앞당겨 보여주는 계시적 사건이다. 나사렛 예수는 베드로를 통해 앉은뱅이를 치료함으로써 자신의 부활을 실증하고 있다. 그 형식은 베드로의 믿음의 말이고, 그 내용은 성령의 힘이다. 나사렛 예수는 부활 승천 후 제자를 통해 그 일을 계속하고 있다. 그것은 세상 끝 날까지 계속될 것이다. 그러나 아무에게나 일어나는 일이 아니다. 이 특별한 계시적 사건은 베드로를 통해 일어나고 있다. 베드로는 나사렛 예수를 따르기 위해 세상을 버린 사람, 예수의 참 제자가 되기 위해 자기 목숨을 내놓은 사람이다. 하나님의 일은 자신의 아들 예수 그리스도의 이름을 높이는 것이다. 그것은 예수의 죽음에 참여하는 자를 통해 일어난다. 부활의 증인으로 선택받은 베드로는 축복받은 영혼이다.

베드로의 신학

사도행전 3:11-26

11절

Κρατοῦντος δὲ αὐτοῦ τὸν Πέτρον καὶ τὸν Ἰωάννην συνέδραμεν πᾶς
ὁ λαὸς πρὸς αὐτοὺς ἐπὶ τῇ στοᾷ τῇ καλουμένῃ Σολομῶντος ἔκθαμβοι.

그런데 그가 베드로와 요한을 붙잡고 있을 때 모든 백성은 깜짝 놀라며
그들과 함께 솔로몬이라는 행각으로 몰려갔다.

12절

δὼν δὲ ὁ Πέτρος ἀπεκρίνατο πρὸς τὸν λαόν· ἄνδρες Ἰσραηλῖται,
τί θαυμάζετε ἐπὶ τούτῳ ἢ ἡμῖν τί ἀτενίζετε ὡς ἰδίᾳ δυνάμει ἢ εὐσεβείᾳ
πεποιηκόσιν τοῦ περιπατεῖν αὐτόν;

그러자 베드로가 보고서 백성을 향하여 대답했다. "이스라엘 사람들아,
어찌하여 이 일에 대하여 놀라며 혹은 어찌하여 개인적인 능력이나 경건
이 이 사람을 걸어 다니도록 만든 것처럼 우리에게 주목하고 있느냐?

13절

ὁ θεὸς Ἀβραὰμ καὶ ὁ θεὸς Ἰσαὰκ καὶ ὁ θεὸς Ἰακώβ, ὁ θεὸς τῶν πατέρων
ἡμῶν, ἐδόξασεν τὸν παῖδα αὐτοῦ Ἰησοῦν ὃν ὑμεῖς μὲν παρεδώκατε καὶ

ἠρνήσασθε κατὰ πρόσωπον Πιλάτου, κρίναντος ἐκείνου ἀπολύειν·

아브라함의 하나님, 이삭의 하나님, 야곱의 하나님, 곧 우리 조상들의 하나님께서 너희가 넘겨주어 빌라도의 얼굴 앞에서 부인한 그의 종 예수를 영화롭게 하셨다. 저 사람은 그를 석방시키려고 판단했으나,

14절

ὑμεῖς δὲ τὸν ἅγιον καὶ δίκαιον ἠρνήσασθε καὶ ἠτήσασθε ἄνδρα φονέα χαρισθῆναι ὑμῖν,

너희는 거룩하고 의로운 자를 부인하고 살인자를 너희에게 풀어달라고 요구했다.

15절

τὸν δὲ ἀρχηγὸν τῆς ζωῆς ἀπεκτείνατε ὃν ὁ θεὸς ἤγειρεν ἐκ νεκρῶν, οὗ ἡμεῖς μάρτυρές ἐσμεν.

너희는 생명의 주를 죽였으나 하나님께서 그를 죽은 자들 가운데서 일으키셨으니, 우리는 그의 증인들이다.

16절

καὶ ἐπὶ τῇ πίστει τοῦ ὀνόματος αὐτοῦ τοῦτον ὃν θεωρεῖτε καὶ οἴδατε, ἐστερέωσεν τὸ ὄνομα αὐτοῦ, καὶ ἡ πίστις ἡ δι᾽ αὐτοῦ ἔδωκεν αὐτῷ τὴν ὁλοκληρίαν ταύτην ἀπέναντι πάντων ὑμῶν.

그리고 그의 이름을 믿음으로, 너희가 보고 아는 이 사람을 그의 이름이 강하게 했다. 그리고 그를 통한 믿음이 너희 앞에서 이 온전함을 그에게 주었다.

17절

Καὶ νῦν, ἀδελφοί, οἶδα ὅτι κατὰ ἄγνοιαν ἐπράξατε ὥσπερ καὶ οἱ ἄρχοντες ὑμῶν·

그리고 지금, 형제들이여, 나는 너희의 지도자들과 같이 너희도 무지함 때문에 행했다는 것을 알고 있다.

18절

ὁ δὲ θεός, ἃ προκατήγγειλεν διὰ στόματος πάντων τῶν προφητῶν παθεῖν τὸν χριστὸν αὐτοῦ, ἐπλήρωσεν οὕτως.

그런데 하나님께서는 모든 선지자를 통하여 그리스도가 고난받으실 것 이라고 미리 전파하신 것들을 이와 같이 성취하셨다.

19절

μετανοήσατε οὖν καὶ ἐπιστρέψατε εἰς τὸ ἐξαλειφθῆναι ὑμῶν τὰς ἁμαρτίας

그러므로 회개하라. 그리고 너희의 죄들이 지워지도록 하기 위하여 돌아 서라.

20절

ὅπως ἂν ἔλθωσιν καιροὶ ἀναψύξεως ἀπὸ προσώπου τοῦ κυρίου καὶ ἀποστείλῃ τὸν προκεχειρισμένον ὑμῖν χριστὸν Ἰησοῦν,

그러면 주님의 얼굴로부터 회복의 때들이 올 것이고 그분은 너희에게 예정된 그리스도 예수를 보내실 것이다.

21절

ὃν δεῖ οὐρανὸν μὲν δέξασθαι ἄχρι χρόνων ἀποκαταστάσεως πάντων ὧν ἐλάλησεν ὁ θεὸς διὰ στόματος τῶν ἁγίων ἀπ᾽ αἰῶνος αὐτοῦ προφητῶν.

그리고 하나님께서 영원부터 자기의 모든 거룩한 선지자들의 입을 통하여 이야기하신 바 만물의 회복까지 반드시 하늘은 그를 영접할 것이다.

22절

Μωϋσῆς μὲν εἶπεν ὅτι προφήτην ὑμῖν ἀναστήσει κύριος ὁ θεὸς ὑμῶν ἐκ τῶν ἀδελφῶν ὑμῶν ὡς ἐμέ· αὐτοῦ ἀκούσεσθε κατὰ πάντα ὅσα ἂν λαλήσῃ πρὸς ὑμᾶς.

참으로 모세는 말했다. '주 너희의 하나님께서 너희의 형제 중에서 나와 같은 선지자를 일으키실 것이니, 너희는 너희를 향하여 그가 이야기할 모든 것을 따라 그의 말을 들으라.

23절

ἔσται δὲ πᾶσα ψυχὴ ἥτις ἐὰν μὴ ἀκούσῃ τοῦ προφήτου ἐκείνου ἐξολεθρευθήσεται ἐκ τοῦ λαοῦ.

그러나 저 선지자의 말을 듣지 않는 모든 영혼은 백성 가운데서 멸망 당할 것이다.'

24절

καὶ πάντες δὲ οἱ προφῆται ἀπὸ Σαμουὴλ καὶ τῶν καθεξῆς ὅσοι ἐλάλησαν καὶ κατήγγειλαν τὰς ἡμέρας ταύτας.

그리고 사무엘로부터 차례대로 이야기했던 모든 선지자도 이날을 전파했다.

25절

ὑμεῖς ἐστε οἱ υἱοὶ τῶν προφητῶν καὶ τῆς διαθήκης ἧς διέθετο ὁ
θεὸς πρὸς τοὺς πατέρας ὑμῶν λέγων πρὸς Ἀβραάμ· καὶ ἐν τῷ σπέρματί
σου ἐνευλογηθήσονται πᾶσαι αἱ πατριαὶ τῆς γῆς.

너희는 선지자들의 자손이요 그리고 아브라함을 향하여 '너의 씨로 말미
암아 땅의 모든 족속이 축복을 받을 것이다'라고 말씀하신 하나님께서
너희 조상들과 맺으신 계약의 자녀들이다.

26절

ὑμῖν πρῶτον ἀναστήσας ὁ θεὸς τὸν παῖδα αὐτοῦ ἀπέστειλεν αὐτὸν
εὐλογοῦντα ὑμᾶς ἐν τῷ ἀποστρέφειν ἕκαστον ἀπὸ τῶν πονηριῶν ὑμῶν.

하나님께서 그의 종을 일으키사 각 사람이 너희의 악한 것들로부터 돌아
섬 속에서 너희를 축복하는 그를 먼저 너희에게 보내셨다."

해설

나사렛 예수에 대한 베드로의 해석은 다음과 같다.

1. 하나님의 종
2. 거룩하고 의로운 자
3. 생명의 주
4. 그리스도
5. 고난의 종
6. 부활의 주
7. 하나님이 예정한 자
8. 모세가 예고한 선지자
9. 선지자들이 예언한 자
10. 구원과 멸망의 표적
11. 축복의 주님
12. 하나님이 보낸 자

이 본문에는

1. 그리스도의 초월성, 신성, 영원성, 선재성에 대한 언급이 없다.
2. 베드로는 예수를 구약에 약속된 종말론적 메시아로 인식하고 있다.
3. 베드로의 신학은 아직 유대주의의 한계를 벗어나지 못하고 있다.
4. 요한과 바울은 베드로의 한계를 과감하게 돌파한다. 그들에

의해 그리스도의 우주적 보편성과 영원한 신성을 증거하는 혁신적이고 창조적인 신학이 탄생한다.

5. 삼위일체 신학은 필연적으로 유대교와 충돌할 수밖에 없고, 이것으로 기독교는 유대교와 완전히 결별하게 된다.

6. 삼위일체론은 기독교 역사상 가장 위대한 신학적 사건이며, 기독교의 세계화에 결정적 영향을 준다.

7. 베드로는 사도적 정통성과 교회정치의 주도권은 장악하지만, 신학적으로는 바울의 상대가 되지 못하고 끌려다닌다.

산헤드린 공의회에서

사도행전 4:1-22

1절

Λαλούντων δὲ αὐτῶν πρὸς τὸν λαὸν ἐπέστησαν αὐτοῖς οἱ ἱερεῖς καὶ ὁ στρατηγὸς τοῦ ἱεροῦ καὶ οἱ Σαδδουκαῖοι,

그런데 그들이 백성을 향하여 이야기하고 있을 때 제사장들과 성전 경비 대장과 사두개인들이 그들에게 나타났는데,

2절

διαπονούμενοι διὰ τὸ διδάσκειν αὐτοὺς τὸν λαὸν καὶ καταγγέλλειν ἐν τῷ Ἰησοῦ τὴν ἀνάστασιν τὴν ἐκ νεκρῶν,

그들은 사도들이 백성을 가르치는 것과 예수 안에서 죽은 자의 부활을 전파함 때문에 몹시 괴로워했다.

3절

καὶ ἐπέβαλον αὐτοῖς τὰς χεῖρας καὶ ἔθεντο εἰς τήρησιν εἰς τὴν αὔριον· ἦν γὰρ ἑσπέρα ἤδη.

그리고 그들에게 손을 대어 다음날을 위해 가두어 두었다. 왜냐하면 이미 저녁이었기 때문이다.

4절

πολλοὶ δὲ τῶν ἀκουσάντων τὸν λόγον ἐπίστευσαν καὶ ἐγενήθη ὃ ἀριθμὸς τῶν ἀνδρῶν ὡς χιλιάδες πέντε.

그런데 말씀을 들은 사람 중 많은 사람들이 믿었다. 그리고 그 사람들의 숫자는 약 5,000이었다.

5절

Ἐγένετο δὲ ἐπὶ τὴν αὔριον συναχθῆναι αὐτῶν τοὺς ἄρχοντας καὶ τοὺς πρεσβυτέρους καὶ τοὺς γραμματεῖς ἐν Ἰερουσαλήμ,

그런데 다음날 그들의 지도자들과 장로들과 서기관들이 예루살렘에 모이게 되었다.

6절

καὶ Ἄννας ὁ ἀρχιερεὺς καὶ Καϊάφας καὶ Ἰωάννης καὶ Ἀλέξανδρος καὶ ὅσοι ἦσαν ἐκ γένους ἀρχιερατικοῦ,

그리고 대제사장 한나스와 가야바와 요한과 알렉산드로스와 대제사장 가문에 속한 사람들은

7절

καὶ στήσαντες αὐτοὺς ἐν τῷ μέσῳ ἐπυνθάνοντο· ἐν ποίᾳ δυνάμει ἢ ἐν ποίῳ ὀνόματι ἐποιήσατε τοῦτο ὑμεῖς;

그들을 한가운데 세우고 질문했다. "너희는 무슨 능력으로 혹은 어떤 이름으로 이것을 했느냐?"

8절

Τότε Πέτρος πλησθεὶς πνεύματος ἁγίου εἶπεν πρὸς αὐτούς· ἄρχοντες τοῦ λαοῦ καὶ πρεσβύτεροι,

그때 베드로가 성령으로 충만하여 그들을 향하여 말했다. "백성의 지도자들과 장로들이여,

9절

εἰ ἡμεῖς σήμερον ἀνακρινόμεθα ἐπὶ εὐεργεσίᾳ ἀνθρώπου ἀσθενοῦς ἐν τίνι οὗτος σέσωται,

오늘 만약 우리가 연약한 사람의 치유에 대하여 무엇으로 이 사람이 구원받았는지 심문을 받고 있다면,

10절

γνωστὸν ἔστω πᾶσιν ὑμῖν καὶ παντὶ τῷ λαῷ Ἰσραὴλ ὅτι ἐν τῷ ὀνόματι Ἰησοῦ Χριστοῦ τοῦ Ναζωραίου ὃν ὑμεῖς ἐσταυρώσατε, ὃν ὁ θεὸς ἤγειρεν ἐκ νεκρῶν, ἐν τούτῳ οὗτος παρέστηκεν ἐνώπιον ὑμῶν ὑγιής.

너희 모두와 이스라엘 모든 백성에게 너희가 십자가에 못 박고 하나님께서 죽은 자들 가운데서 일으키신 나사렛 예수 그리스도의 이름, 이것으로 이 사람이 너희 앞에 건강하게 나타났다는 것이 알려질지어다.

11절

οὗτός ἐστιν ὁ λίθος, ὁ ἐξουθενηθεὶς ὑφ᾽ ὑμῶν τῶν οἰκοδόμων, ὁ γενόμενος εἰς κεφαλὴν γωνίας.

'이는 집을 짓는 너희들에 의해 무시당하였으나

모퉁이의 머리가 된 그 돌이다.'

12절

καὶ οὐκ ἔστιν ἐν ἄλλῳ οὐδενὶ ἡ σωτηρία, οὐδὲ γὰρ ὄνομά ἐστιν
ἕτερον ὑπὸ τὸν οὐρανὸν τὸ δεδομένον ἐν ἀνθρώποις ἐν ᾧ δεῖ σωθῆναι
ἡμᾶς.

그리고 구원은 다른 어떤 것 속에 없으니, 이는 하늘 아래 사람들 중에
그 안에서 우리가 구원받도록 주어진 다른 이름이 없기 때문이다."

13절

Θεωροῦντες δὲ τὴν τοῦ Πέτρου παρρησίαν καὶ Ἰωάννου καὶ καταλα
βόμενοι ὅτι ἄνθρωποι ἀγράμματοί εἰσιν καὶ ἰδιῶται, ἐθαύμαζον ἐπεγίν
ωσκόν τε αὐτοὺς ὅτι σὺν τῷ Ἰησοῦ ἦσαν,

그런데 그들은 베드로와 요한의 담대함을 보고 또한 그들이 배운 것이
없는 평범한 사람들이라는 것을 알고 깜짝 놀라며 그들이 예수와 함께
있었다는 것을 깨닫고 있었다.

14절

τόν τε ἄνθρωπον βλέποντες σὺν αὐτοῖς ἑστῶτα τὸν τεθεραπευμένον
οὐδὲν εἶχον ἀντειπεῖν.

그리고 치료받은 사람이 그들과 함께 서 있는 것을 보고서 아무런 반박할
것을 갖지 못하고 있었다.

15절

κελεύσαντες δὲ αὐτοὺς ἔξω τοῦ συνεδρίου ἀπελθεῖν συνέβαλλον
πρὸς ἀλλήλους

그래서 그들은 그들을 공의회 밖으로 나가라고 명령한 후 서로 의논하며,

16절

λέγοντες· τί ποιήσωμεν τοῖς ἀνθρώποις τούτοις; ὅτι μὲν γὰρ γνωστὸν
σημεῖον γέγονεν δι᾽ αὐτῶν πᾶσιν τοῖς κατοικοῦσιν Ἰερουσαλὴμ φανερ
ὸν καὶ οὐ δυνάμεθα ἀρνεῖσθαι·

말했다. "우리가 이 사람들에게 무엇을 할까? 왜냐하면 그들을 통하여
일어난 표적이 예루살렘에 거주하는 모든 사람에게 알려졌고 우리도
부인할 수 없기 때문이다.

17절

ἀλλ᾽ ἵνα μὴ ἐπὶ πλεῖον διανεμηθῇ εἰς τὸν λαὸν ἀπειλησώμεθα αὐτο
ῖς μηκέτι λαλεῖν ἐπὶ τῷ ὀνόματι τούτῳ μηδενὶ ἀνθρώπων.

대신에 더 이상 백성에게 퍼지지 않게 하기 위하여 우리가 결코 사람들
중의 아무에게도 이 이름으로 이야기하지 말라고 그들에게 경고하자."

18절

Καὶ καλέσαντες αὐτοὺς παρήγγειλαν τὸ καθόλου μὴ φθέγγεσθαι
μηδὲ διδάσκειν ἐπὶ τῷ ὀνόματι τοῦ Ἰησοῦ.

그리고 그들을 불러 절대로 예수의 이름으로 말하지도 말고 가르치지도
말라고 명령했다.

19절

ὁ δὲ Πέτρος καὶ Ἰωάννης ἀποκριθέντες εἶπον πρὸς αὐτούς· εἰ δίκαιόν ἐστιν ἐνώπιον τοῦ θεοῦ ὑμῶν ἀκούειν μᾶλλον ἢ τοῦ θεοῦ, κρίνατε·

그러자 베드로와 요한은 그들을 향하여 반박하며 말했다. "하나님 앞에서 하나님의 말씀보다 너희의 말을 듣는 것이 옳은지 판단하라.

20절

οὐ δυνάμεθα γὰρ ἡμεῖς ἃ εἴδαμεν καὶ ἠκούσαμεν μὴ λαλεῖν.

왜냐하면 우리는 우리가 보고 들은 것들을 말하지 않을 수 없기 때문이다."

21절

οἱ δὲ προσαπειλησάμενοι ἀπέλυσαν αὐτούς, μηδὲν εὑρίσκοντες τὸ πῶς κολάσωνται αὐτούς, διὰ τὸν λαόν, ὅτι πάντες ἐδόξαζον τὸν θεὸν ἐπὶ τῷ γεγονότι·

그러자 그들은 그들을 어떻게 징벌할지 아무런 방도를 찾지 못하고 백성 때문에 위협한 후 그들을 풀어주었다.

22절

ἐτῶν γὰρ ἦν πλειόνων τεσσεράκοντα ὁ ἄνθρωπος ἐφ' ὃν γεγόνει τὸ σημεῖον τοῦτο τῆς ἰάσεως.

그런데 이 치유의 표적이 일어난 그 사람은 40살이 넘었다.

해설

유대교 지도자들은 자신들이 죽인 나사렛 예수의 제자들이 날마다 성전에 모여 백성을 가르치며 예수의 부활을 선포하자 심히 괴로워한다. 더 이상 견딜 수 없었던 그들은 예수의 제자들을 잡아 산헤드린 공의회에 세우고 종교재판을 시작한다. 그들이 무슨 능력으로, 어떤 이름으로 앉은뱅이를 고쳤느냐 묻자, 베드로는 부활하신 예수의 이름이 그 일을 한 것이라고 대답하면서 하늘 아래 구원받을 이름은 오직 나사렛 예수밖에 없다고 선언한다. 베드로의 담대함에 놀란 그들은 예수의 제자들이 배운 것이 없는 평범한 사람들임을 알고 더 놀라게 된다. 수많은 군중이 지켜보는 가운데 일어난 표적을 부인할 수 없었던 그들은 더 이상 예수 이름으로 말하지 말라고 경고한 후 제자들을 석방한다.

이 이야기의 결론은 십자가에 못 박혀 죽은 예수는 하나님의 능력으로 부활하였으며, 그 이름은 세상을 향한 하나님의 구원의 유일한 깃발이라는 것이다. 여기서 쟁점이 되는 것은 예수 부활의 역사적 사실성인데, 그것은 세상에 감추어져 있다. 예수 부활의 새로운 현실은 오직 믿는 자들에게만 성령의 능력으로 계시될 뿐이다. 그러므로 예수 부활에 대한 철학적 논쟁은 무익한 것이다. 예수 부활의 새로운 몸의 현실은 말씀으로 창조된 물질세계의 비밀처럼 숨겨져 있는 초월적 신비의 영역이다. 그 초월적 신비의 세계로부터 오는 신적 능력이 예수의 제자들 속에서 작동하여 기적을 일으키고 있다. 그리고 그 기적은 예수가 부활하여 살아있다는 것을 증명하는 객관적 증거가

된다. 그러나 그것은 오직 믿는 자들에게만 살아있는 하나님의 현실
이 된다.

교회의 기도

사도행전 4:23-31

23절

Ἀπολυθέντες δὲ ἦλθον πρὸς τοὺς ἰδίους καὶ ἀπήγγειλαν ὅσα πρὸς αὐτοὺς οἱ ἀρχιερεῖς καὶ οἱ πρεσβύτεροι εἶπαν.

그런데 그들은 석방된 후 자기의 사람들을 향하여 가서 대제사장들과 장로들이 그들을 향하여 말한 것들을 전해주었다.

24절

οἱ δὲ ἀκούσαντες ὁμοθυμαδὸν ἦραν φωνὴν πρὸς τὸν θεὸν καὶ εἶπαν· δέσποτα, σὺ ὁ ποιήσας τὸν οὐρανὸν καὶ τὴν γῆν καὶ τὴν θάλασσαν καὶ πάντα τὰ ἐν αὐτοῖς,

그러자 들은 사람들은 한마음으로 하나님을 향하여 목소리를 높여 말했다. "주님, 당신은 하늘과 땅과 바다와 그 안에 있는 모든 것들을 만드시고,

25절

ὁ τοῦ πατρὸς ἡμῶν διὰ πνεύματος ἁγίου στόματος Δαυὶδ παιδός σου εἰπών·

ἱνατί ἐφρύαξαν ἔθνη

καὶ λαοὶ ἐμελέτησαν κενά;

우리의 조상 당신의 종 다윗의 입으로 성령을 통하여 말씀하셨나이다.

'어찌하여 민족들이 소동을 일으키며 백성들이 허사를 꾸몄는가?

26절

παρέστησαν οἱ βασιλεῖς τῆς γῆς

καὶ οἱ ἄρχοντες συνήχθησαν ἐπὶ τὸ αὐτὸ

κατὰ τοῦ κυρίου καὶ κατὰ τοῦ χριστοῦ αὐτοῦ.

땅의 왕들과 통치자들이 주님과 그의 그리스도를 대적하기 위해 함께 와서 모였도다.'

27절

συνήχθησαν γὰρ ἐπ᾽ ἀληθείας ἐν τῇ πόλει ταύτῃ ἐπὶ τὸν ἅγιον παῖδά σου Ἰησοῦν ὃν ἔχρισας, Ἡρῴδης τε καὶ Πόντιος Πιλᾶτος σὺν ἔθνεσιν καὶ λαοῖς Ἰσραήλ,

참으로 헤롯과 빌라도는 이방인들과 이스라엘 백성들과 함께 당신이 기름 부으신 당신의 거룩한 종 예수를 거스르기 위해 이 도시에 모여서

28절

ποιῆσαι ὅσα ἡ χείρ σου καὶ ἡ βουλή σου προώρισεν γενέσθαι.

당신의 손과 뜻이 이루시려고 미리 정한 것들을 행하려 하고 있습니다.

29절

καὶ τὰ νῦν, κύριε, ἔπιδε ἐπὶ τὰς ἀπειλὰς αὐτῶν καὶ δὸς τοῖς δούλοις σου μετὰ παρρησίας πάσης λαλεῖν τὸν λόγον σου,

그러므로 지금, 주님, 그들의 위협을 살피시고 당신의 종들에게 담대함
으로 당신의 말씀을 말할 수 있게 하소서.

30절

ἐν τῷ τὴν χεῖρά σοῦ ἐκτείνειν σε εἰς ἴασιν καὶ σημεῖα καὶ τέρατα
γίνεσθαι διὰ τοῦ ὀνόματος τοῦ ἁγίου παιδός σου Ἰησοῦ.

그리하여 당신께서 당신의 손을 뻗음 속에서 당신의 거룩한 종 예수의
이름을 통하여 치유와 표적들과 기사들이 일어나게 하소서."

31절

καὶ δεηθέντων αὐτῶν ἐσαλεύθη ὁ τόπος ἐν ᾧ ἦσαν συνηγμένοι, καὶ
ἐπλήσθησαν ἅπαντες τοῦ ἁγίου πνεύματος καὶ ἐλάλουν τὸν λόγον τοῦ
θεοῦ μετὰ παρρησίας.

그리고 그들이 기도했을 때 그들이 모여 있던 장소가 흔들렸다. 그리고
그들은 성령으로 충만하여 담대함으로 하나님의 말씀을 이야기하고 있
었다.

해설

　예루살렘교회는 유대 종교 권력의 협박에 굴하지 않고 주님의 고난의 현장을 지키고 있다. 그들은 베드로와 요한의 보고를 듣고 한마음으로 통성으로 부르짖어 기도한다. 그들은 예수 이름으로 병 고침과 표적과 기사가 일어나고 담대하게 하나님의 말씀을 선포하게 해달라고 요구한다. 그들의 기도의 초점은 오직 예수의 이름을 영화롭게 하는 것이다. 그것은 성령께서 기뻐하시는 기도다. 성령께서 얼마나 감동하셨는지 그들이 모여 있던 장소가 흔들릴 정도였다. 이것은 성령과 물질의 관계를 드러내는 종말론적 계시 사건이다. 물질이 성령의 역사에 참여하는 그곳은 하나님 나라의 현존이 성취되는 종말론적 계시의 장소다. 오늘 우리가 배워야 할 것은 예루살렘교회의 순수한 믿음의 기도다.

교회의 본질

사도행전 4:32-37

32절

Τοῦ δὲ πλήθους τῶν πιστευσάντων ἦν καρδία καὶ ψυχὴ μία, καὶ οὐδὲ εἷς τι τῶν ὑπαρχόντων αὐτῷ ἔλεγεν ἴδιον εἶναι ἀλλ᾽ ἦν αὐτοῖς ἅπαντα κοινά.

그런데 믿는 자들의 무리의 마음과 영혼이 하나였다. 그리고 한 사람도 자기에게 있는 것 중에 어떤 것도 자기 것이라고 말하지 않고 있었다. 대신에 모든 것이 그들에게 공동소유였다.

33절

καὶ δυνάμει μεγάλῃ ἀπεδίδουν τὸ μαρτύριον οἱ ἀπόστολοι τῆς ἀνασ τάσεως τοῦ κυρίου Ἰησοῦ, χάρις τε μεγάλη ἦν ἐπὶ πάντας αὐτούς.

그리고 사도들은 큰 능력으로 주 예수의 부활의 증거를 제시했고, 참으로 큰 은혜가 모든 사람 위에 있었다.

34절

οὐδὲ γὰρ ἐνδεής τις ἦν ἐν αὐτοῖς· ὅσοι γὰρ κτήτορες χωρίων ἢ οἰκιῶν ὑπῆρχον, πωλοῦντες ἔφερον τὰς τιμὰς τῶν πιπρασκομένων

그러므로 그들 가운데 누구도 궁핍하지 않았다. 왜냐하면 땅이나 집의 소유자들이 가지고 있는 것들을 팔아서 매각된 값을 가지고 오고 있었기 때문이다.

35절

καὶ ἐτίθουν παρὰ τοὺς πόδας τῶν ἀποστόλων, διεδίδετο δὲ ἑκάστῳ καθότι ἄν τις χρείαν εἶχεν.

그리고 그들은 사도들의 발 앞에 놓아두고 있었다. 그리고 그것은 어떤 사람이 필요한 대로 각자에게 분배되고 있었다.

36절

Ἰωσὴφ δὲ ὁ ἐπικληθεὶς Βαρναβᾶς ἀπὸ τῶν ἀποστόλων, ὅ ἐστιν μεθε ρμηνευόμενον υἱὸς παρακλήσεως, Λευίτης, Κύπριος τῷ γένει,

그런데 사도들에게서 바나바라는 별명을 얻은 레위인이요 키프로스 태생인 요셉은

37절

ὑπάρχοντος αὐτῷ ἀγροῦ πωλήσας ἤνεγκεν τὸ χρῆμα καὶ ἔθηκεν πρὸς τοὺς πόδας τῶν ἀποστόλων.

그의 소유인 밭을 팔아서 돈을 가지고 와서 사도들의 발 앞에 놓아두었다.

해설

이 이야기는 우리에게 교회는 탈세계화된 종말론적 공동체로 출발했다는 사실을 알려 준다. 그 신비로운 공동체는 어떻게 생겨났을까? 본문의 4장 32절은 그 비밀을 밝혀 준다.

"Του δε πλήθους των πιστευσαντων ην καρδιά και ψυχή μια"
"믿는 자의 무리의 마음과 영혼이 하나였다."
καρδιά=마음
ψυχή=호흡, 영, 목숨, 영혼

예루살렘교회는 한마음과 영혼을 품는다. 그것은 예수의 마음과 영혼이다. 예수의 마음과 영혼은 영원한 신비에 싸인 비밀이다. 그 영원한 비밀이 이제 성령을 통해 계시되고 있다. 복음서는 예수의 말씀과 행적에 관한 기록이다. 그러나 예수의 마음과 영혼은 숨겨져 있었다. 그것을 들여다보는 것은 사람의 힘으로는 불가능하다. 그런데 성령은 그것을 계시해 준다. 성령께서 하시는 일은 나사렛 예수의 실체를 계시하는 것이다. 복음서에서 나사렛 예수의 실체는 말씀과 표적으로 계시되었다. 그러나 사도행전에서는 공동체의 모습으로, 사회윤리적 형태로 계시된다. 그것은 교회의 본질이 무엇이냐를 가르쳐 준다. 성령의 능력에 사로잡힌 교회는 예수의 마음과 영혼을 품는다. 그러자 갑자기 세상이 알 수도 없고 감당할 수 없는 신비로운 공동체가 된다. 말하자면 세상으로부터 하늘로 들려 올려진 것이다.

이는 예수의 승천과도 같다. 이제 교회는 천상의 공동체가 된다. 그러나 언젠가는 지상으로 내려오게 된다. 그리고 천상의 교회와 지상의 교회는 세상 끝 날까지 싸우게 될 것이다. 예루살렘에서 일어난 이 엄청난 사건은 지금도 역사 속에 그 파장을 남기고 있다. 그 원초적 에너지의 강도가 다를 뿐이지 모든 교회는 탈세계화된 종말론적 공동체의 성격을 가지고 있다. 그것은 국경을 초월하여 모든 교회를 하나로 묶어주는 본질적 요소다. 교회의 능력은 그 원초적 에너지를 얼마나 순수하게 보존하고 있느냐에 달려 있다.

아나니아와 삽비라

사도행전 5:1-11

1절

Ἀνὴρ δέ τις Ἀνανίας ὀνόματι σὺν Σαπφίρῃ τῇ γυναικὶ αὐτοῦ ἐπώλη
σεν κτῆμα

그런데 아나니아라는 어떤 남자가 그의 아내 삽비라와 함께 소유를 팔았다.

2절

2καὶ ἐνοσφίσατο ἀπὸ τῆς τιμῆς, συνειδυίης καὶ τῆς γυναικός, καὶ
ἐνέγκας μέρος τι παρὰ τοὺς πόδας τῶν ἀποστόλων ἔθηκεν.

그리고 그 돈으로부터 얼마를 가로챘는데 그의 아내도 함께 알고 있었다.
그리고 어떤 부분을 사도들의 발 옆에 놓아두었다.

3절

εἶπεν δὲ ὁ Πέτρος· Ἀνανία, διὰ τί ἐπλήρωσεν ὁ σατανᾶς τὴν καρδίαν
σου, ψεύσασθαί σε τὸ πνεῦμα τὸ ἅγιον καὶ νοσφίσασθαι ἀπὸ τῆς τιμῆς
τοῦ χωρίου;

그러자 베드로가 말했다. "아나니아, 어찌하여 사탄이 너의 마음을 채워
서 네가 성령을 속이고 땅값의 일부분을 가로채게 하였느냐?

4절

οὐχὶ μένον σοὶ ἔμενεν καὶ πραθὲν ἐν τῇ σῇ ἐξουσίᾳ ὑπῆρχεν; τί ὅτι ἔθου ἐν τῇ καρδίᾳ σου τὸ πρᾶγμα τοῦτο; οὐκ ἐψεύσω ἀνθρώποις ἀλλὰ τῷ θεῷ.

그대로 두었어도 너에게 남아 있었고 팔렸어도 너의 권세 아래 있었지 않느냐? 네가 이 일을 너의 마음에 둔 것은 어쩜이냐? 네가 사람들을 속인 것이 아니고 하나님을 속인 것이다."

5절

ἀκούων δὲ ὁ Ἀνανίας τοὺς λόγους τούτους πεσὼν ἐξέψυξεν, καὶ ἐγένετο φόβος μέγας ἐπὶ πάντας τοὺς ἀκούοντας.

그러자 아나니아가 이 말들을 듣고 쓰러져 숨을 거두었다. 그리고 큰 두려움이 듣는 모든 사람 위에 생겼다.

6절

ἀναστάντες δὲ οἱ νεώτεροι συνέστειλαν αὐτὸν καὶ ἐξενέγκαντες ἔθαψαν.

그러자 젊은이들이 일어나 그를 둘둘 감아 밖으로 들고 나가 매장했다.

7절

Ἐγένετο δὲ ὡς ὡρῶν τριῶν διάστημα καὶ ἡ γυνὴ αὐτοῦ μὴ εἰδυῖα τὸ γεγονὸς εἰσῆλθεν.

그런데 세 시간 정도 간격이 있은 후 그의 아내가 일어난 일을 알지 못하고 들어왔다.

8절

ἀπεκρίθη δὲ πρὸς αὐτὴν Πέτρος· εἰπέ μοι, εἰ τοσούτου τὸ χωρίον ἀπέδοσθε; ἡ δὲ εἶπεν· ναί, τοσούτου.

그러자 베드로가 그녀를 향하여 반문했다. "나에게 말해라. 너희가 이 값으로 땅을 넘겼느냐?" 그러자 그녀가 말했다. "네, 이 값입니다."

9절

ὁ δὲ Πέτρος πρὸς αὐτήν· τί ὅτι συνεφωνήθη ὑμῖν πειράσαι τὸ πνεῦμα κυρίου; ἰδοὺ οἱ πόδες τῶν θαψάντων τὸν ἄνδρα σου ἐπὶ τῇ θύρᾳ καὶ ἐξοίσουσίν σε.

그러자 베드로가 그녀를 향하여 말했다. "너희에게 주의 영을 시험하는 일이 일치된 것은 어찜이냐? 보라! 너의 남편을 매장한 사람들의 발이 문 앞에 있다. 그리고 그들은 너를 밖으로 운반할 것이다."

10절

ἔπεσεν δὲ παραχρῆμα πρὸς τοὺς πόδας αὐτοῦ καὶ ἐξέψυξεν· εἰσελθόντες δὲ οἱ νεανίσκοι εὗρον αὐτὴν νεκρὰν καὶ ἐξενέγκαντες ἔθαψαν πρὸς τὸν ἄνδρα αὐτῆς,

그러자 그녀는 갑자기 그의 발들을 향하여 쓰러져 숨이 끊어졌다. 그러자 젊은이들이 들어와서 그녀가 죽은 것을 발견하고 밖으로 운반하여 그녀의 남편 곁에 매장했다.

11절

καὶ ἐγένετο φόβος μέγας ἐφ᾽ ὅλην τὴν ἐκκλησίαν καὶ ἐπὶ πάντας τοὺς ἀκούοντας ταῦτα.

그리고 큰 두려움이 온 교회와 이것들을 들은 모든 사람 위에 임했다.

해설

아나니아와 삽비라 사건의 기준으로 본다면 오늘날 교회 안에는 벼락 맞아 죽을 사람들이 한둘이 아니다. 성령과 교회와 양심을 속이면서 버젓이 낯짝 두껍게 돌아다니는 사람들이 얼마나 많은가? 어쩌면 우리도 거기에 포함되어 있을 수 있다. 어떤 죄는 까밝혀져 준엄한 심판을 받으나, 어떤 죄들은 끝까지 숨겨지기도 한다. 모세 시대에는 안식일에 나뭇가지 몇 개를 줍다가 들켜서 사형 당한 사건도 있었다. 그러나 다윗은 엄청난 죄를 짓고도 용서받는다.

아나니아와 삽비라 부부는 땅을 팔아서 교회에 헌금할 정도로 믿음이 좋은 사람들이다. 그리고 땅을 팔고 나서 마음이 변하거나 사정이 생겨서 전부를 다 드리지 못하는 경우도 충분히 있을 수 있다. 그러나 이 사건의 결말은 이들 부부가 교회 앞에서 즉사하는 것으로 끝난다. 얼마나 가슴 아프고 충격적인 일인가. '베드로는 그 일을 꼭 그런 식으로 해결했어야 했는가? 그것은 사도권과 은사의 남용 아닌가?'라는 의문이 충분히 일어날 수도 있는 일이다.

그러나 이 사건의 비밀은 이들 부부가 성령을 시험하고 사도권을 멸시했다는 것이다. 그들은 땅을 팔고 나서 일부분을 감추어 둔 후 교회를 테스트해 본 것이다. 그렇다면 그것은 매우 사악한 일이다. 그것은 성령에 대한 모독이며 교회의 권위에 대한 도전이다. 온유와 겸손의 영이신 성령께서 그들 부부를 교회 앞에 끌어내어 즉사시킨 것은 그만큼 그 사건이 본질적이기 때문이다. 그들에게 일어난 참극은 하나님이 얼마나 무서운 분인지를 모르는 무지와 교만의 결과다.

하나님은 다른 죄는 너그럽게 용서하시지만, 성령을 모독하는 것은 결코 용납하지 않으신다. 왜냐하면 그것은 하나님의 거룩한 신성을 짓밟는 것이고, 그분의 절대주권성에 대한 도전이기 때문이다. 아나니아와 삽비라 사건은 특별히 은사와 능력이 많은 교회를 향해 성령께서 보내는 경고의 메시지다.

예루살렘교회의 부흥

사도행전 5:12-16

12절

Διὰ δὲ τῶν χειρῶν τῶν ἀποστόλων ἐγίνετο σημεῖα καὶ τέρατα πολλὰ ἐν τῷ λαῷ. καὶ ἦσαν ὁμοθυμαδὸν ἅπαντες ἐν τῇ στοᾷ Σολομῶντος,

그런데 백성 가운데서 사도들의 손들을 통하여 많은 표적과 기사가 일어나고 있었다. 그리고 모든 사람이 한마음으로 성전에 모이고 있었다.

13절

τῶν δὲ λοιπῶν οὐδεὶς ἐτόλμα κολλᾶσθαι αὐτοῖς, ἀλλ᾽ ἐμεγάλυνεν αὐτοὺς ὁ λαός.

그러나 나머지 사람들 중 어느 누구도 감히 그들과 연합하지 못하고, 다만 백성은 그들을 칭송하고 있었다.

14절

μᾶλλον δὲ προσετίθεντο πιστεύοντες τῷ κυρίῳ, πλήθη ἀνδρῶν τε καὶ γυναικῶν,

그런데 믿는 사람들, 곧 남자와 여자의 무리가 더욱 주님께 덧붙여졌다.

15절

ὥστε καὶ εἰς τὰς πλατείας ἐκφέρειν τοὺς ἀσθενεῖς καὶ τιθέναι ἐπὶ κλιναρίων καὶ κραβάττων, ἵνα ἐρχομένου Πέτρου κἂν ἡ σκιὰ ἐπισκιάσῃ τινὶ αὐτῶν.

그리하여 심지어 베드로가 올 때 그림자라도 그들 중 어떤 사람에게 덮여 지도록 하기 위하여 광장에 연약한 사람들을 데리고 나와서 침상들이나 들것들 위에 놓아두었다.

16절

συνήρχετο δὲ καὶ τὸ πλῆθος τῶν πέριξ πόλεων Ἰερουσαλὴμ φέροντες ἀσθενεῖς καὶ ὀχλουμένους ὑπὸ πνευμάτων ἀκαθάρτων, οἵτινες ἐθεραπεύοντο ἅπαντες.

그리고 예루살렘 주변 도시들의 무리가 연약한 사람들을 운반하여 몰려 오고 있었는데, 그들은 모두 치유 받고 있었다.

해설

    예루살렘에는 성령의 바람이 강하게 불고 있다. 온 갈릴리를 휩쓸었던 하나님 나라 운동의 물결이 예루살렘을 뒤덮고 있다. 이제 나사렛 예수파의 성령 운동은 최고조에 도달하고 있다. 사도들을 통하여 많은 표적과 기사가 일어나고, 수많은 남녀의 무리가 교회로 몰려들었다. 신비로운 매력을 지닌 교회는 놀라운 부흥을 경험하며 또한 백성들로부터 칭송의 대상이 되었다. 예루살렘교회의 지도자인 베드로는 신적인 권위를 가진 인물로 존경을 받는다. 그의 말 한마디에 앉은뱅이가 걸어 다니고, 사람이 즉사한다. 심지어 사람들은 그의 그림자라도 덮이게 하려고 병자들을 그가 출입하는 길바닥에 운반해 늘어놓을 정도로 그의 명성은 하늘을 찌른다.

    그러나 예루살렘이 어떤 곳인가? 예루살렘은 예언자들을 살해하고 하나님의 아들을 십자가에 못 박은 반역의 도시다. 그리고 나사렛 예수를 죽인 자들은 시퍼렇게 살아있다. 그들은 결코 손 놓고 있는 것이 아니다. 자신들의 본거지에 밀고 들어와 천국 잔치를 벌이는 갈릴리 사람들을 결코 그대로 내버려두지 않을 것이다. 그들은 사태의 흐름을 예의주시하면서 반격의 기회를 노리고 있다. 그들은 전략 전술에 능한 노련한 자들이다. 하나님 나라 운동의 열기가 정점에 도달할수록 그들의 시간은 점점 다가온다. 다만 저들은 공격의 시기를 기다리는데, 그것은 나사렛파의 내부 분열이 일어날 때가 될 것이다.

강경파와 온건파

사도행전 5:17-42

17절

Ἀναστὰς δὲ ὁ ἀρχιερεὺς καὶ πάντες οἱ σὺν αὐτῷ, ἡ οὖσα αἵρεσις τῶν Σαδδουκαίων, ἐπλήσθησαν ζήλου

그런데 대제사장과 그와 함께 한 모든 자들 곧 사두개파가 일어났는데, 그들은 질투로 가득 차서

18절

καὶ ἐπέβαλον τὰς χεῖρας ἐπὶ τοὺς ἀποστόλους καὶ ἔθεντο αὐτοὺς ἐν τηρήσει δημοσίᾳ.

사도들에게 손을 대어 그들을 일반 감옥에 넣어 두었다.

19절

Ἄγγελος δὲ κυρίου διὰ νυκτὸς ἀνοίξας τὰς θύρας τῆς φυλακῆς ἐξαγαγών τε αὐτοὺς εἶπεν·

그런데 주님의 천사가 밤중에 감옥의 문들을 열고 그들을 밖으로 데리고 나가서 말했다.

20절

πορεύεσθε καὶ σταθέντες λαλεῖτε ἐν τῷ ἱερῷ τῷ λαῷ πάντα τὰ ῥήματα τῆς ζωῆς ταύτης.

"가서 성전에 서서 백성에게 이 모든 생명의 말씀을 이야기하라."

21절

ἀκούσαντες δὲ εἰσῆλθον ὑπὸ τὸν ὄρθρον εἰς τὸ ἱερὸν καὶ ἐδίδασκον. Παραγενόμενος δὲ ὁ ἀρχιερεὺς καὶ οἱ σὺν αὐτῷ συνεκάλεσαν τὸ συνέδ ριον καὶ πᾶσαν τὴν γερουσίαν τῶν υἱῶν Ἰσραὴλ καὶ ἀπέστειλαν εἰς τὸ δεσμωτήριον ἀχθῆναι αὐτούς.

그러자 그들은 듣고 이른 아침에 성전으로 들어가서 가르치고 있었다. 그런데 대제사장 및 그와 함께 한 자들은 공의회와 이스라엘 자손들의 모든 원로회를 소집하여 사도들이 끌려 나오도록 감옥으로 사람들을 보냈다.

22절

οἱ δὲ παραγενόμενοι ὑπηρέται οὐχ εὗρον αὐτοὺς ἐν τῇ φυλακῇ· ἀναστρέψαντες δὲ ἀπήγγειλαν

그런데 아랫사람들이 갔을 때 그들은 감옥에서 그들을 발견하지 못했다. 그래서 그들은 돌아와서 알리며

23절

λέγοντες ὅτι τὸ δεσμωτήριον εὕρομεν κεκλεισμένον ἐν πάσῃ ἀσφαλ είᾳ καὶ τοὺς φύλακας ἑστῶτας ἐπὶ τῶν θυρῶν, ἀνοίξαντες δὲ ἔσω οὐδένα εὕρομεν.

말했다. "우리는 감옥이 확실하게 잠겨 있고 간수들이 문에 서 있는 것을 발견했다. 그러나 열었을 때 우리는 안에서 아무도 발견하지 못했다."

24절

ὡς δὲ ἤκουσαν τοὺς λόγους τούτους ὅ τε στρατηγὸς τοῦ ἱεροῦ καὶ οἱ ἀρχιερεῖς, διηπόρουν περὶ αὐτῶν τί ἂν γένοιτο τοῦτο.

그러자 성전 경비대장과 대제사장들은 이 말들을 듣고 나서 이 일이 어떻게 된 것인지 그들에 대하여 어리둥절하고 있었다.

25절

παραγενόμενος δέ τις ἀπήγγειλεν αὐτοῖς ὅτι ἰδοὺ οἱ ἄνδρες οὓς ἔθεσθε ἐν τῇ φυλακῇ εἰσὶν ἐν τῷ ἱερῷ ἑστῶτες καὶ διδάσκοντες τὸν λαόν.

그런데 어떤 사람이 와서 그들에게 알렸다. "보라! 너희가 감옥에 넣어둔 사람들이 성전에 서서 백성을 가르치고 있다."

26절

Τότε ἀπελθὼν ὁ στρατηγὸς σὺν τοῖς ὑπηρέταις ἦγεν αὐτοὺς οὐ μετὰ βίας, ἐφοβοῦντο γὰρ τὸν λαὸν μὴ λιθασθῶσιν.

그때 성전 경비대장은 부하들과 함께 떠나가서 폭력을 쓰지 않고 그들을 데려왔는데, 혹시 돌멩이에 맞을까 백성을 두려워하고 있었기 때문이다.

27절

Ἀγαγόντες δὲ αὐτοὺς ἔστησαν ἐν τῷ συνεδρίῳ. καὶ ἐπηρώτησεν αὐτοὺς ὁ ἀρχιερεὺς

그런데 그들을 공의회에 세우자 대제사장이 그들에게 물으며

28절

λέγων· οὐ παραγγελίᾳ παρηγγείλαμεν ὑμῖν μὴ διδάσκειν ἐπὶ τῷ ὀνόματι τούτῳ, καὶ ἰδοὺ πεπληρώκατε τὴν Ἰερουσαλὴμ τῆς διδαχῆς ὑμῶν καὶ βούλεσθε ἐπαγαγεῖν ἐφ᾽ ἡμᾶς τὸ αἷμα τοῦ ἀνθρώπου τούτου.

말했다. "우리는 이 이름으로 가르치지 말라고 너희에게 엄하게 명령했다. 그런데 보라! 너희는 예루살렘을 너희의 가르침으로 채우고 이 사람의 피를 우리들 위에 가져오려 하고 있다."

29절

Ἀποκριθεὶς δὲ Πέτρος καὶ οἱ ἀπόστολοι εἶπαν· πειθαρχεῖν δεῖ θεῷ μᾶλλον ἢ ἀνθρώποις.

그러자 베드로와 사도들이 대답했다. "사람들보다 하나님께 복종하는 것이 마땅하다.

30절

ὁ θεὸς τῶν πατέρων ἡμῶν ἤγειρεν Ἰησοῦν ὃν ὑμεῖς διεχειρίσασθε κρεμάσαντες ἐπὶ ξύλου·

우리 조상들의 하나님께서는 너희가 나무에 매달아 죽인 예수를 일으키셨다.

31절

τοῦτον ὁ θεὸς ἀρχηγὸν καὶ σωτῆρα ὕψωσεν τῇ δεξιᾷ αὐτοῦ τοῦ δοῦναι μετάνοιαν τῷ Ἰσραὴλ καὶ ἄφεσιν ἁμαρτιῶν.

하나님께서는 이분을 주와 구원자로 자기의 오른쪽으로 높이사 이스라 엘에게 회개와 죄 사함을 주셨다.

32절

καὶ ἡμεῖς ἐσμεν μάρτυρες τῶν ῥημάτων τούτων καὶ τὸ πνεῦμα τὸ ἅγιον ὃ ἔδωκεν ὁ θεὸς τοῖς πειθαρχοῦσιν αὐτῷ.

그리고 우리는 이 일들의 증인들이고 또한 하나님께서 그에게 복종하는 사람들에게 주신 성령도 그렇다."

33절

Οἱ δὲ ἀκούσαντες διεπρίοντο καὶ ἐβούλοντο ἀνελεῖν αὐτούς.

그러자 그들은 듣고 찔림을 받아 사도들을 제거하기로 결심했다.

34절

ἀναστὰς δέ τις ἐν τῷ συνεδρίῳ Φαρισαῖος ὀνόματι Γαμαλιήλ, νομοδ ιδάσκαλος τίμιος παντὶ τῷ λαῷ, ἐκέλευσεν ἔξω βραχὺ τοὺς ἀνθρώπους ποιῆσαι

그런데 모든 백성에게 존경받는 율법 선생인 가말리엘이라는 어떤 바리새 인이 공의회에서 일어나 그 사람들을 잠시 밖에 있게 만들라고 명령했다.

35절

εἶπέν τε πρὸς αὐτούς· ἄνδρες Ἰσραηλῖται, προσέχετε ἑαυτοῖς ἐπὶ τοῖς ἀνθρώποις τούτοις τί μέλλετε πράσσειν.

그리고 그들을 향하여 말했다. "이스라엘 사람들아, 너희는 이 사람들에게 무엇을 할지 스스로 조심하라.

36절

πρὸ γὰρ τούτων τῶν ἡμερῶν ἀνέστη Θευδᾶς λέγων εἶναί τινα ἑαυτόν, ᾧ προσεκλίθη ἀνδρῶν ἀριθμὸς ὡς τετρακοσίων· ὃς ἀνῃρέθη, καὶ πάντες ὅσοι ἐπείθοντο αὐτῷ διελύθησαν καὶ ἐγένοντο εἰς οὐδέν.

이전에 튜다가 자신을 어떤 존재라고 말하면서 일어났는데, 400명 정도의 사람이 그를 따랐다. 그런데 그가 제거되자 그를 따르던 사람들은 뿔뿔이 흩어졌다. 그리고 아무것도 아닌 것으로 되었다.

37절

μετὰ τοῦτον ἀνέστη Ἰούδας ὁ Γαλιλαῖος ἐν ταῖς ἡμέραις τῆς ἀπογραφῆς καὶ ἀπέστησεν λαὸν ὀπίσω αὐτοῦ· κἀκεῖνος ἀπώλετο καὶ πάντες ὅσοι ἐπείθοντο αὐτῷ διεσκορπίσθησαν.

이후 주민 등록 때 갈릴리 사람 유다가 일어나 백성을 자기 뒤로 꾀어냈다. 그리고 저 사람이 죽자 그를 따르던 모든 사람도 뿔뿔이 흩어졌다.

38절

καὶ τὰ νῦν λέγω ὑμῖν, ἀπόστητε ἀπὸ τῶν ἀνθρώπων τούτων καὶ ἄφετε αὐτούς· ὅτι ἐὰν ᾖ ἐξ ἀνθρώπων ἡ βουλὴ αὕτη ἢ τὸ ἔργον τοῦτο, καταλυθήσεται,

지금 내가 너희에게 말하건대, 이 사람들에게서 떠나서 그들을 내버려두라. 왜냐하면 그 뜻이나 이 일이 사람들에게서 나온 것이면 그것은 무너질 것이다.

39절

εἰ δὲ ἐκ θεοῦ ἐστιν, οὐ δυνήσεσθε καταλῦσαι αὐτούς, μήποτε καὶ θεομάχοι εὑρεθῆτε. ἐπείσθησαν δὲ αὐτῷ

그러나 만약 하나님께로부터 나온 것이면, 너희는 그들을 무너뜨릴 수 없을 것이다. 그리고 너희는 하나님을 대적하는 자들로 보일지도 모른다." 그러자 그들은 그를 따랐다.

40절

καὶ προσκαλεσάμενοι τοὺς ἀποστόλους δείραντες παρήγγειλαν μὴ λαλεῖν ἐπὶ τῷ ὀνόματι τοῦ Ἰησοῦ καὶ ἀπέλυσαν.

그리고 사도들을 불러 때린 후 예수의 이름으로 이야기하지 말라고 명령하고 풀어주었다.

41절

Οἱ μὲν οὖν ἐπορεύοντο χαίροντες ἀπὸ προσώπου τοῦ συνεδρίου, ὅτι κατηξιώθησαν ὑπὲρ τοῦ ὀνόματος ἀτιμασθῆναι,

그러므로 그들은 기뻐하며 공의회 앞에서 떠나고 있었다. 왜냐하면 그들은 그 이름을 위하여 모욕당할 가치가 있다고 생각되었기 때문이다.

42절

πᾶσάν τε ἡμέραν ἐν τῷ ἱερῷ καὶ κατ᾽ οἶκον οὐκ ἐπαύοντο διδάσκοντες καὶ εὐαγγελιζόμενοι τὸν χριστὸν Ἰησοῦν.

그리고 그들은 모든 날을 성전에서 그리고 집집마다 가르치며 그리스도 예수를 전파하기를 쉬지 않고 있었다.

해설

유대 종교 권력은 강경파와 온건파로 갈라져 있다. 강경파는 사두개파, 온건파는 바리새파다. 나사렛 예수가 갈릴리에서 사역할 때 충돌한 것은 회당을 중심으로 한 지방 종교 권력인 바리새파였다. 그러나 예수의 제자들이 활동하는 예루살렘의 종교 권력은 사두개파다. 사두개파는 자신들의 본거지에서 주인 노릇 하는 사도들을 그대로 방치할 수 없다. 그들의 입장에서 나사렛 예수파는 반드시 제거되어야 할 반체제 세력이다. 그들에게 회개의 기회가 없었던 것은 아니다. 사도들을 통하여 여러 가지 표적이 공개적으로 일어나고 있었고, 그들이 감옥에 잡아넣은 사도들이 초자연적 방법으로 탈옥했기 때문이다. 그들은 이 표적의 의미를 깨달아야 했다. 그러나 그들은 양심이 톱질 당하는 고통을 이기지 못하고 오히려 사도들을 한꺼번에 모두 제거하기로 마음을 먹는다. 바로 그때 온건파의 수장이 등장한다. 그는 백성에게서 존경받는 바리새파 대 신학자 가말리엘이었다. 가말리엘은 나사렛 예수파의 문제를 신중히 다룰 것을 충고한다. 왜냐하면 나사렛 예수파에게 일어나는 초자연적 표적의 근원이 하나님일 수 있다고 생각했기 때문이다. 그는 나사렛파를 내버려두고 사태를 관망하자고 제안한다. 만약 그것이 인간적인 사상이나 이념에서 시작한 것이면 저절로 소멸할 것이기 때문이다. 산헤드린 공의회는 그의 말에 설득 당하여 사도들을 몇 대 때린 후 엄중하게 경고하며 풀어준다. 그러나 사도들은 주 예수의 거룩한 이름을 위하여 모욕 당하는 것을 기쁘게 생각하며 돌아가서 더 열심히 예수의 이름을 전파한다.

나사렛 예수파와 유대교 정통 세력의 충돌은 피할 수 없는 운명적 대결이다. 일단 유대교 강경파 사두개인은 자신들의 정적인 바리새파의 입장을 수용한다. 그러나 그것은 대대적인 반격을 위한 전술적 후퇴였다.

히브리파와 헬라파

사도행전 6:1-7

1절

Ἐν δὲ ταῖς ἡμέραις ταύταις πληθυνόντων τῶν μαθητῶν ἐγένετο γογγ
υσμὸς τῶν Ἑλληνιστῶν πρὸς τοὺς Ἑβραίους, ὅτι παρεθεωροῦντο ἐν
τῇ διακονίᾳ τῇ καθημερινῇ αἱ χῆραι αὐτῶν.

이날들에 제자들이 떼를 이루고 있을 때 히브리인들을 향한 헬라인들의
불평이 일어났다. 이는 매일의 봉사에서 그들의 과부들이 홀대 받고 있었
기 때문이다.

2절

προσκαλεσάμενοι δὲ οἱ δώδεκα τὸ πλῆθος τῶν μαθητῶν εἶπαν· οὐκ
ἀρεστόν ἐστιν ἡμᾶς καταλείψαντας τὸν λόγον τοῦ θεοῦ διακονεῖν τραπ
έζαις.

그러자 열두 사도는 제자들의 무리를 불러 말했다. "우리가 하나님의
말씀을 내버리고 식탁을 섬기는 것은 합당하지 않다.

3절

ἐπισκέψασθε δέ, ἀδελφοί, ἄνδρας ἐξ ὑμῶν μαρτυρουμένους ἑπτά, πλήρεις πνεύματος καὶ σοφίας, οὓς καταστήσομεν ἐπὶ τῆς χρείας ταύτης,

그러므로 형제들이여, 너희 중에 인정을 받고 성령과 지혜가 충만한 사람 일곱을 찾아라. 그러면 우리가 그들을 이 필요한 일에 임명할 것이다.

4절

ἡμεῖς δὲ τῇ προσευχῇ καὶ τῇ διακονίᾳ τοῦ λόγου προσκαρτερήσομεν.

그리고 우리는 기도와 말씀 섬기는 일에 전념할 것이다."

5절

καὶ ἤρεσεν ὁ λόγος ἐνώπιον παντὸς τοῦ πλήθους καὶ ἐξελέξαντο Στέφανον, ἄνδρα πλήρης πίστεως καὶ πνεύματος ἁγίου, καὶ Φίλιππον καὶ Πρόχορον καὶ Νικάνορα καὶ Τίμωνα καὶ Παρμενᾶν καὶ Νικόλαον προσήλυτον Ἀντιοχέα,

그리고 그 말은 모든 무리 앞에서 기쁨이 되었다. 그리고 그들은 믿음과 성령이 충만한 사람인 스테파노스와 필리포스와 프로코로스와 니카노 르와 티몬과 파르메나스와 유대교로 개종한 안디옥 사람 니콜라오스를 뽑아서,

6절

οὓς ἔστησαν ἐνώπιον τῶν ἀποστόλων, καὶ προσευξάμενοι ἐπέθηκαν αὐτοῖς τὰς χεῖρας.

그들을 사도들 앞에 세웠다. 그리고 사도들은 기도한 후 그들에게 손을 얹었다.

7절

Καὶ ὁ λόγος τοῦ θεοῦ ηὔξανεν καὶ ἐπληθύνετο ὁ ἀριθμὸς τῶν μαθητ

ῶν ἐν Ἰερουσαλὴμ σφόδρα, πολύς τε ὄχλος τῶν ἱερέων ὑπήκουον τῇ

πίστει.

그리고 하나님의 말씀은 성장하고 제자들의 숫자가 예루살렘에서 굉장

히 늘어났다. 심지어 제사장들의 많은 무리가 믿음에 복종하고 있었다.

해설

예루살렘교회에 균열이 생기기 시작한다. 그것은 먹고 마시는 일에서 시작되었다. 예루살렘교회에서는 매일매일 과부들을 위한 식탁이 제공되고 있었다. 그런데 헬라파 과부들에 대한 차별이 있었다. 그리하여 헬라파의 불만이 터져 나오게 된다. 식탁을 섬기는 일이 파벌 싸움으로 번지자 사도들은 교회의 인정을 받는 일곱 사람을 추천받아 집사로 임명한다. 이것은 교회정치적으로 중요한 의미를 갖는다. 이미 예루살렘교회 안에 존재했던 파벌 문제가 헬라파 과부들에 대한 홀대를 계기로 표면화된 것이다. 일곱 집사의 임명은 헬라파 세력에 대한 히브리파의 정치적 타협의 결과다. 그만큼 헬라파가 정치적으로 성장한 것이다. 그 일곱 집사의 이름은 모두 헬라식이다.

스테파노스=면류관

필리포스=알렉산더 대왕의 아버지 이름

프로코로스=합창 인도자

니카노르=승리자

티몬=존귀한 자

파르메나스=변함없는 자

니콜라오스=백성을 이긴 자

그 일곱은 헬라파에서 뛰어난 자들이었다. 디아스포라 출신 유대인으로서 기독교로 개종한 사람들이다. 히브리파 기독교의 전도를 받고 예수를 믿은 제2세대 기독교인들이다. 그런데 이 헬라파 기독교인들이 기독교의 세계화에 중요한 역할을 하게 된다. 왜냐하면 그들은 일찍이 세계화되었고, 더 중요한 것은 헬라어를 사용했다는 점이다. 처음에는 히브리파 기독교 지도자들 밑에서 잡일을 담당하는 자리에서 시작한다. 그러나 이들 세계화된 기독교인들은 유대교와의 신학 논쟁에서 발군의 실력을 보여주는데, 그중에서 가장 탁월한 인물은 스테파노스였다.

스테파노스

사도행전 6:8-15

8절

Στέφανος δὲ πλήρης χάριτος καὶ δυνάμεως ἐποίει τέρατα καὶ σημεῖα μεγάλα ἐν τῷ λαῷ.

그런데 은혜와 능력이 충만한 스테파노스는 백성 가운데서 큰 기사들과 표적들을 행하고 있었다.

9절

ἀνέστησαν δέ τινες τῶν ἐκ τῆς συναγωγῆς τῆς λεγομένης Λιβερτίνων καὶ Κυρηναίων καὶ Ἀλεξανδρέων καὶ τῶν ἀπὸ Κιλικίας καὶ Ἀσίας συζη τοῦντες τῷ Στεφάνῳ,

그러자 자유인들이라 불리는 회당 출신의 어떤 사람들과 퀴레네 사람들과 알렉산드리아 사람들과 길리기아와 아시아 출신의 사람들이 일어나 스테파노스와 논쟁하고 있었다.

10절

καὶ οὐκ ἴσχυον ἀντιστῆναι τῇ σοφίᾳ καὶ τῷ πνεύματι ᾧ ἐλάλει.

그러나 그들은 그가 이야기하고 있던 지혜와 성령에 대항할 수 없었다.

11절

τότε ὑπέβαλον ἄνδρας λέγοντας ὅτι ἀκηκόαμεν αὐτοῦ λαλοῦντος ῥήματα βλάσφημα εἰς Μωϋσῆν καὶ τὸν θεόν.

그때 그들은 "우리는 그가 모세와 하나님을 향하여 비방하는 말들을 이야기하는 것을 들었다"라고 말하는 사람들을 포섭하였다.

12절

συνεκίνησάν τε τὸν λαὸν καὶ τοὺς πρεσβυτέρους καὶ τοὺς γραμματεῖς καὶ ἐπιστάντες συνήρπασαν αὐτὸν καὶ ἤγαγον εἰς τὸ συνέδριον,

그리고 백성과 장로들과 서기관들을 흥분시켜서 다가와 그를 붙잡아 공의회로 끌고 갔다.

13절

εστησαν τε μάρτυρας ψευδείς λέγοντας, Ὁ ἄνθρωπος οὗτος ου παυεται λαλων ρηματα κατα του τόπου του ἁγιου τούτου και του νόμου.

그리고 그들은 거짓말하는 증인들을 세웠는데 그들은 이렇게 말했다. "이 사람은 이 거룩한 장소와 율법을 거슬러 이야기하는 것을 멈추지 않고 있다.

14절

ἀκηκόαμεν γὰρ αὐτοῦ λέγοντος ὅτι Ἰησοῦς ὁ Ναζωραῖος οὗτος καταλύσει τὸν τόπον τοῦτον καὶ ἀλλάξει τὰ ἔθη ἃ παρέδωκεν ἡμῖν Μωϋσῆς.

왜냐하면 우리는 그가 '이 나사렛 예수가 이곳을 무너뜨리고 모세가 우리에게 넘겨준 관습을 바꿀 것이다'라고 말하는 것을 들었기 때문이다."

15절

καὶ ἀτενίσαντες εἰς αὐτὸν πάντες οἱ καθεζόμενοι ἐν τῷ συνεδρίῳ

εἶδον τὸ πρόσωπον αὐτοῦ ὡσεὶ πρόσωπον ἀγγέλου.

그리고 공의회에 앉아 있던 모든 사람이 그의 얼굴을 바라보았는데 천사

의 얼굴 같았다.

해설

사도행전 6장은 스테파노스의 탁월함에 대해 거듭 증거하고 있다.

믿음과 성령이 충만한 사람(5절)
은혜와 능력이 충만한 사람(8절)
지혜와 성령이 충만한 사람(10절)
천사의 얼굴을 가지고 있는 사람(15절)

성경에서 한 인간에 대해 이와 같이 칭송한 적이 있었던가?

2,000년 전 예루살렘에서는 기독교와 유대교 사이에 치열한 신학 논쟁이 있었다. 기독교의 대표 주자는 헬라파의 수장 스테파노스이고, 유대교 측 대표는 헬라파 유대교 랍비들이다. 결국 이 논쟁은 헬라파 유대인 간에 있었던 사건이다. 그러므로 그들은 서로 아는 사이였을 것이다. 그중에는 길리기아 출신들도 있었는데, 바울도 이 논쟁에 참여했을 가능성이 있다. 이 논쟁의 역사적 중요성은 바울의 기독교 신학에 큰 영향을 주었다는 점이다. 그는 스테파노스의 신학적 입장에 극단적으로 반대했으나, 기독교로 개종한 후에 그가 전개한 신학은 스테파노스의 사상을 체계화한 것이다.

유대교 측에서 많은 사람이 논쟁에 참가했으나 그들은 스테파노스 한 사람을 당해내지 못한다. 그러자 논쟁에서 패배한 유대교 세력은 정치적 선동과 폭력으로 진실을 왜곡하는 야비한 짓을 저지른다. 그들은 군중을 선동하여 스테파노스를 붙잡아 공의회로 끌고 가 세운다. 그들은 종교재판과 폭력을 통해 논쟁의 결과를 바꾸는데, 그것은 손바닥으로 하늘을 가리는 어리석은 짓이다.

스테파노스의 신학

사도행전 7:1-53

1절

Εἶπεν δὲ ὁ ἀρχιερεύς· εἰ ταῦτα οὕτως ἔχει;

그러자 대제사장이 말했다. "이것들이 사실이냐?"

2절

ὁ δὲ ἔφη· Ἄνδρες ἀδελφοὶ καὶ πατέρες, ἀκούσατε. Ὁ θεὸς τῆς δόξης ὤφθη τῷ πατρὶ ἡμῶν Ἀβραὰμ ὄντι ἐν τῇ Μεσοποταμίᾳ πρὶν ἢ κατοικῆσαι αὐτὸν ἐν Χαρρὰν

그러자 그가 엄숙히 말했다. "형제들과 아버지들이여, 들으라. 영광의 하나님께서 하란에 거주하기 전 메소포타미아에 있는 우리 조상 아브라함에게 나타나셨다.

3절

καὶ εἶπεν πρὸς αὐτόν· ἔξελθε ἐκ τῆς γῆς σου καὶ ἐκ τῆς συγγενείας σου, καὶ δεῦρο εἰς τὴν γῆν ἣν ἄν σοι δείξω.

그리고 그를 향하여 말씀하셨다. '너의 땅과 너의 친척들에게서 나가라. 그리고 내가 너에게 보여줄 땅으로 가라.'

4절

τότε ἐξελθὼν ἐκ γῆς Χαλδαίων κατῴκησεν ἐν Χαρράν. κἀκεῖθεν μετὰ τὸ ἀποθανεῖν τὸν πατέρα αὐτοῦ μετῴκισεν αὐτὸν εἰς τὴν γῆν ταύτην εἰς ἣν ὑμεῖς νῦν κατοικεῖτε,

그때 그는 칼대아 땅에서 나와서 하란에 거주했다. 거기에서 그의 아버지가 죽은 후 하나님께서는 그를 너희가 지금 거주하고 있는 이 땅으로 옮기셨다.

5절

καὶ οὐκ ἔδωκεν αὐτῷ κληρονομίαν ἐν αὐτῇ οὐδὲ βῆμα ποδὸς καὶ ἐπηγγείλατο δοῦναι αὐτῷ εἰς κατάσχεσιν αὐτὴν καὶ τῷ σπέρματι αὐτοῦ μετ᾽ αὐτόν, οὐκ ὄντος αὐτῷ τέκνου.

그러나 하나님께서는 그에게 그 안에서 발 디딜 만큼의 기업도 주시지 않았다. 그러나 그것을 그와 그의 자손에게 소유로 주겠다고 그에게 약속하셨다. 그에게 자녀가 없을 때.

6절

ἐλάλησεν δὲ οὕτως ὁ θεὸς ὅτι ἔσται τὸ σπέρμα αὐτοῦ πάροικον ἐν γῇ ἀλλοτρίᾳ καὶ δουλώσουσιν αὐτὸ καὶ κακώσουσιν ἔτη τετρακόσια·

그런데 하나님께서는 이렇게 이야기하셨다. '그의 자손은 남의 땅에서 나그네가 될 것이다. 그리고 사람들은 그의 자손을 종으로 부려먹고 400년 동안 학대할 것이다.

7절

καὶ τὸ ἔθνος ᾧ ἐὰν δουλεύσουσιν κρινῶ ἐγώ, ὁ θεὸς εἶπεν, καὶ μετὰ ταῦτα ἐξελεύσονται καὶ λατρεύσουσίν μοι ἐν τῷ τόπῳ τούτῳ.

그리고 나는 그들이 노예로 섬기는 그 민족을 심판할 것이다.' 하나님께서 말씀하셨다. '그리고 이 일들 후에 그들이 나와서 이곳에서 나에게 예배할 것이다.'

8절

καὶ ἔδωκεν αὐτῷ διαθήκην περιτομῆς· καὶ οὕτως ἐγέννησεν τὸν Ἰσαὰκ καὶ περιέτεμεν αὐτὸν τῇ ἡμέρᾳ τῇ ὀγδόῃ, καὶ Ἰσαὰκ τὸν Ἰακώβ, καὶ Ἰακὼβ τοὺς δώδεκα πατριάρχας.

그리고 그에게 할례의 계약을 주셨다. 그리고 이와 같이 이삭을 낳았고, 그는 제 팔일에 그에게 할례를 베풀었다. 그리고 이삭은 야곱에게 그리고 야곱은 우리 열두 조상에게.

9절

Καὶ οἱ πατριάρχαι ζηλώσαντες τὸν Ἰωσὴφ ἀπέδοντο εἰς Αἴγυπτον. καὶ ἦν ὁ θεὸς μετ᾽ αὐτοῦ

그리고 선조들이 요셉을 시기하여 에집트로 팔아넘겼다. 그러나 하나님께서 그와 함께 계셨다.

10절

καὶ ἐξείλατο αὐτὸν ἐκ πασῶν τῶν θλίψεων αὐτοῦ καὶ ἔδωκεν αὐτῷ χάριν καὶ σοφίαν ἐναντίον Φαραὼ βασιλέως Αἰγύπτου καὶ κατέστησεν αὐτὸν ἡγούμενον ἐπ᾽ Αἴγυπτον καὶ ἐφ᾽ ὅλον τὸν οἶκον αὐτοῦ.

그리고 그의 모든 고난에서 그를 건지셨다. 그리고 에집트의 왕 파라오 앞에서 그에게 은혜와 지혜를 주셨다. 그리고 파라오는 그를 에집트와 자기의 온 집을 통치하는 자로 임명했다.

11절

ἦλθεν δὲ λιμὸς ἐφ᾽ ὅλην τὴν Αἴγυπτον καὶ Χανάαν καὶ θλῖψις μεγάλη, καὶ οὐχ ηὕρισκον χορτάσματα οἱ πατέρες ἡμῶν.

그런데 에집트 온 땅과 가나안에 큰 기근이 왔다. 그리하여 우리 조상들은 식량을 얻지 못했다.

12절

ἀκούσας δὲ Ἰακὼβ ὄντα σιτία εἰς Αἴγυπτον ἐξαπέστειλεν τοὺς πατέρας ἡμῶν πρῶτον.

그런데 야곱이 에집트에 곡물이 있다는 것을 듣고 먼저 우리 조상들을 보냈다.

13절

καὶ ἐν τῷ δευτέρῳ ἀνεγνωρίσθη Ἰωσὴφ τοῖς ἀδελφοῖς αὐτοῦ καὶ φανερὸν ἐγένετο τῷ Φαραὼ τὸ γένος᾽ τοῦ Ἰωσήφ.

그리고 두 번째 때에 요셉이 그의 형제들에게 알려졌다. 그리고 파라오에게 요셉의 족속이 밝혀졌다.

14절

ἀποστείλας δὲ Ἰωσὴφ μετεκαλέσατο Ἰακὼβ τὸν πατέρα αὐτοῦ καὶ πᾶσαν τὴν συγγένειαν ἐν ψυχαῖς ἑβδομήκοντα πέντε.

그러자 요셉은 사람들을 보내어 그의 아버지 야곱과 75명의 친족을 불러 들였다.

15절

καὶ κατέβη Ἰακὼβ εἰς Αἴγυπτον καὶ ἐτελεύτησεν αὐτὸς καὶ οἱ πατέρες ἡμῶν,

그래서 야곱은 에집트로 내려갔고, 그와 우리 조상들은 죽었다.

16절

καὶ μετετέθησαν εἰς Συχὲμ καὶ ἐτέθησαν ἐν τῷ μνήματι ᾧ ὠνήσατο Ἀβραὰμ τιμῆς ἀργυρίου παρὰ τῶν υἱῶν Ἐμμὼρ ἐν Συχέμ.

그리고 그들은 세겜으로 옮겨져서 아브라함이 세겜에 있는 하몰의 아들 들에게서 돈을 주고 산 무덤에 매장되었다.

17절

Καθὼς δὲ ἤγγιζεν ὁ χρόνος τῆς ἐπαγγελίας ἧς ὡμολόγησεν ὁ θεὸς τῷ Ἀβραάμ, ηὔξησεν ὁ λαὸς καὶ ἐπληθύνθη ἐν Αἰγύπτῳ

이와 같이 하나님께서 아브라함에게 맹세하신 약속의 시간이 다가오고 있었다. 그리고 그 백성은 증가하여 에집트에서 큰 무리가 되었다.

18절

ἄχρι οὗ ἀνέστη βασιλεὺς ἕτερος ἐπ᾽ Αἴγυπτον ὃς οὐκ ᾔδει τὸν Ἰωσήφ.

요셉을 알지 못하는 다른 왕이 [에집트에] 일어날 때까지.

19절

οὗτος κατασοφισάμενος τὸ γένος ἡμῶν ἐκάκωσεν τοὺς πατέρας ἡμ

ῶν τοῦ ποιεῖν τὰ βρέφη ἔκθετα αὐτῶν εἰς τὸ μὴ ζῳογονεῖσθαι.

이 왕은 우리 족속을 간악하게 다루어서 우리 조상들을 학대하여 그들의

갓난아이를 밖에 내버려 죽게 만들었다.

20절

Ἐν ᾧ καιρῷ ἐγεννήθη Μωϋσῆς καὶ ἦν ἀστεῖος τῷ θεῷ· ὃς ἀνετράφη

μῆνας τρεῖς ἐν τῷ οἴκῳ τοῦ πατρός,

그때 모세가 태어났고 그는 하나님께 아름다웠다. 그는 세 달 동안 아버지

의 집에서 양육되었다.

21절

ἐκτεθέντος δὲ αὐτοῦ ἀνείλατο αὐτὸν ἡ θυγάτηρ Φαραὼ καὶ ἀνεθρέ

ψατο αὐτὸν ἑαυτῇ εἰς υἱόν.

그런데 그가 밖에 버려졌을 때 파라오의 딸이 그를 건져내어 자신의 아들

로 키웠다.

22절

καὶ ἐπαιδεύθη Μωϋσῆς ἐν πάσῃ σοφίᾳ Αἰγυπτίων, ἦν δὲ δυνατὸς

ἐν λόγοις καὶ ἔργοις αὐτοῦ.

그리고 모세는 에집트의 모든 지혜로 교육받았다. 그리하여 그는 말과 일에서 능한 자가 되었다.

23절

Ὡς δὲ ἐπληροῦτο αὐτῷ τεσσερακονταετὴς χρόνος, ἀνέβη ἐπὶ τὴν καρδίαν αὐτοῦ ἐπισκέψασθαι τοὺς ἀδελφοὺς αὐτοῦ τοὺς υἱοὺς Ἰσραήλ.

그런데 그가 40살이 되었을 때 마음속에 그의 형제인 이스라엘 자손들을 살펴보려는 생각이 떠올랐다.

24절

καὶ ἰδών τινα ἀδικούμενον ἠμύνατο καὶ ἐποίησεν ἐκδίκησιν τῷ κατ απονουμένῳ πατάξας τὸν Αἰγύπτιον.

그리고 어떤 사람이 불의를 당하고 있는 것을 보고서 그를 지켜주었다. 그리고 그는 에집트인을 쳐서 학대받는 자에게 원수를 갚아주었다.

25절

ἐνόμιζεν δὲ συνιέναι τοὺς ἀδελφοὺς αὐτοῦ ὅτι ὁ θεὸς διὰ χειρὸς αὐτοῦ δίδωσιν σωτηρίαν αὐτοῖς· οἱ δὲ οὐ συνῆκαν.

그리고 그는 자기의 형제들이 하나님께서 그의 손을 통하여 그들에게 구원을 주신다는 것을 깨달을 것이라고 생각했다. 그러나 그들은 깨닫지 못했다.

26절

τῇ τε ἐπιούσῃ ἡμέρᾳ ὤφθη αὐτοῖς μαχομένοις καὶ συνήλλασσεν αὐτοὺς εἰς εἰρήνην εἰπών· ἄνδρες, ἀδελφοί ἐστε· ἱνατί ἀδικεῖτε ἀλλήλ ους;

다음 날 그는 싸우고 있는 사람들에게 나타났다. 그리고 그들을 평화를 위하여 화해시키며 말했다. '사람들아, 너희는 형제들이다. 어찌하여 서 로 해를 끼치느냐?'

27절

ὁ δὲ ἀδικῶν τὸν πλησίον ἀπώσατο αὐτὸν εἰπών· τίς σε κατέστησεν ἄρχοντα καὶ δικαστὴν ἐφ᾽ ἡμῶν;

그러자 이웃을 해치고 있던 사람이 그를 밀치며 말했다. '누가 너를 우리 위에 통치자와 재판관으로 세웠느냐?

28절

μὴ ἀνελεῖν με σὺ θέλεις ὃν τρόπον ἀνεῖλες ἐχθὲς τὸν Αἰγύπτιον;

네가 어제 에집트인을 죽였던 식으로 나를 죽이려느냐?'

29절

ἔφυγεν δὲ Μωϋσῆς ἐν τῷ λόγῳ τούτῳ καὶ ἐγένετο πάροικος ἐν γῇ Μαδιάμ, οὗ ἐγέννησεν υἱοὺς δύο.

그러자 모세는 이 말을 듣고 도망쳤다. 그리고 미디안 땅에서 나그네가 되었다. 그리고 거기서 두 아들을 낳았다.

30절

Καὶ πληρωθέντων ἐτῶν τεσσεράκοντα ὤφθη αὐτῷ ἐν τῇ ἐρήμῳ τοῦ
ὄρους Σινᾶ ἄγγελος ἐν φλογὶ πυρὸς βάτου.

그리고 40년이 채워졌을 때 시내산 광야의 가시덤불 불꽃 속에서 천사가
그에게 나타났다.

31절

ὁ δὲ Μωϋσῆς ἰδὼν ἐθαύμαζεν τὸ ὅραμα, προσερχομένου δὲ αὐτοῦ
κατανοῆσαι ἐγένετο φωνὴ κυρίου·

그러자 모세는 그 광경을 보고서 놀라고 있었다. 그런데 그가 자세히
알아보려고 나아갈 때 주님의 음성이 있었다.

32절

ἐγὼ ὁ θεὸς τῶν πατέρων σου, ὁ θεὸς Ἀβραὰμ καὶ Ἰσαὰκ καὶ Ἰακώβ.
ἔντρομος δὲ γενόμενος Μωϋσῆς οὐκ ἐτόλμα κατανοῆσαι.

'나는 너의 조상들의 하나님, 곧 아브라함과 이삭과 야곱의 하나님이다.'
그러자 모세는 두려움에 사로잡혀 감히 자세히 들여다볼 수 없었다.

33절

εἶπεν δὲ αὐτῷ ὁ κύριος· λῦσον τὸ ὑπόδημα τῶν ποδῶν σου, ὁ γὰρ
τόπος ἐφ᾽ ᾧ ἕστηκας γῆ ἁγία ἐστίν.

그러자 주님께서 그에게 말씀하셨다. '네 발의 신을 벗어라. 왜냐하면
네가 서 있는 곳은 거룩한 땅이기 때문이다.

34절

δὼν εἶδον τὴν κάκωσιν τοῦ λαοῦ μου τοῦ ἐν Αἰγύπτῳ καὶ τοῦ στεναγ
μοῦ αὐτῶν ἤκουσα, καὶ κατέβην ἐξελέσθαι αὐτούς· καὶ νῦν δεῦρο ἀποσ
τείλω σε εἰς Αἴγυπτον.

내가 에집트에 있는 나의 백성의 고생을 보아 알았고 그들의 신음 소리를
들었다. 그리고 나는 그들을 건지려고 내려왔다. 그리고 지금 보라! 내가
너를 에집트로 보낸다.'

35절

Τοῦτον τὸν Μωϋσῆν ὃν ἠρνήσαντο εἰπόντες· τίς σε κατέστησεν
ἄρχοντα καὶ δικαστήν; τοῦτον ὁ θεὸς καὶ ἄρχοντα καὶ λυτρωτὴν ἀπέστ
αλκεν σὺν χειρὶ ἀγγέλου τοῦ ὀφθέντος αὐτῷ ἐν τῇ βάτῳ.

그들이 '누가 너를 통치자와 재판관으로 세웠느냐'라며 부인했던 이 모세
를 하나님께서는 가시덤불 속에서 나타난 천사의 손과 함께 통치자와
구원자로 보내셨다.

36절

οὗτος ἐξήγαγεν αὐτοὺς ποιήσας τέρατα καὶ σημεῖα ἐν γῇ Αἰγύπτῳ
καὶ ἐν ἐρυθρᾷ θαλάσσῃ καὶ ἐν τῇ ἐρήμῳ ἔτη τεσσεράκοντα.

이 사람이 에집트 땅과 홍해 바다와 광야에서 40년 동안 기사들과 표적들
을 행하면서 그들을 이끌어 냈다.

37절

οὗτός ἐστιν ὁ Μωϋσῆς ὁ εἴπας τοῖς υἱοῖς Ἰσραήλ· προφήτην ὑμῖν ἀναστήσει ὁ θεὸς ἐκ τῶν ἀδελφῶν ὑμῶν ὡς ἐμέ.

이 모세가 바로 이스라엘 자손들에게 '하나님께서 너희 형제 중에서 나와 같은 선지자를 일으키실 것이다'라고 말한 사람이다.

38절

οὗτός ἐστιν ὁ γενόμενος ἐν τῇ ἐκκλησίᾳ ἐν τῇ ἐρήμῳ μετὰ τοῦ ἀγγέλ ου τοῦ λαλοῦντος αὐτῷ ἐν τῷ ὄρει Σινᾶ καὶ τῶν πατέρων ἡμῶν, ὃς ἐδέξατο λόγια ζῶντα δοῦναι ἡμῖν,

이 사람이 시내산에서 그에게 이야기하던 천사와 함께 그리고 우리의 조상들과 함께 광야의 교회에 있었던 사람이다.

39절

ᾧ οὐκ ἠθέλησαν ὑπήκοοι γενέσθαι οἱ πατέρες ἡμῶν, ἀλλ᾿ ἀπώσαντο καὶ ἐστράφησαν ἐν ταῖς καρδίαις αὐτῶν εἰς Αἴγυπτον

그러나 우리 조상들은 그에게 복종하기를 원하지 않았고, 대신에 밀쳐버 리고 그들의 마음을 에집트로 돌이키며

40절

εἰπόντες τῷ Ἀαρών· ποίησον ἡμῖν θεοὺς οἳ προπορεύσονται ἡμῶν· ὁ γὰρ Μωϋσῆς οὗτος, ὃς ἐξήγαγεν ἡμᾶς ἐκ γῆς Αἰγύπτου, οὐκ οἴδαμεν τί ἐγένετο αὐτῷ.

아론에게 말했다. '우리를 앞장서 나갈 우리의 신들을 우리에게 만들어 라. 왜냐하면 우리를 에집트에서 데리고 나온 이 모세는 그에게 무슨 일이 일어났는지 우리는 모른다.'

41절

καὶ ἐμοσχοποίησαν ἐν ταῖς ἡμέραις ἐκείναις καὶ ἀνήγαγον θυσίαν τῷ εἰδώλῳ καὶ εὐφραίνοντο ἐν τοῖς ἔργοις τῶν χειρῶν αὐτῶν.

그리고 저 날들에 그들은 송아지 형상을 만들고 그 우상에게 제물들을 함께 가져오고 자기들의 손이 만든 것으로 즐거워했다.

42절

ἔστρεψεν δὲ ὁ θεὸς καὶ παρέδωκεν αὐτοὺς λατρεύειν τῇ στρατιᾷ τοῦ οὐρανοῦ καθὼς γέγραπται ἐν βίβλῳ τῶν προφητῶν·

μὴ σφάγια καὶ θυσίας προσηνέγκατέ μοι ἔτη τεσσεράκοντα ἐν τῇ ἐρήμῳ, οἶκος Ἰσραήλ;

그러자 하나님께서 돌이키시고 그들을 하늘의 별들을 섬기도록 넘겨주셨으니, 이는 선지자들의 책에 기록된 바와 같다.

'이스라엘 집이여, 광야에서 40년 동안 너희가 나에게 희생물과 제물을 가져온 적이 있느냐?

43절

καὶ ἀνελάβετε τὴν σκηνὴν τοῦ Μόλοχ καὶ τὸ ἄστρον τοῦ θεοῦ ὑμῶν Ῥαιφάν,

τοὺς τύπους οὓς ἐποιήσατε προσκυνεῖν αὐτοῖς,

καὶ μετοικιῶ ὑμᾶς ἐπέκεινα Βαβυλῶνος.

그리고 너희는 몰록의 장막과 너희의 신 레판의 별을 세웠으니,

그것들은 너희가 경배하기 위해 만든 형상들이다.

그러므로 나는 너희를 바벨론 너머로 옮길 것이다.'

44절

Ἡ σκηνὴ τοῦ μαρτυρίου ἦν τοῖς πατράσιν ἡμῶν ἐν τῇ ἐρήμῳ καθὼς διετάξατο ὁ λαλῶν τῷ Μωϋσῇ ποιῆσαι αὐτὴν κατὰ τὸν τύπον ὃν ἑωράκει·

그 증거의 장막이 우리 조상들과 함께 광야에 있었으니, 그것은 모세에게 그가 보았던 형상을 따라 그것을 만들라고 이야기하신 분이 명하신 바와 같았다.

45절

ἦν καὶ εἰσήγαγον διαδεξάμενοι οἱ πατέρες ἡμῶν μετὰ Ἰησοῦ ἐν τῇ κατασχέσει τῶν ἐθνῶν, ὧν ἐξῶσεν ὁ θεὸς ἀπὸ προσώπου τῶν πατέρων ἡμῶν ἕως τῶν ἡμερῶν Δαυίδ,

그것을 우리 조상들이 물려받아 하나님께서 다윗의 날까지 우리 조상들 앞에서 쫓아내신 민족들의 소유로 가지고 들어왔다.

46절

ὃς εὗρεν χάριν ἐνώπιον τοῦ θεοῦ καὶ ᾐτήσατο εὑρεῖν σκήνωμα τῷ οἴκῳ Ἰακώβ.

다윗은 하나님 앞에서 은혜를 얻어 야곱의 집에 장막을 세우기를 요구했다.

47절

Σολομὼν δὲ οἰκοδόμησεν αὐτῷ οἶκον

그런데 솔로몬이 그를 위해 집을 지었다.

48절

ἀλλ᾽ οὐχ ὁ ὕψιστος ἐν χειροποιήτοις κατοικεῖ, καθὼς ὁ προφήτης λέγει·

그러나 지극히 높으신 분은 사람의 손으로 만들어진 것 속에 거주하지 않으신다. 이는 선지자가 말하는 바와 같다.

49절

ὁ οὐρανός μοι θρόνος,

ἡ δὲ γῆ ὑποπόδιον τῶν ποδῶν μου·

ποῖον οἶκον οἰκοδομήσετέ μοι, λέγει κύριος,

ἢ τίς τόπος τῆς καταπαύσεώς μου;

'하늘은 나에게 보좌요,

땅은 내 발의 발판이다.

너희가 나를 위해 무슨 집을 지을 것이냐? 주께서 말씀하신다.

혹은 나의 안식의 장소가 무엇이냐?

50절

οὐχὶ ἡ χείρ μου ἐποίησεν ταῦτα πάντα;

이 모든 것을 나의 손이 만들지 않았느냐?'

51절

Σκληροτράχηλοι καὶ ἀπερίτμητοι καρδίαις καὶ τοῖς ὠσίν, ὑμεῖς ἀεὶ τῷ πνεύματι τῷ ἁγίῳ ἀντιπίπτετε ὡς οἱ πατέρες ὑμῶν καὶ ὑμεῖς.

목이 뻣뻣하고 마음과 귀에 할례를 받지 않은 자들아, 너희는 항상 성령을 거역하고 있다. 너희 조상들처럼 너희도.

52절

τίνα τῶν προφητῶν οὐκ ἐδίωξαν οἱ πατέρες ὑμῶν; καὶ ἀπέκτειναν τοὺς προκαταγγείλαντας περὶ τῆς ἐλεύσεως τοῦ δικαίου, οὗ νῦν ὑμεῖς προδόται καὶ φονεῖς ἐγένεσθε,

> 너희 조상들은 선지자 중에 누군들 박해하지 않았느냐? 그리고 그들은 의인의 오심에 대하여 미리 전파한 자들을 죽였으니, 너희는 그 의인을 넘겨준 자들이요 살인자들이 되었다.

53절

οἵτινες ἐλάβετε τὸν νόμον εἰς διαταγὰς ἀγγέλων καὶ οὐκ ἐφυλάξατε.

> 너희는 천사의 제도를 위해 율법을 받았으나 지키지 않았다."

해설

　공의회에 잡혀간 스테파노스는 입을 열어 자신의 신학을 변증하며 이스라엘 민족의 역사를 압축하여 정리한다. 그것은 하나님의 약속과 성취의 역사다.

　아브라함은 하나님의 약속의 꿈을 믿고 하나님께서 지시하는 땅을 향해 나아간다. 하나님께서는 그의 믿음을 보시고 아브라함과 할례의 계약을 맺으신다. 그리고 아브라함에게 자신의 계획을 미리 알려주시는데, 그것은 고난의 역사 속에 계시되는 하나님의 구원의 성실성이다. 하나님은 항상 고난 속에 있는 자기 백성을 위해 구원자를 준비하신다. 하나님은 장차 다가올 큰 기근을 대비해서 요셉을 미리 에집트로 보내신다. 그렇게 요셉을 따라 에집트로 내려간 야곱의 집은 큰 민족으로 성장한다. 그러자 위기의식을 느낀 파라오는 간악한 방법으로 그 백성을 학대하며 멸절시키려 한다. 그러나 하나님은 그때를 위해 준비해 놓으신 모세를 보내서 자기 백성을 구원하신다. 모세는 하나님의 백성을 이끌고 약속의 미래를 향하여 전진한다. 그러나 그 길에서 고난을 만난 백성들은 낙심과 절망 속에 하나님의 꿈을 잃어버리고 과거로 돌아가려 한다. 그들은 하나님을 악평하며 반역을 일으키고, 모세에게 반항하며 송아지 형상을 만들어 그것을 신으로 모시며 숭배한다. 하나님은 그들의 불신앙에 대해 탄식하며 그들과 거리를 두시고 그들과의 친밀한 인격적 사랑의 관계를 버린다. 대신에 천사의 질서인 율법과 참 성전의 모형인 성막을 통해 그들을 만난다. 그들은 하나님의 영광의 자유에 참여하지 못하고 율법

조문과 모형의 노예가 된다. 그러나 하나님은 거기에 계시지 않는다. 하나님이 원하시는 것은 인격적 사랑을 통한 생명의 관계이지 건물이나 제사가 아니기 때문이다. 하나님의 꿈과 자유와 사랑을 잃어버린 백성은 끊임없는 반역의 길을 간다. 그들은 하나님이 보내시는 선지자들을 죽이고 마침내 약속의 메시아를 살해하는 반역을 일으킨다.

스테파노스의 설교는 산헤드린 공의회를 그들의 조상들처럼 성령을 거역한 반역자와 살인자의 집단으로 고발하는 것으로 끝난다. 그의 설교에는 하나님의 약속의 말씀에 대한 믿음과 불신앙, 희망과 절망, 미래와 과거, 자유와 굴종, 성령과 율법, 실체와 모형과 같은 신학적 주제들이 숨어 있다. 그러나 그것은 철저히 성경적이고 예언자적 전통 위에 서 있다. 그는 자신의 사상에 대한 대가를 치르게 된다.

영광의 면류관

사도행전 7:54-8:1a

54절

Ἀκούοντες δὲ ταῦτα διεπρίοντο ταῖς καρδίαις αὐτῶν καὶ ἔβρυχον τοὺς ὀδόντας ἐπ᾽ αὐτόν.

그러자 그들은 이 말들을 듣고 나서 그들의 마음에 톱질을 당하여 그를 향하여 이를 갈고 있었다.

55절

ὑπάρχων δὲ πλήρης πνεύματος ἁγίου ἀτενίσας εἰς τὸν οὐρανὸν εἶδεν δόξαν θεοῦ καὶ Ἰησοῦν ἑστῶτα ἐκ δεξιῶν τοῦ θεοῦ

그런데 그는 성령으로 충만하여 하늘을 응시하며 하나님의 영광과 하나님의 오른쪽에 서 계시는 예수를 보았다.

56절

καὶ εἶπεν· ἰδοὺ θεωρῶ τοὺς οὐρανοὺς διηνοιγμένους καὶ τὸν υἱὸν τοῦ ἀνθρώπου ἐκ δεξιῶν ἑστῶτα τοῦ θεοῦ.

그리고 말했다. "보라, 나는 하늘들이 활짝 열린 것과 사람의 아들이 하나님의 오른쪽에 서 계신 것을 보고 있다."

57절

κράξαντες δὲ φωνῇ μεγάλῃ συνέσχον τὰ ὦτα αὐτῶν καὶ ὥρμησαν ὁμοθυμαδὸν ἐπ' αὐτὸν

그러자 그들은 큰 소리로 외치며 귀를 닫고 그에게로 일제히 달려갔다.

58절

καὶ ἐκβαλόντες ἔξω τῆς πόλεως ἐλιθοβόλουν. καὶ οἱ μάρτυρες ἀπέθεντο τὰ ἱμάτια αὐτῶν παρὰ τοὺς πόδας νεανίου καλουμένου Σαύλου,

그리고 도시 밖으로 끌어내어 돌멩이를 던지고 있었다. 그리고 증인들은 자기들의 겉옷을 사울이라는 젊은이의 발 옆에 던져 놓았다.

59절

καὶ ἐλιθοβόλουν τὸν Στέφανον ἐπικαλούμενον καὶ λέγοντα· κύριε Ἰησοῦ, δέξαι τὸ πνεῦμά μου.

그리고 그들은 "주 예수여, 나의 영혼을 받으소서" 호소하며 말하고 있는 스테파노스에게 돌멩이를 던지고 있었다.

60절

θεὶς δὲ τὰ γόνατα ἔκραξεν φωνῇ μεγάλῃ· κύριε, μὴ στήσῃς αὐτοῖς ταύτην τὴν ἁμαρτίαν. καὶ τοῦτο εἰπὼν ἐκοιμήθη.

그러자 그는 무릎을 꿇고 큰 소리로 외쳤다. "주여, 이 죄를 그들에게 세우지 마소서." 그리고 그는 이것을 말한 후 잠들었다.

8:1a

Σαῦλος δὲ ἦν συνευδοκῶν τῇ ἀναιρέσει αὐτοῦ.

그런데 사울은 그를 제거하는 일에 함께 기뻐했다.

해설

스테파노스는 축복받은 영혼이다. 첫째는 하나님의 영광을 보았기 때문이고, 둘째는 그리스도를 위해 죽었기 때문이다. 그것은 마음이 깨끗한 사람에게 주어지는 특별한 은총이다.

스테파노스의 설교를 듣고 있던 유대주의자들은 일제히 귀를 막고 고함을 지르며 달려들어 그를 예루살렘 성 밖으로 끌어낸 후 돌멩이로 때려죽인다. 그것은 그의 설교가 진실을 말했기 때문이다. 그의 설교가 진리의 핵심을 정확히 찌르자 그들은 견딜 수 없는 고통 속에 이성을 잃어버리고 순식간에 그를 살해했다.

그는 유대교의 두 기둥인 율법과 성전의 실체를 폭로한다. 율법은 천사의 제도이며, 성전은 하늘에 있는 것의 모형이다. 천사의 제도는 응징과 처벌의 법률 체계다. 거기에는 인격, 사랑, 자유, 생명, 성령의 교통하심이 없다. 하나님께서 절대복종을 요구하는 종의 관계인 율법을 통해 인간을 만나는 이유는 하나님과 인간 사이의 인격적 관계가 깨졌기 때문이다. 그것은 하나님의 은혜에 대한 인간의 배신의 결과다. 하나님과 인간 사이의 친밀한 사랑의 관계는 파괴되었고, 그들 사이에는 차가운 법률 문서만 남게 되었다. 그러므로 인간이 아무리 율법을 잘 지켜도 하나님의 생명의 본질에 참여하는 길은 없다. 인간은 영원히 법의 노예이며 응징의 대상으로 남는다. 이것이 율법의 기능이요 역할이다.

하나님께서 하늘에 있는 참 성전의 모형인 성막을 통해 인간을 만나는 것은 그들과 가까이하고 싶지 않기 때문이다. 하나님은 끊임

없이 그들을 의심하고 경계한다. 하나님은 그들을 근본적으로 불신한다. 그러기 때문에 아무리 제물을 많이 바쳐도 하나님과 인간 사이의 본질적 관계를 회복할 수는 없다. 왜냐하면 성막에서 일어나는 모든 일은 그림자요 모형이기 때문이다.

스테파노스가 설교를 끝냈을 때 그는 하늘들이 활짝 열린 것과 하나님의 영광과 예수 그리스도가 그 우편에 서 계신 것을 본다. 그것은 그의 설교가 하나님의 보좌를 감동시켰기 때문이다. 그는 기독교 역사상 최초의 순교자가 되는 영광을 누렸는데, 그것은 그의 이름에 어울리는 죽음이었다.

스테파노스(Στέφανος)=면류관

하나님의 영광의 보좌가 있는 거룩한 공간은 스테파노스에게는 열려 있으나 유대교 지도자들에게는 닫혀 있다. 인간은 같은 물리적 공간에 있어도 서로 다른 차원의 세계에 속해 있다. 이것이 영적 세계의 현실이다. 유대인들은 귀를 막고 그들 스스로 닫힌 공간으로 숨어든다. 그들은 하나님께로 돌아갈 수 있는 구원의 기회를 놓쳤다. 구원이란 무엇인가? 그것은 닫힌 공간에서 열린 공간으로 나오는 것이다.

난폭한 파괴자

사도행전 8:1b-3

1b절

Ἐγένετο δὲ ἐν ἐκείνῃ τῇ ἡμέρᾳ διωγμὸς μέγας ἐπὶ τὴν ἐκκλησίαν τὴν ἐν Ἱεροσολύμοις, πάντες δὲ διεσπάρησαν κατὰ τὰς χώρας τῆς Ἰουδα ίας καὶ Σαμαρείας πλὴν τῶν ἀποστόλων.

저 날에 예루살렘에 있는 교회에 큰 박해가 있었다. 그러자 사도들을 제외하고는 모든 사람이 유대와 사마리아 땅 곳곳으로 뿔뿔이 흩어 졌다.

2절

συνεκόμισαν δὲ τὸν Στέφανον ἄνδρες εὐλαβεῖς καὶ ἐποίησαν κοπετ ὸν μέγαν ἐπ᾽ αὐτῷ.

그런데 경건한 사람들이 스테파노스를 장사 지냈다. 그리고 그를 위해 크게 통곡했다.

3절

Σαῦλος δὲ ἐλυμαίνετο τὴν ἐκκλησίαν κατὰ τοὺς οἴκους εἰσπορευόμ ενος, σύρων τε ἄνδρας καὶ γυναῖκας παρεδίδου εἰς φυλακήν.

그런데 사울은 집집마다 들어가 교회를 난폭하게 해치며, 남자들과 여자들을 끌어내어 감옥에 넘기고 있었다.

해설

스테파노스의 순교로 피 맛을 본 유대교 세력은 대대적인 반격을 시작하여 교회를 파괴하기 시작한다. 그중에서도 앞장서서 열심을 낸 인물이 사울이다. 그는 집집마다 들어가 성도들을 끌어내어 감옥에 넘겼는데, 이것은 유대 종교 권력의 허락이 없으면 불가능한 일이다. 이 잔인한 교회 파괴자가 나중에 변하여 그리스도의 위대한 사도가 되었으니, 하나님께서 하시는 일은 인간의 사고력으로는 설명되지 않는 신비의 영역이다. 유대교의 무자비한 폭력적 탄압으로 예루살렘교회는 모두 뿔뿔이 흩어지게 된다. 그러나 사도들은 그 큰 핍박 속에서도 목숨 걸고 예루살렘교회를 지키는데, 그것이 그들의 위대성이다. 그러나 그들은 율법과 성전 중심의 유대주의적 세계관을 벗어나지 못하고 있었다. 사도들을 제외한 모든 사람이 예루살렘을 떠나 뿔뿔이 흩어졌다는 것은 유대교의 주공격 목표가 헬라파 기독교 세력이었다는 것을 암시한다. 왜냐하면 헬라파 기독교의 혁신적이고 창의적인 신학은 더 이상 유대주의와 공존할 수 없는 급진성을 띠고 있었기 때문이다. 스테파노스의 순교로 인한 유대교의 핍박은 기독교가 유대교와 결별하고 세계화의 길을 가는 결정적 계기가 된다.

빌립의 사마리아 전도

사도행전 8:4-25

4절

Οἱ μὲν οὖν διασπαρέντες διῆλθον εὐαγγελιζόμενοι τὸν λόγον.

그러므로 뿔뿔이 흩어진 사람들이 두루 다니면서 말씀을 전했다.

5절

Φίλιππος δὲ κατελθὼν εἰς τὴν πόλιν τῆς Σαμαρείας ἐκήρυσσεν αὐτο ῖς τὸν Χριστόν.

그런데 빌립은 사마리아의 도시로 내려가서 그들에게 그리스도를 선포하고 있었다.

6절

προσεῖχον δὲ οἱ ὄχλοι τοῖς λεγομένοις ὑπὸ τοῦ Φιλίππου ὁμοθυμαδ ὸν ἐν τῷ ἀκούειν αὐτοὺς καὶ βλέπειν τὰ σημεῖα ἃ ἐποίει.

그러자 무리가 그가 행하는 표적들을 보는 가운데 빌립에 의해 말씀되는 것들에 한마음으로 집중하고 있었다.

7절

πολλοὶ γὰρ τῶν ἐχόντων πνεύματα ἀκάθαρτα βοῶντα φωνῇ μεγάλῃ
ἐξήρχοντο, πολλοὶ δὲ παραλελυμένοι καὶ χωλοὶ ἐθεραπεύθησαν·

왜냐하면 많은 사람에게서 더러운 영들이 큰 소리를 지르면서 나가고
있었기 때문이다. 그리고 많은 중풍병자와 저는 자가 치료받았다.

8절

ἐγένετο δὲ πολλὴ χαρὰ ἐν τῇ πόλει ἐκείνῃ.

그러자 저 도시에 많은 기쁨이 생겼다.

9절

Ἀνὴρ δέ τις ὀνόματι Σίμων προϋπῆρχεν ἐν τῇ πόλει μαγεύων καὶ
ἐξιστάνων τὸ ἔθνος τῆς Σαμαρείας, λέγων εἶναί τινα ἑαυτὸν μέγαν,

그런데 전에 마술을 해서 사마리아 민족을 놀라게 하였던 시몬이라는
남자가 있었는데, 그는 자신을 어떤 위대한 존재라고 말하고 있었다.

10절

ᾧ προσεῖχον πάντες ἀπὸ μικροῦ ἕως μεγάλου λέγοντες· οὗτός ἐστιν
ἡ δύναμις τοῦ θεοῦ ἡ καλουμένη μεγάλη.

작은 자로부터 큰 자에 이르기까지 많은 사람이 그에게 주의를 기울이며
말했다. "이 사람은 위대하다고 일컬어지는 하나님의 능력이다."

11절

προσεῖχον δὲ αὐτῷ διὰ τὸ ἱκανῷ χρόνῳ ταῖς μαγείαις ἐξεστακέναι αὐτούς.

그러면서 그들은 상당한 시간 동안 그들을 깜짝 놀라게 하는 마술에 주의를 기울이고 있었다.

12절

ὅτε δὲ ἐπίστευσαν τῷ Φιλίππῳ εὐαγγελιζομένῳ περὶ τῆς βασιλείας τοῦ θεοῦ καὶ τοῦ ὀνόματος Ἰησοῦ Χριστοῦ, ἐβαπτίζοντο ἄνδρες τε καὶ γυναῖκες.

그런데 사람들이 하나님의 말씀과 예수 그리스도의 이름에 대하여 전하는 빌립에게 주의를 기울이고 있을 때, 남자들과 여자들이 세례받고 있었다.

13절

ὁ δὲ Σίμων καὶ αὐτὸς ἐπίστευσεν καὶ βαπτισθεὶς ἦν προσκαρτερῶν τῷ Φιλίππῳ, θεωρῶν τε σημεῖα καὶ δυνάμεις μεγάλας γινομένας ἐξίστατο.

그러자 시몬 자신도 믿고 세례받은 후 빌립을 열심히 따라다니며 일어나는 큰 표적들과 능력들을 보고 놀라고 있었다.

14절

Ἀκούσαντες δὲ οἱ ἐν Ἱεροσολύμοις ἀπόστολοι ὅτι δέδεκται ἡ Σαμάρεια τὸν λόγον τοῦ θεοῦ, ἀπέστειλαν πρὸς αὐτοὺς Πέτρον καὶ Ἰωάννην,

그러자 예루살렘에 있는 사람들이 사마리아가 하나님의 말씀을 영접했다는 소식을 듣고 그들을 향하여 베드로와 요한을 보냈는데,

15절

οἵτινες καταβάντες προσηύξαντο περὶ αὐτῶν ὅπως λάβωσιν πνεῦμα ἅγιον·

사도들은 내려가서 그들이 성령을 받도록 그들을 위해 기도했다.

16절

οὐδέπω γὰρ ἦν ἐπ᾽ οὐδενὶ αὐτῶν ἐπιπεπτωκός, μόνον δὲ βεβαπτισμέ νοι ὑπῆρχον εἰς τὸ ὄνομα τοῦ κυρίου Ἰησοῦ.

왜냐하면 아직 그들 중 아무에게도 성령이 임하지 않았고, 오직 주 예수의 이름으로 세례받은 상태였기 때문이다.

17절

τότε ἐπετίθεσαν τὰς χεῖρας ἐπ᾽ αὐτοὺς καὶ ἐλάμβανον πνεῦμα ἅγιον.

그때 베드로와 요한은 그들 위에 손을 얹었다. 그리고 그들은 성령을 받았다.

18절

Ἰδὼν δὲ ὁ Σίμων ὅτι διὰ τῆς ἐπιθέσεως τῶν χειρῶν τῶν ἀποστόλων δίδοται τὸ πνεῦμα, προσήνεγκεν αὐτοῖς χρήματα

그러자 시몬은 사도들의 안수를 통하여 성령이 주어지는 것을 보고서 그들에게 돈을 바치며

19절

λέγων· δότε κἀμοὶ τὴν ἐξουσίαν ταύτην ἵνα ᾧ ἐὰν ἐπιθῶ τὰς χεῖρας λαμβάνῃ πνεῦμα ἅγιον.

말했다. "내가 누구에게 손을 얹으면 그 사람이 성령을 받도록 나에게도 이 권세를 주소서."

20절

Πέτρος δὲ εἶπεν πρὸς αὐτόν· τὸ ἀργύριόν σου σὺν σοὶ εἴη εἰς ἀπώλει αν ὅτι τὴν δωρεὰν τοῦ θεοῦ ἐνόμισας διὰ χρημάτων κτᾶσθαι·

그러자 베드로가 그를 향하여 말했다. "너의 은은 너와 함께 망할지어다. 왜냐하면 너는 하나님의 선물을 돈으로 얻는다고 생각했기 때문이다.

21절

οὐκ ἔστιν σοι μερὶς οὐδὲ κλῆρος ἐν τῷ λόγῳ τούτῳ, ἡ γὰρ καρδία σου οὐκ ἔστιν εὐθεῖα ἔναντι τοῦ θεοῦ.

이 말씀 안에는 너에게 몫도 없고 기업도 없다. 왜냐하면 너의 마음이 하나님 앞에서 똑바르지 않기 때문이다.

22절

μετανόησον οὖν ἀπὸ τῆς κακίας σου ταύτης καὶ δεήθητι τοῦ κυρίου, εἰ ἄρα ἀφεθήσεταί σοι ἡ ἐπίνοια τῆς καρδίας σου,

그러므로 너의 이 사악함으로부터 회개하고 하나님께 간구하라. 그러면 혹시 너의 마음의 생각이 용서받을 것이다.

23절

εἰς γὰρ χολὴν πικρίας καὶ σύνδεσμον ἀδικίας ὁρῶ σε ὄντα.

왜냐하면 내가 보니 너는 악독함의 쓸개와 불의의 결박으로 가고 있기 때문이다."

24절

ἀποκριθεὶς δὲ ὁ Σίμων εἶπεν· δεήθητε ὑμεῖς ὑπὲρ ἐμοῦ πρὸς τὸν κύριον ὅπως μηδὲν ἐπέλθῃ ἐπ᾽ ἐμὲ ὧν εἰρήκατε.

그러자 시몬이 대답하며 말했다. "당신들은 나를 위해 주님을 향하여 간구하여 당신들이 말한 것들 중의 어느 것도 내 위에 오지 않게 하소서."

25절

Οἱ μὲν οὖν διαμαρτυράμενοι καὶ λαλήσαντες τὸν λόγον τοῦ κυρίου ὑπέστρεφον εἰς Ἱεροσόλυμα, πολλάς τε κώμας τῶν Σαμαριτῶν εὐηγγελ ίζοντο.

그러므로 그들은 엄숙히 증거하고 주님의 말씀을 이야기하며 사마리아의 많은 마을을 전도하면서 예루살렘으로 돌아갔다.

해설

빌립의 사마리아 전도는 여러 가지 이야기를 보도하고 있다.

1. 빌립이 전도하기 전에 사마리아 사람들은 시몬이라는 마술사에게 속아서 그를 추종하고 있었다.
2. 빌립이 내려가 복음을 전하고 표적을 일으키자 많은 남녀가 예수를 믿고 세례받는다.
3. 마술사 시몬도 예수를 믿고 세례받은 후 표적을 일으키는 빌립을 열심히 따라다닌다.
4. 예루살렘교회는 사마리아가 복음을 받아들였다는 소식을 듣고 베드로와 요한을 파송한다.
5. 사마리아교회는 단지 주 예수의 이름으로 세례를 받았을 뿐이었는데 베드로와 요한이 안수하자 성령을 받는다.
6. 마술사 시몬은 베드로와 요한에게 돈을 바치면서 성령 받게 하는 권세를 팔라고 요구한다.
7. 베드로는 성령을 모독하는 마술사 시몬을 저주하며 회개할 것을 촉구한다.
8. 베드로와 요한은 예루살렘으로 돌아가는 길에 많은 사마리아 마을에 복음을 전한다.

이 이야기는 물세례와 성령 세례를 구분하고 있다. 물세례만 받은 성도들은 사도들의 안수를 통해 성령을 받는다. 초기 기독교 공동체에서 사도의 권위는 절대적이다. 마술사 시몬은 예수 믿고 세례까지 받았으나 성령을 돈 주고 살 수 있는 물건 취급한다. 히브리파인 예루살렘교회는 헬라파인 빌립의 사마리아 전도 소식을 통해 이방인들에게 복음의 문이 열린 것을 알고 사도들을 파송한다. 이것은 이방인 선교의 주도권이 헬라파에게 넘어간 상징적 사건이다. 히브리파는 능동적 주체적 선교를 하지 못하고 사건의 흐름을 따라가기 바쁘다. 히브리파의 신학적 한계는 세계 선교의 무대에서 헬라파에게 계속 밀리는 결정적 요인이 된다.

빌립과 에디오피아 내시

사도행전 8:26-40

26절

Ἄγγελος δὲ κυρίου ἐλάλησεν πρὸς Φίλιππον λέγων· ἀνάστηθι καὶ πορεύου κατὰ μεσημβρίαν ἐπὶ τὴν ὁδὸν τὴν καταβαίνουσαν ἀπὸ Ἱερου σαλὴμ εἰς Γάζαν, αὕτη ἐστὶν ἔρημος.

그런데 주님의 천사가 빌립을 향하여 이야기했다. "일어나라. 그리고 남쪽으로 예루살렘에서 가자로 가는 길로 가라. 이것은 광야다."

27절

καὶ ἀναστὰς ἐπορεύθη. καὶ ἰδοὺ ἀνὴρ Αἰθίοψ εὐνοῦχος δυνάστης Κανδάκης βασιλίσσης Αἰθιόπων, ὃς ἦν ἐπὶ πάσης τῆς γάζης αὐτῆς, ὃς ἐληλύθει προσκυνήσων εἰς Ἰερουσαλήμ,

그러자 그는 일어나서 갔다. 그리고 보라! 에디오피아 사람이로다. 그는 에디오피아 여왕 칸다케의 능력 있는 내시인데, 그는 예루살렘에 경배하기 위해 왔었다가,

28절

ἦν τε ὑποστρέφων καὶ καθήμενος ἐπὶ τοῦ ἅρματος αὐτοῦ καὶ ἀνεγίν ωσκεν τὸν προφήτην Ἡσαΐαν.

돌아가고 있었다. 그리고 그는 병거에 앉아 선지자 이사야를 읽고 있었다.

29절

εἶπεν δὲ τὸ πνεῦμα τῷ Φιλίππῳ· πρόσελθε καὶ κολλήθητι τῷ ἅρματι τούτῳ.

그런데 성령께서 빌립에게 말씀하셨다. "나아가 이 병거에 붙어라."

30절

προσδραμὼν δὲ ὁ Φίλιππος ἤκουσεν αὐτοῦ ἀναγινώσκοντος Ἡσαΐαν τὸν προφήτην καὶ εἶπεν· ἆρά γε γινώσκεις ἃ ἀναγινώσκεις;

그래서 앞으로 달려갔을 때 빌립은 그가 선지자 이사야를 읽는 소리를 듣고 말했다. "당신은 진정 읽고 있는 것을 아느냐?"

31절

ὁ δὲ εἶπεν· πῶς γὰρ ἂν δυναίμην ἐὰν μή τις ὁδηγήσει με; παρεκάλεσέν τε τὸν Φίλιππον ἀναβάντα καθίσαι σὺν αὐτῷ.

그러자 그가 말했다. "누가 나를 가르쳐 주지 않는다면 내가 어떻게 알겠는가?" 그리고 그는 빌립에게 올라와서 함께 앉을 것을 권했다.

32절

ἡ δὲ περιοχὴ τῆς γραφῆς ἣν ἀνεγίνωσκεν ἦν αὕτη·
ὡς πρόβατον ἐπὶ σφαγὴν ἤχθη
καὶ ὡς ἀμνὸς ἐναντίον τοῦ κείραντος αὐτὸν ἄφωνος,

οὕτως οὐκ ἀνοίγει τὸ στόμα αὐτοῦ.

그런데 그가 읽고 있던 성경의 구절은 이것이었다.

'도살장의 양처럼 그는 끌려갔다.

그리고 털 깎는 사람 앞의 말 없는 어린 양처럼,

그는 입을 열지 않았다.

33절

ν τῇ ταπεινώσει αὐτοῦ ἡ κρίσις αὐτοῦ ἤρθη·

τὴν γενεὰν αὐτοῦ τίς διηγήσεται;

ὅτι αἴρεται ἀπὸ τῆς γῆς ἡ ζωὴ αὐτοῦ.

그의 비천함 속에서 그의 판결은 빼앗겨졌으니,

누가 그의 세대를 이야기할 것인가?

이는 그의 생명이 땅에서 제거되기 때문이다.'

34절

ἀποκριθεὶς δὲ ὁ εὐνοῦχος τῷ Φιλίππῳ εἶπεν· δέομαί σου, περὶ τίνος ὁ προφήτης λέγει τοῦτο; περὶ ἑαυτοῦ ἢ περὶ ἑτέρου τινός;

그러자 내시가 빌립에게 대답하며 말했다. "내가 당신께 구하건대, 선지자는 누구에 대하여 이것을 말하고 있느냐? 자기 자신이냐 아니면 다른 사람이냐?"

35절

ἀνοίξας δὲ ὁ Φίλιππος τὸ στόμα αὐτοῦ καὶ ἀρξάμενος ἀπὸ τῆς γραφῆς ταύτης εὐηγγελίσατο αὐτῷ τὸν Ἰησοῦν.

그러자 빌립은 그의 입을 열어 이 성경으로부터 시작하여 그에게 예수를 전하고 있었다.

36절

ὡς δὲ ἐπορεύοντο κατὰ τὴν ὁδόν, ἦλθον ἐπί τι ὕδωρ, καί φησιν ὁ εὐνοῦχος· ἰδοὺ ὕδωρ, τί κωλύει με βαπτισθῆναι;

그런데 그들은 길을 따라가다가 물가에 왔다. 그러자 내시가 엄숙하게 말했다. "보라! 물이다. 누가 내가 세례받는 것을 막으리요?"

37절

(없음)

38절

καὶ ἐκέλευσεν στῆναι τὸ ἅρμα καὶ κατέβησαν ἀμφότεροι εἰς τὸ ὕδωρ, ὅ τε Φίλιππος καὶ ὁ εὐνοῦχος, καὶ ἐβάπτισεν αὐτόν.

그리고 그는 병가를 세우라 명령하고 빌립과 내시 둘은 물로 내려갔다. 그리고 빌립은 그에게 세례를 주었다.

39절

ὅτε δὲ ἀνέβησαν ἐκ τοῦ ὕδατος, πνεῦμα κυρίου ἥρπασεν τὸν Φίλιππον καὶ οὐκ εἶδεν αὐτὸν οὐκέτι ὁ εὐνοῦχος, ἐπορεύετο γὰρ τὴν ὁδὸν αὐτοῦ χαίρων.

그런데 그들이 물에서 올라왔을 때 주님의 영이 빌립을 낚아챘다. 그리고 내시는 더 이상 그를 보지 못했지만 기뻐하며 그의 길을 가고 있었다.

40절

Φίλιππος δὲ εὑρέθη εἰς Ἄζωτον· καὶ διερχόμενος εὐηγγελίζετο τὰς πόλεις πάσας ἕως τοῦ ἐλθεῖν αὐτὸν εἰς Καισάρειαν.

그런데 빌립은 아조토에서 발견되었다. 그리고 그가 카이사레이아에 갈 때까지 두루 다니면서 모든 도시에서 복음을 전하고 있었다.

해설

　이 이야기 속에는 시간과 공간을 지배하시는 하나님의 초월성이 계시되어 있다. 하나님은 천사를 통해 빌립을 멀리 남쪽 유대 광야 길로 보내신다. 그 길에는 어떤 에디오피아 여왕의 측근 권력자가 병거를 타고 본국으로 돌아가면서 성경을 읽고 있다. 하나님은 동시에 각각 멀리 떨어진 공간에서 일어나고 있는 일들을 알고 계신다. 빌립은 사마리아에서 하나님의 말씀을 전하고 있고, 에디오피아 내시는 유대 광야 길을 가면서 하나님의 말씀인 성경을 읽고 있다. 보좌에 앉으신 하나님은 말씀을 사랑하는 사람들을 찾아 연결해 주신다. 하나님은 성령을 통하여 그들에게 자신의 아들 예수 그리스도를 계시하신다. 그리고 예수 그리스도의 복음은 점점 멀리, 온 세상을 향하여 퍼져 나간다. 예루살렘에서 사마리아로, 사마리아에서 에디오피아로. 하나님의 선교의 거룩한 그릇으로 쓰이고 있는 빌립은 헬라파 기독교의 지도자 중 한 사람이다. 새 술은 새 부대에 담긴다. 선교를 계획하고 이끌어 가는 것은 인간이 아니라 하나님이다.

사울과 나사렛 예수

사도행전 9:1-19a

1절

Ὁ δὲ Σαῦλος ἔτι ἐμπνέων ἀπειλῆς καὶ φόνου εἰς τοὺς μαθητὰς τοῦ κυρίου, προσελθὼν τῷ ἀρχιερεῖ

그런데 사울은 여전히 주님의 제자들에게 위협과 살기를 내뿜고 있었다. 그는 대제사장에게 나아가

2절

ἠτήσατο παρ' αὐτοῦ ἐπιστολὰς εἰς Δαμασκὸν πρὸς τὰς συναγωγάς, ὅπως ἐάν τινας εὕρῃ τῆς ὁδοῦ ὄντας, ἄνδρας τε καὶ γυναῖκας, δεδεμένους ἀγάγῃ εἰς Ἰερουσαλήμ.

그에게서 다메섹에 있는 회당들을 향한 서한을 요구했다. 그리하여 이 도에 속한 누구를 발견하면 남자든지 여자든지 묶인 채로 예루살렘으로 끌고 오도록 했다.

3절

Ἐν δὲ τῷ πορεύεσθαι ἐγένετο αὐτὸν ἐγγίζειν τῇ Δαμασκῷ, ἐξαίφνης τε αὐτὸν περιήστραψεν φῶς ἐκ τοῦ οὐρανοῦ

그런데 그가 가는 중에 다메섹에 접근했을 때 갑자기 하늘로부터 빛이 그를 두루 비추었다.

4절

καὶ πεσὼν ἐπὶ τὴν γῆν ἤκουσεν φωνὴν λέγουσαν αὐτῷ· Σαοὺλ Σαούλ, τί με διώκεις;

그리고 그는 땅에 쓰러져 그에게 말하는 음성을 들었다. "사울, 사울, 왜 나를 핍박하느냐?"

5절

εἶπεν δέ· τίς εἶ, κύριε; ὁ δέ· ἐγώ εἰμι Ἰησοῦς ὃν σὺ διώκεις·

그러자 그가 말했다. "주여, 누구십니까?" 그러자 그가 말했다. '나는 네가 핍박하고 있는 예수다.

6절

ἀλλ' ἀνάστηθι καὶ εἴσελθε εἰς τὴν πόλιν καὶ λαληθήσεταί σοι ὅ τί σε δεῖ ποιεῖν.

그러나 일어나 그 도시로 들어가라. 그러면 네가 무엇을 할 것인지 너에게 이야기될 것이다."

7절

οἱ δὲ ἄνδρες οἱ συνοδεύοντες αὐτῷ εἱστήκεισαν ἐνεοί, ἀκούοντες μὲν τῆς φωνῆς μηδένα δὲ θεωροῦντες.

그런데 그와 함께 길을 가던 사람들은 말없이 서 있었는데, 그들은 음성은 들었으나 아무것도 보지 못했다.

8절

ἠγέρθη δὲ Σαῦλος ἀπὸ τῆς γῆς, ἀνεῳγμένων δὲ τῶν ὀφθαλμῶν αὐτοῦ
οὐδὲν ἔβλεπεν· χειραγωγοῦντες δὲ αὐτὸν εἰσήγαγον εἰς Δαμασκόν.
그런데 사울은 땅에서 일으켜져서 눈을 떴으나 아무것도 보지 못했다.
그러자 사람들이 그를 손으로 이끌어 다메섹으로 데리고 들어갔다.

9절

καὶ ἦν ἡμέρας τρεῖς μὴ βλέπων καὶ οὐκ ἔφαγεν οὐδὲ ἔπιεν.
그리고 그는 3일 동안 보지 못하고 있었다. 그리고 먹지도 마시지도 못했다.

10절

Ἦν δέ τις μαθητὴς ἐν Δαμασκῷ ὀνόματι Ἀνανίας, καὶ εἶπεν πρὸς
αὐτὸν ἐν ὁράματι ὁ κύριος· Ἀνανία. ὁ δὲ εἶπεν· ἰδοὺ ἐγώ, κύριε.
그런데 다메섹에는 아나니아라는 한 제자가 있었다. 그리고 주님께서
환상 중에 그를 향하여 말씀하셨다. "아나니아." 그러자 그가 말했다.
"보세요! 나입니다, 주님."

11절

ὁ δὲ κύριος πρὸς αὐτόν· ἀναστὰς πορεύθητι ἐπὶ τὴν ῥύμην τὴν καλο
υμένην Εὐθεῖαν καὶ ζήτησον ἐν οἰκίᾳ Ἰούδα Σαῦλον ὀνόματι Ταρσέα·
ἰδοὺ γὰρ προσεύχεται.
그러자 주님께서 그를 향하여 말씀하셨다. "일어나서 직선도로라 불리

는 길로 가서 유다의 집에서 사울이라는 다소 사람을 찾으라. 보라! 그가 지금 기도하고 있다."

12절

καὶ εἶδεν ἄνδρα ἐν ὁράματι Ἀνανίαν ὀνόματι εἰσελθόντα καὶ ἐπιθέν τα αὐτῷ τὰς χεῖρας ὅπως ἀναβλέψη.

그리고 그는 환상 중에 아나니아라는 사람이 들어와 자기에게 안수하므로 그가 눈을 뜨게 되는 것을 보았다.

13절

ἀπεκρίθη δὲ Ἀνανίας· κύριε, ἤκουσα ἀπὸ πολλῶν περὶ τοῦ ἀνδρὸς τούτου ὅσα κακὰ τοῖς ἁγίοις σου ἐποίησεν ἐν Ἰερουσαλήμ·

그러자 아나니아가 대답했다. "주님, 나는 이 사람에 대하여 많은 사람으로부터 그가 예루살렘에서 당신의 성도들에게 행한 악독한 짓들을 들었습니다.

14절

καὶ ὧδε ἔχει ἐξουσίαν παρὰ τῶν ἀρχιερέων δῆσαι πάντας τοὺς ἐπικα λουμένους τὸ ὄνομά σου.

그리고 그는 대제사장들로부터 당신의 이름을 부르는 모든 사람을 결박하는 권세를 가지고 여기에 왔습니다."

15절

εἶπεν δὲ πρὸς αὐτὸν ὁ κύριος· πορεύου, ὅτι σκεῦος ἐκλογῆς ἐστίν

μοι οὗτος τοῦ βαστάσαι τὸ ὄνομά μου ἐνώπιον ἐθνῶν τε καὶ βασιλέων
υἱῶν τε Ἰσραήλ·

그러자 주님께서 그를 향하여 말씀하셨다. "가라! 이 사람은 이방인들과
왕들과 이스라엘 자손들 앞에서 나의 이름을 감당하기 위해 택함 받은
나의 그릇이다.

16절
ἐγὼ γὰρ ὑποδείξω αὐτῷ ὅσα δεῖ αὐτὸν ὑπὲρ τοῦ ὀνόματός μου παθεῖν.
그러므로 나는 그가 나의 이름을 위하여 당할 일을 그에게 보여줄 것이다."

17절
Ἀπῆλθεν δὲ Ἀνανίας καὶ εἰσῆλθεν εἰς τὴν οἰκίαν καὶ ἐπιθεὶς ἐπ᾽
αὐτὸν τὰς χεῖρας εἶπεν· Σαοὺλ ἀδελφέ, ὁ κύριος ἀπέσταλκέν με, Ἰησοῦς
ὁ ὀφθείς σοι ἐν τῇ ὁδῷ ᾗ ἤρχου, ὅπως ἀναβλέψῃς καὶ πλησθῇς πνεύματ
ος ἁγίου.

그러자 아나니아는 일어나 집으로 들어가 그에게 안수하며 말했다. "사
울 형제여, 주님, 곧 당신이 오는 길에서 당신에게 나타난 예수께서 당신
이 눈을 뜨게 하고 성령으로 충만케 하시려고 나를 보내셨다."

18절
καὶ εὐθέως ἀπέπεσαν αὐτοῦ ἀπὸ τῶν ὀφθαλμῶν ὡς λεπίδες, ἀνέβλε
ψέν τε καὶ ἀναστὰς ἐβαπτίσθη
그리고 즉시 그의 눈에서 비늘 같은 것들이 떨어졌다. 그리고 그는 일어나
세례를 받았다.

19a절

καὶ λαβὼν τροφὴν ἐνίσχυσεν.

그리고 음식을 취하고 강해졌다.

해설

극단적 유대주의자 사울은 열심히 교회를 파괴하고 있다. 그는 예수 믿는 유대인들을 잡아오기 위해 다메섹으로 가고 있다. 그에게 기독교는 이단이고, 예수는 이단의 괴수이며, 예수가 부활했다는 이야기는 새빨간 거짓말이다. 확신을 가지고 살기와 위협을 내뿜으며 길을 가는 그에게는 거칠 것이 없다. 그는 무슨 일을 하면 끝장을 내는 기질의 소유자다. 그런 기질은 이데올로기와 결합하면 더욱더 극단성을 띠게 된다. 스테파노스의 죽음은 그것을 선명하게 드러낸 사건이다. 피는 피를 부르는 법. 한번 피 맛을 본 그는 더욱더 과격해진다. 그의 모든 행동의 정당성은 나사렛 예수의 부활이 거짓이라는 것에 기초한다. 그러나 나사렛 예수가 강렬한 빛으로 그를 땅바닥에 쓰러뜨리고 그의 이름을 부를 때 그는 부활의 현실을 경험한다. 그것은 물질세계의 법칙을 넘어 이 세상을 압도하며 다가오는 하나님의 힘이다. 그것은 인간의 지식과 신념을 산산이 부수며 쳐들어오는 무시무시한 신적 에너지다. 인간은 죽지 않으려면 거기에 굴복해야 한다. 이제 사울은 나사렛 예수를 신으로, 생명의 주님으로, 초월적 전능자로 만나게 된다. 이것으로 모든 것은 끝났다. 그는 여태까지 쓸데없는 일을 했을 뿐이다. 그가 열심히 확신을 가지고 한 만큼 그는 잘못된 길을 멀리 달려간 것이다. 그는 이제 죽은 사람이 되었다. 그의 화려한 이력과 명성은 오히려 그에게 수치스러운 과거가 되었다. 실패한 인생이다. 이제부터 그의 미래는 전적으로 그를 쓰러뜨린 그분의 손에 달려 있다. 거기서 그는 부활의 능력을 경험하며 그분과 함께 걸어갈 것이다.

사울의 낙향

사도행전 9:19b-31

19b절

Ἐγένετο δὲ μετὰ τῶν ἐν Δαμασκῷ μαθητῶν ἡμέρας τινὰς

그런데 그는 다메섹에 있는 제자들과 함께 며칠을 지내고 나서

20절

καὶ εὐθέως ἐν ταῖς συναγωγαῖς ἐκήρυσσεν τὸν Ἰησοῦν ὅτι οὗτός
ἐστιν ὁ υἱὸς τοῦ θεοῦ.

즉시 회당에서 예수에 대해 "이분이 하나님의 아들"이라고 선포하고 있었다.

21절

ἐξίσταντο δὲ πάντες οἱ ἀκούοντες καὶ ἔλεγον· οὐχ οὗτός ἐστιν ὁ
πορθήσας εἰς Ἰερουσαλὴμ τοὺς ἐπικαλουμένους τὸ ὄνομα τοῦτο, καὶ
ὧδε εἰς τοῦτο ἐληλύθει ἵνα δεδεμένους αὐτοὺς ἀγάγῃ ἐπὶ τοὺς ἀρχιερεῖς;

그러자 듣는 모든 사람이 깜짝 놀라며 말했다. "이 사람은 예루살렘에서
이 이름을 부르는 사람들을 괴롭히던 사람이고, 그 사람들을 묶어서 대제
사장에게로 끌고 가기 위해 여기에 오지 않았느냐?"

22절

Σαῦλος δὲ μᾶλλον ἐνεδυναμοῦτο καὶ συνέχυννεν́ τοὺς Ἰουδαίους τοὺς κατοικοῦντας ἐν Δαμασκῷ συμβιβάζων ὅτι οὗτός ἐστιν ὁ χριστός.

그러나 사울은 더욱 힘을 얻어 "이분이 그리스도이시다"라고 가르치며 다메섹에 거주하는 유대인들을 당황케 하고 있었다.

23절

Ὡς δὲ ἐπληροῦντο ἡμέραι ἱκαναί, συνεβουλεύσαντο οἱ Ἰουδαῖοι ἀνελεῖν αὐτόν·

상당한 시간이 채워졌을 때 유대인들은 그를 제거하기로 의논했다.

24절

ἐγνώσθη δὲ τῷ Σαύλῳ ἡ ἐπιβουλὴ αὐτῶν. παρετηροῦντο δὲ καὶ τὰς πύλας ἡμέρας τε καὶ νυκτὸς ὅπως αὐτὸν ἀνέλωσιν·

그런데 그들의 음모가 사울에게 알려졌다. 그리고 그들은 그를 제거하기 위해 밤낮으로 문을 철저히 지키고 있었다.

25절

λαβόντες δὲ οἱ μαθηταὶ αὐτοῦ νυκτὸς διὰ τοῦ τείχους καθῆκαν αὐτὸν χαλάσαντες ἐν σπυρίδι.

그러자 그의 제자들이 밤에 그를 바구니 속에 앉혀 성벽을 통해 내려보냈다.

26절

Παραγενόμενος δὲ εἰς Ἰερουσαλὴμ ἐπείραζεν κολλᾶσθαι τοῖς μαθη ταῖς, καὶ πάντες ἐφοβοῦντο αὐτὸν μὴ πιστεύοντες ὅτι ἐστὶν μαθητής.

그리고 그는 예루살렘에 도착해서 제자들과 연합하려고 시도하고 있었다. 그러나 모든 사람이 그가 제자인 것을 믿지 않고 무서워하고 있었다.

27절

Βαρναβᾶς δὲ ἐπιλαβόμενος αὐτὸν ἤγαγεν πρὸς τοὺς ἀποστόλους καὶ διηγήσατο αὐτοῖς πῶς ἐν τῇ ὁδῷ εἶδεν τὸν κύριον καὶ ὅτι ἐλάλησεν αὐτῷ καὶ πῶς ἐν Δαμασκῷ ἐπαρρησιάσατο ἐν τῷ ὀνόματι τοῦ Ἰησοῦ.

그런데 바나바가 그를 데리고 사도들에게 인도했다. 그리고 그들에게 그가 어떻게 길에서 주님을 보았고 어떻게 다메섹에서 예수의 이름으로 담대하게 말했는지를 자세히 이야기했다.

28절

καὶ ἦν μετ᾽ αὐτῶν εἰσπορευόμενος καὶ ἐκπορευόμενος εἰς Ἰερουσαλήμ, παρρησιαζόμενος ἐν τῷ ὀνόματι τοῦ κυρίου,

그래서 그는 그들과 함께 예루살렘에서 출입하며 주님의 이름으로 담대히 말하고

29절

ἐλάλει τε καὶ συνεζήτει πρὸς τοὺς Ἑλληνιστάς, οἱ δὲ ἐπεχείρουν ἀνελεῖν αὐτόν.

헬라인들을 향하여 이야기하고 토론하고 있었다. 그러나 그들은 그를 제거하려고 시도하고 있었다.

30절

ἐπιγνόντες δὲ οἱ ἀδελφοὶ κατήγαγον αὐτὸν εἰς Καισάρειαν καὶ ἐξαπ
έστειλαν αὐτὸν εἰς Ταρσόν.

그러자 형제들이 알아차리고 그를 카이사레이아로 데리고 내려가서 그
를 다소로 보냈다.

31절

Ἡ μὲν οὖν ἐκκλησία καθ᾽ ὅλης τῆς Ἰουδαίας καὶ Γαλιλαίας καὶ Σαμα
ρείας εἶχεν εἰρήνην οἰκοδομουμένη καὶ πορευομένη τῷ φόβῳ τοῦ κυρί
ου καὶ τῇ παρακλήσει τοῦ ἁγίου πνεύματος ἐπληθύνετο.

그러므로 온 유대와 갈릴리와 사마리아에 있는 교회는 평화를 얻으며
주님을 두려워함과 성령의 위로로 세워지고 나아가고 있었다.

해설

　사울은 부활하신 주님을 만나고 나서 극적인 방향 전환을 하게 된다. 그것은 하나님의 초월적 의지로 강요된 실존적 사건이다. 방향을 바꾼 그는 자신의 타고난 기질로 열심히 주 예수를 증거한다. 그는 자신이 난폭하게 교회를 파괴하고 다녔던 과거가 설득력이 있을 것이라고 생각한다. 하지만 아무도 그를 반기지 않는다. 한쪽에서는 의심과 두려움의 대상이요, 다른 쪽에서는 제거되어야 할 배신자다. 그 누구도 그의 변화를 이해하지 못하고 받아들이지도 않는다. 그가 가는 곳에는 언제나 시끄러운 문제가 일어난다. 그는 결국 말썽꾸러기 취급을 받고 낙향하게 된다. 촉망받던 유대교 신학자는 실패자가 되어 잊혀 간다. 인간에게 가장 비참한 것은 잊히는 것이다. 그것은 사회적 죽음이다. 그러나 그는 그 죽음과 같은 고독을 이겨내야 한다. 그리고 그 고독 속에서 부활하신 주님의 음성을 듣고 자신에게 준비된 하나님의 때를 기다려야 한다. 모세는 낙심과 절망 속에 40년의 세월을 보낸 후 하나님의 부르심을 받았다. 그것은 죽은 자의 부활 사건이었다. 사울의 극적인 방향 전환이 하나님의 택하심 속에 일어난 것이라면 반드시 하나님의 때에 그는 다시 부르심을 받을 것이다. 왜냐하면 하나님은 성실하신 분이기 때문이다.

베드로의 전도여행

사도행전 9:32-43

32절

Ἐγένετο δὲ Πέτρον διερχόμενον διὰ πάντων κατελθεῖν καὶ πρὸς τοὺς ἁγίους τοὺς κατοικοῦντας Λύδδα.

그런데 베드로는 모든 곳을 두루 다니면서 룻다에 거주하는 성도들을 향하여 내려가게 되었다.

33절

εὗρεν δὲ ἐκεῖ ἄνθρωπόν τινα ὀνόματι Αἰνέαν ἐξ ἐτῶν ὀκτὼ κατακεί μενον ἐπὶ κραβάττου, ὃς ἦν παραλελυμένος.

그런데 거기서 중풍에 걸려 8년 동안 침상에 누워 있는 아이네아라는 사람을 만났다.

34절

καὶ εἶπεν αὐτῷ ὁ Πέτρος· Αἰνέα, ἰᾶταί σε Ἰησοῦς Χριστός· ἀνάστηθι καὶ στρῶσον σεαυτῷ. καὶ εὐθέως ἀνέστη.

그리고 베드로는 그에게 말했다. "아이네아, 예수 그리스도께서 너를 고치신다. 일어나 너 자신을 정돈하라." 그러자 그는 즉시 일어났다.

35절

καὶ εἶδαν αὐτὸν πάντες οἱ κατοικοῦντες Λύδδα καὶ τὸν Σαρῶνα, οἵτινες ἐπέστρεψαν ἐπὶ τὸν κύριον.

그리고 룻다와 샤론에 거주하는 모든 사람이 그를 보고서 주님께 돌아섰다.

36절

Ἐν Ἰόππῃ δέ τις ἦν μαθήτρια ὀνόματι Ταβιθά, ἣ διερμηνευομένη λέγεται Δορκάς· αὕτη ἦν πλήρης ἔργων ἀγαθῶν καὶ ἐλεημοσυνῶν ὧν ἐποίει.

그런데 욥바에 타비다라는 어떤 여제자가 있었는데, 번역하면 도르카스 (가젤)라는 뜻이다. 그녀에게는 그녀가 행하고 있던 선한 일과 구제가 가득 차 있었다.

37절

ἐγένετο δὲ ἐν ταῖς ἡμέραις ἐκείναις ἀσθενήσασαν αὐτὴν ἀποθανεῖν· λούσαντες δὲ ἔθηκαν᾽ αὐτὴν ἐν ὑπερῴῳ.

그런데 저 날들에 그녀가 병들어 죽게 되었다. 그러자 사람들이 그녀를 씻어서 다락에 놓아두었다.

38절

ἐγγὺς δὲ οὔσης Λύδδας τῇ Ἰόππῃ οἱ μαθηταὶ ἀκούσαντες ὅτι Πέτρος ἐστὶν ἐν αὐτῇ ἀπέστειλαν δύο ἄνδρας πρὸς αὐτὸν παρακαλοῦντες· μὴ ὀκνήσῃς διελθεῖν ἕως ἡμῶν.

그런데 룻다가 욥바에서 가깝기 때문에 사람들은 베드로가 거기에 있다

는 소식을 듣고 그를 향하여 두 사람을 보내며 간청했다. "우리에게까지
오는 것을 망설이지 마세요."

39절

ἀναστὰς δὲ Πέτρος συνῆλθεν αὐτοῖς· ὃν παραγενόμενον ἀνήγαγον
εἰς τὸ ὑπερῷον καὶ παρέστησαν αὐτῷ πᾶσαι αἱ χῆραι κλαίουσαι καὶ
ἐπιδεικνύμεναι χιτῶνας καὶ ἱμάτια ὅσα ἐποίει μετ᾽ αὐτῶν οὖσα ἡ Δορκάς.
그러자 베드로는 그들과 함께 갔다. 그가 도착했을 때 사람들은 다락으로
데리고 올라갔다. 그리고 모든 과부가 그에게 다가와서 울며 도르가가
그들과 함께 있을 때 그녀가 만든 속옷들과 겉옷들을 보여주었다.

40절

ἐκβαλὼν δὲ ἔξω πάντας ὁ Πέτρος καὶ θεὶς τὰ γόνατα προσηύξατο
καὶ ἐπιστρέψας πρὸς τὸ σῶμα εἶπεν· Ταβιθά, ἀνάστηθι. ἡ δὲ ἤνοιξεν
τοὺς ὀφθαλμοὺς αὐτῆς, καὶ ἰδοῦσα τὸν Πέτρον ἀνεκάθισεν.
그러자 베드로는 모든 사람을 밖으로 내보내고 무릎을 꿇고 기도했다.
그리고 몸을 돌려 시체를 향하여 말했다. "타비다, 일어나라." 그러자
그녀가 눈을 떴다. 그리고 베드로를 보고 일어나 앉았다.

41절

δοὺς δὲ αὐτῇ χεῖρα ἀνέστησεν αὐτήν· φωνήσας δὲ τοὺς ἁγίους καὶ
τὰς χήρας παρέστησεν αὐτὴν ζῶσαν.
그러자 베드로는 그녀에게 손을 주어 그녀를 일으켰다. 그리고 성도들과
과부들을 불러 그녀가 살아있음을 보여주었다.

42절

γνωστὸν δὲ ἐγένετο καθ᾽ ὅλης τῆς Ἰόππης καὶ ἐπίστευσαν πολλοὶ ἐπὶ τὸν κύριον.

그러자 그 일이 온 욥바에 알려지게 되었고 많은 사람이 주님을 믿었다.

43절

Ἐγένετο δὲ ἡμέρας ἱκανὰς μεῖναι ἐν Ἰόππῃ παρά τινι Σίμωνι βυρσεῖ.

그런데 그는 욥바에서 가죽 가공업자인 시몬이라는 사람의 집에서 상당한 날들을 머무르고 있었다.

해설

    스테파노스의 죽음 후 헬라파의 활동이 시작되는 가운데 히브리파의 지도자인 베드로는 각처를 두루 다니며 복음을 전한다. 그는 룻다에서 중풍병자를 고치고, 욥바에서 죽은 사람을 살린다. 그 결과 많은 사람이 주님께 돌아온다. 그러나 이 치유와 표적 이야기는 왠지 맥이 풀리는 느낌을 준다. 왜냐하면 스테파노스의 죽음과 사울의 회심이 워낙 충격적인 사건이기 때문이다. 그것은 변화산 사건 후 나사렛 예수의 치유와 기적 이야기가 십자가 대속의 죽음의 빛 앞에서 힘을 잃기 시작하는 것과 같다. 이제 관심의 초점은 헬라파에 의한 이방인 선교로 옮겨가고 있다. 그것은 기독교의 새로운 장을 여는 역사적 전환점이다. 베드로의 치유와 표적은 저물어 가는 히브리파 기독교 시대의 마지막을 장식하고 있다.

베드로와 코르넬리우스

사도행전 10:1-48

1절

Ἀνὴρ δέ τις ἐν Καισαρείᾳ ὀνόματι Κορνήλιος, ἑκατοντάρχης ἐκ σπεί ρης τῆς καλουμένης Ἰταλικῆς,

그런데 카이사리아에 코르넬리우스라는 어떤 남자가 있었는데, 그는 이탈리아 보병부대의 백인대장이었다.

2절

εὐσεβὴς καὶ φοβούμενος τὸν θεὸν σὺν παντὶ τῷ οἴκῳ αὐτοῦ, ποιῶν ἐλεημοσύνας πολλὰς τῷ λαῷ καὶ δεόμενος τοῦ θεοῦ διὰ παντός,

그는 경건하고 자기의 온 집과 함께 하나님을 경외하는 사람이었고, 백성에게 많은 구제를 행하고 항상 간절히 기도하는 사람이었다.

3절

εἶδεν ἐν ὁράματι φανερῶς ὡσεὶ περὶ ὥραν ἐνάτην τῆς ἡμέρας ἄγγελ ον τοῦ θεοῦ εἰσελθόντα πρὸς αὐτὸν καὶ εἰπόντα αὐτῷ· Κορνήλιε.

그는 제9시쯤 환상 중에 하나님의 천사가 그를 향하여 들어와서 그에게 "코르넬리우스"라고 말하는 것을 분명히 보았다.

4절

ὁ δὲ ἀτενίσας αὐτῷ καὶ ἔμφοβος γενόμενος εἶπεν· τί ἐστιν, κύριε;
εἶπεν δὲ αὐτῷ· αἱ προσευχαί σου καὶ αἱ ἐλεημοσύναι σου ἀνέβησαν
εἰς μνημόσυνον ἔμπροσθεν τοῦ θεοῦ.

그러자 그는 천사를 응시하고 두려움에 사로잡혀 말했다. "주여, 무슨
일입니까?" 그러자 천사가 그에게 말했다. "너의 기도들과 너의 구제들이
하나님 앞에 기념물로 올라갔다.

5절

καὶ νῦν πέμψον ἄνδρας εἰς Ἰόππην καὶ μετάπεμψαι Σίμωνά τινα
ὃς ἐπικαλεῖται Πέτρος·

그러므로 지금 욥바에 사람들을 보내어 베드로라는 시몬을 초청해라.

6절

οὗτος ξενίζεται παρά τινι Σίμωνι βυρσεῖ, ᾧ ἐστιν οἰκία παρὰ θάλασσαν.

이 사람은 가죽 가공업자인 어떤 시몬이라는 사람의 집에 유숙하고 있는
데, 그의 집은 바닷가에 있다."

7절

ὡς δὲ ἀπῆλθεν ὁ ἄγγελος ὁ λαλῶν αὐτῷ, φωνήσας δύο τῶν οἰκετῶν
καὶ στρατιώτην εὐσεβῆ τῶν προσκαρτερούντων αὐτῷ

그런데 그에게 이야기하던 천사가 떠났을 때, 그는 집안의 하인들 중
둘과 그에게 시중드는 자들 중에 경건한 군인을 불러

8절

καὶ ἐξηγησάμενος ἅπαντα αὐτοῖς ἀπέστειλεν αὐτοὺς εἰς τὴν Ἰόππην.

그들에게 모든 것을 자세히 이야기한 후 그들을 욥바로 보냈다.

9절

Τῇ δὲ ἐπαύριον, ὁδοιπορούντων ἐκείνων καὶ τῇ πόλει ἐγγιζόντων, ἀνέβη Πέτρος ἐπὶ τὸ δῶμα προσεύξασθαι περὶ ὥραν ἕκτην.

그런데 다음날 저들이 길을 가다가 그 도시에 가까이 왔을 때, 베드로는 제6시쯤 기도하기 위해 지붕에 올라갔다.

10절

ἐγένετο δὲ πρόσπεινος καὶ ἤθελεν γεύσασθαι. παρασκευαζόντων δὲ αὐτῶν ἐγένετο ἐπ᾽ αὐτὸν ἔκστασις.

그런데 그는 심히 배가 고파서 음식을 맛보기 원하고 있었다. 그런데 사람들이 준비하고 있을 때 그에게 환상이 나타났다.

11절

καὶ θεωρεῖ τὸν οὐρανὸν ἀνεῳγμένον καὶ καταβαῖνον σκεῦός τι ὡς ὀθόνην μεγάλην τέσσαρσιν ἀρχαῖς καθιέμενον ἐπὶ τῆς γῆς,

그리고 그는 하늘이 열리고 네 끝을 가진 큰 보자기 같은 어떤 그릇이 내려와 땅에 앉는 것을 보았는데,

12절

ἐν ᾧ ὑπῆρχεν πάντα τὰ τετράποδα καὶ ἑρπετὰ τῆς γῆς καὶ πετεινὰ τοῦ οὐρανοῦ.

그 안에는 네 발 달린 모든 것과 땅의 기는 것들과 하늘의 새들이 있었다.

13절

καὶ ἐγένετο φωνὴ πρὸς αὐτόν· ἀναστάς, Πέτρε, θῦσον καὶ φάγε.

그리고 그를 향하여 음성이 있었다. "베드로, 일어나 잡아먹어라."

14절

ὁ δὲ Πέτρος εἶπεν· μηδαμῶς, κύριε, ὅτι οὐδέποτε ἔφαγον πᾶν κοινὸν καὶ ἀκάθαρτον.

그러자 베드로가 말했다. "주님, 절대 안 됩니다. 왜냐하면 나는 여태까지 속된 것과 더러운 것을 먹지 않았기 때문입니다."

15절

καὶ φωνὴ πάλιν ἐκ δευτέρου πρὸς αὐτόν· ἃ ὁ θεὸς ἐκαθάρισεν, σὺ μὴ κοίνου.

그러자 그를 향하여 다시 두 번째 음성이 있었다. "하나님께서 깨끗하게 하신 것들을 너는 속되게 하지 말라."

16절

τοῦτο δὲ ἐγένετο ἐπὶ τρὶς καὶ εὐθὺς ἀνελήμφθη τὸ σκεῦος εἰς τὸν οὐρανόν.

그런데 이 일이 세 번 일어났다. 그리고 즉시 그릇은 하늘로 들어 올려졌다.

17절

Ὡς δὲ ἐν ἑαυτῷ διηπόρει ὁ Πέτρος τί ἂν εἴη τὸ ὅραμα ὃ εἶδεν, ἰδοὺ οἱ ἄνδρες οἱ ἀπεσταλμένοι ὑπὸ τοῦ Κορνηλίου διερωτήσαντες τὴν οἰκί αν τοῦ Σίμωνος ἐπέστησαν ἐπὶ τὸν πυλῶνα,

그러자 베드로는 속으로 그가 본 환상이 도대체 무슨 일인가 당황하고 있을 때, 보라! 코르넬리우스에 의해 보냄을 받은 사람들이 시몬의 집을 두루 물은 후 문 앞에 서 있었다.

18절

καὶ φωνήσαντες ἐπυνθάνοντο εἰ Σίμων ὁ ἐπικαλούμενος Πέτρος ἐνθάδε ξενίζεται.

그리고 그들은 혹시 베드로라는 시몬이 안에 유숙하고 있는지 물었다.

19절

Τοῦ δὲ Πέτρου διενθυμουμένου περὶ τοῦ ὁράματος εἶπεν αὐτῷ τὸ πνεῦμα· ἰδοὺ ἄνδρες τρεῖς ζητοῦντές σε,

그런데 베드로가 환상에 대하여 곰곰이 생각하고 있을 때 성령께서 그에게 말씀하셨다. "보라! 세 사람이 너를 찾고 있다.

20절

ἀλλ᾽ ἀναστὰς κατάβηθι καὶ πορεύου σὺν αὐτοῖς μηδὲν διακρινόμεν ος ὅτι ἐγὼ ἀπέσταλκα αὐτούς.

다만 일어나 내려가서 아무것도 의심하지 말고 그들과 함께 가라. 왜냐하면 내가 그들을 보냈기 때문이다."

21절

καταβὰς δὲ Πέτρος πρὸς τοὺς ἄνδρας εἶπεν· ἰδοὺ ἐγώ εἰμι ὃν ζητεῖτε· τίς ἡ αἰτία δι᾽ ἣν πάρεστε;

그러자 베드로는 내려가 그들을 향하여 말했다. "보라! 내가 너희가 찾고 있는 사람이다. 너희가 온 이유가 무엇이냐?"

22절

οἱ δὲ εἶπαν· Κορνήλιος ἑκατοντάρχης, ἀνὴρ δίκαιος καὶ φοβούμενος τὸν θεόν, μαρτυρούμενός τε ὑπὸ ὅλου τοῦ ἔθνους τῶν Ἰουδαίων, ἐχρημ ατίσθη ὑπὸ ἀγγέλου ἁγίου μεταπέμψασθαί σε εἰς τὸν οἶκον αὐτοῦ καὶ ἀκοῦσαι ῥήματα παρὰ σοῦ.

그러자 그들이 말했다. "백인대장 코르넬리우스는 의로운 사람이고 하나님을 경외하며 온 유대 민족에게서 인정받고 있는 사람인데, 거룩한 천사에 의해 당신을 그의 집으로 초청해서 당신으로부터 말씀을 들으라는 지시를 받았습니다."

23절

εἰσκαλεσάμενος οὖν αὐτοὺς ἐξένισεν. Τῇ δὲ ἐπαύριον ἀναστὰς ἐξῆ λθεν σὺν αὐτοῖς καί τινες τῶν ἀδελφῶν τῶν ἀπὸ Ἰόππης συνῆλθον αὐτῷ.

그러므로 그는 그들을 안으로 불러들여 손님으로 모셨다. 그리고 그는 다음날 일어나서 그들과 함께 나갔다. 그리고 욥바 출신의 형제 중에서 어떤 사람들이 그와 동행했다.

24절

τῇ δὲ ἐπαύριον εἰσῆλθεν εἰς τὴν Καισάρειαν. ὁ δὲ Κορνήλιος ἦν προσδοκῶν αὐτοὺς συγκαλεσάμενος τοὺς συγγενεῖς αὐτοῦ καὶ τοὺς ἀναγκαίους φίλους.

그리고 다음날 그는 카이사레이아에 들어갔다. 그런데 코르넬리우스는 그의 친척들과 절친한 친구들을 함께 초청해서 그들을 기다리고 있었다.

25절

Ὡς δὲ ἐγένετο τοῦ εἰσελθεῖν τὸν Πέτρον, συναντήσας αὐτῷ ὁ Κορνήλιος πεσὼν ἐπὶ τοὺς πόδας προσεκύνησεν.

그런데 베드로가 들어올 때 코르넬리우스는 그를 마중하며 발 앞에 엎드려 절했다.

26절

ὁ δὲ Πέτρος ἤγειρεν αὐτὸν λέγων· ἀνάστηθι· καὶ ἐγὼ αὐτὸς ἄνθρωπός εἰμι.

그러자 베드로가 그를 일으키며 말했다. "일어나라. 나도 똑같은 인간이다."

27절

καὶ συνομιλῶν αὐτῷ εἰσῆλθεν καὶ εὑρίσκει συνεληλυθότας πολλούς,

그리고 베드로는 그와 함께 이야기하며 들어갔다. 그리고 그는 많은 사람들이 함께 와 있는 것을 발견했다.

28절

ἔφη τε πρὸς αὐτούς· ὑμεῖς ἐπίστασθε ὡς ἀθέμιτόν ἐστιν ἀνδρὶ Ἰουδα
ίῳ κολλᾶσθαι ἢ προσέρχεσθαι ἀλλοφύλῳ· κἀμοὶ ὁ θεὸς ἔδειξεν μηδένα
κοινὸν ἢ ἀκάθαρτον λέγειν ἄνθρωπον·

그러자 베드로가 엄숙히 말했다. "당신들은 유대인에게 다른 민족과 연
합하거나 나아가는 것이 불법이라는 것을 알고 있을 것이다. 그러나 하나
님께서는 나에게 어떤 사람도 속되거나 더럽다고 말하지 말 것을 지시하
셨다.

29절

διὸ καὶ ἀναντιρρήτως ἦλθον μεταπεμφθείς. πυνθάνομαι οὖν τίνι
λόγῳ μετεπέμψασθέ με;

그래서 나는 주저 없이 초청을 받고 왔다. 그러므로 나는 무슨 일로 당신들
이 나를 초청했는지 묻는다."

30절

καὶ ὁ Κορνήλιος ἔφη· ἀπὸ τετάρτης ἡμέρας μέχρι ταύτης τῆς ὥρας
ἤμην τὴν ἐνάτην προσευχόμενος ἐν τῷ οἴκῳ μου, καὶ ἰδοὺ ἀνὴρ ἔστη
ἐνώπιόν μου ἐν ἐσθῆτι λαμπρᾷ

그리고 코르넬리우스가 엄숙히 말했다. "나는 4일 전 이 시간쯤 제9시에
집에서 기도하고 있었다. 그런데 보라! 빛나는 옷을 입은 남자가 내 앞에
서 있었다.

31절

καὶ φησίν· Κορνήλιε, εἰσηκούσθη σου ἡ προσευχὴ καὶ αἱ ἐλεημοσύναι σου ἐμνήσθησαν ἐνώπιον τοῦ θεοῦ.

그리고 엄숙히 말했다. '코르넬리우스, 너의 기도와 너의 구제가 응답을 받고 하나님 앞에서 기억되었다.

32절

πέμψον οὖν εἰς Ἰόππην καὶ μετακάλεσαι Σίμωνα ὃς ἐπικαλεῖται Πέτρος, οὗτος ξενίζεται ἐν οἰκίᾳ Σίμωνος βυρσέως παρὰ θάλασσαν.

그러므로 욥바로 사람을 보내어 베드로라는 시몬을 초청해라. 그는 바닷가에 있는 가죽 가공업자 시몬의 집에 유숙하고 있다.'

33절

ἐξαυτῆς οὖν ἔπεμψα πρὸς σέ, σύ τε καλῶς ἐποίησας παραγενόμενος. νῦν οὖν πάντες ἡμεῖς ἐνώπιον τοῦ θεοῦ πάρεσμεν ἀκοῦσαι πάντα τὰ προστεταγμένα σοι ὑπὸ τοῦ κυρίου.

그러므로 나는 즉시 당신을 향하여 사람들을 보냈다. 그런데 당신께서 오셨으니 참 잘하였다. 그러므로 우리 모두는 지금 주님에 의해 당신께 명령된 모든 것을 듣기 위해 하나님 앞에 서 있다."

34절

Ἀνοίξας δὲ Πέτρος τὸ στόμα εἶπεν· ἐπ᾽ ἀληθείας καταλαμβάνομαι ὅτι οὐκ ἔστιν προσωπολήμπτης ὁ θεός,

그러자 베드로가 입을 열어 말했다. "나는 진실로 하나님이 얼굴을 취하

시는 분이 아니고,

35절

ἀλλ᾽ ἐν παντὶ ἔθνει ὁ φοβούμενος αὐτὸν καὶ ἐργαζόμενος δικαιοσύν
ην δεκτὸς αὐτῷ ἐστιν.

대신에 모든 민족에게서 그분을 경외하며 의를 행하는 사람은 그분께
받아들여진다는 것을 확실히 알게 되었다.

36절

τὸν λόγον ὃν ἀπέστειλεν τοῖς υἱοῖς Ἰσραὴλ εὐαγγελιζόμενος εἰρή
ην διὰ Ἰησοῦ Χριστοῦ, οὗτός ἐστιν πάντων κύριος,

하나님께서는 예수 그리스도를 통하여 평화를 전하기 위하여 이스라엘
자손들에게 말씀을 보내셨는데, 이분은 만물의 주인이시다.

37절

ὑμεῖς οἴδατε τὸ γενόμενον ῥῆμα καθ᾽ ὅλης τῆς Ἰουδαίας, ἀρξάμενος
ἀπὸ τῆς Γαλιλαίας μετὰ τὸ βάπτισμα ὃ ἐκήρυξεν Ἰωάννης,

당신들은 요한이 선포한 세례 후에 갈릴리에서부터 시작하여 온 유대
지역에서 일어났던 일을 알고 있을 것이다.

38절

Ἰησοῦν τὸν ἀπὸ Ναζαρέθ, ὡς ἔχρισεν αὐτὸν ὁ θεὸς πνεύματι ἁγίῳ
καὶ δυνάμει, ὃς διῆλθεν εὐεργετῶν καὶ ἰώμενος πάντας τοὺς καταδυνα
στευομένους ὑπὸ τοῦ διαβόλου, ὅτι ὁ θεὸς ἦν μετ᾽ αὐτοῦ.

나사렛 출신인 예수를 하나님께서 성령과 능력으로 기름 부으셨을 때,
그는 두루 다니면서 좋은 일을 하고 마귀에게 압박 당하는 모든 사람을
고쳤으니, 이는 하나님께서 그와 함께하셨기 때문이다.

39절

καὶ ἡμεῖς μάρτυρες πάντων ὧν ἐποίησεν ἔν τε τῇ χώρᾳ τῶν Ἰουδαίων
καὶ ἐν Ἰερουσαλήμ. ὃν καὶ ἀνεῖλαν κρεμάσαντες ἐπὶ ξύλου,

그리고 우리는 그가 유대 땅과 예루살렘에서 행하신 모든 일의 증인들이
다. 그런데 그분을 사람들이 나무에 매달아 죽였는데,

40절

τοῦτον ὁ θεὸς ἤγειρεν ἐν τῇ τρίτῃ ἡμέρᾳ καὶ ἔδωκεν αὐτὸν ἐμφανῆ
γενέσθαι,

하나님께서는 이분을 제3일에 일으키시고 그를 나타나게 하셨다.

41절

οὐ παντὶ τῷ λαῷ, ἀλλὰ μάρτυσιν τοῖς προκεχειροτονημένοις ὑπὸ
τοῦ θεοῦ, ἡμῖν, οἵτινες συνεφάγομεν καὶ συνεπίομεν αὐτῷ μετὰ τὸ
ἀναστῆναι αὐτὸν ἐκ νεκρῶν·

그러나 모든 백성에게 하신 것이 아니고, 다만 하나님에 의해 예정된
증인들인 우리에게 나타내셨으니, 우리는 그가 죽은 자들 가운데서 일어
난 후 그와 함께 먹고 마셨다.

42절

καὶ παρήγγειλεν ἡμῖν κηρύξαι τῷ λαῷ καὶ διαμαρτύρασθαι ὅτι οὗτός ἐστιν ὁ ὡρισμένος ὑπὸ τοῦ θεοῦ κριτὴς ζώντων καὶ νεκρῶν.

그리고 하나님께서는 우리에게 이분이 하나님에 의해 살아있는 자들과 죽은 자들의 재판관으로 정해진 분이라는 것을 백성에게 선포하고 엄숙히 증거하라고 명령하셨다.

43절

τούτῳ πάντες οἱ προφῆται μαρτυροῦσιν ἄφεσιν ἁμαρτιῶν λαβεῖν διὰ τοῦ ὀνόματος αὐτοῦ πάντα τὸν πιστεύοντα εἰς αὐτόν.

이분에 대하여 모든 선지자는 그를 믿는 모든 사람이 그의 이름을 통하여 죄의 용서를 받는다는 것을 증거하고 있다."

44절

Ἔτι λαλοῦντος τοῦ Πέτρου τὰ ῥήματα ταῦτα ἐπέπεσεν τὸ πνεῦμα τὸ ἅγιον ἐπὶ πάντας τοὺς ἀκούοντας τὸν λόγον.

베드로가 아직 이 말들을 하고 있을 때 성령께서 말씀을 듣고 있는 모든 사람 위에 임하셨다.

45절

καὶ ἐξέστησαν οἱ ἐκ περιτομῆς πιστοὶ ὅσοι συνῆλθαν τῷ Πέτρῳ, ὅτι καὶ ἐπὶ τὰ ἔθνη ἡ δωρεὰ τοῦ ἁγίου πνεύματος ἐκκέχυται·

그러자 베드로와 함께 왔던 할례를 받은 신자들은 깜짝 놀랐다. 왜냐하면 이방인들에게도 성령의 선물이 주어졌기 때문이다.

46절

ἤκουον γὰρ αὐτῶν λαλούντων γλώσσαις καὶ μεγαλυνόντων τὸν θεόν.
τότε ἀπεκρίθη Πέτρος·

참으로 그들은 이방인들이 방언을 하며 하나님을 찬양하는 것을 들었다.
그때 베드로가 대답했다.

47절

μήτι τὸ ὕδωρ δύναται κωλῦσαί τις τοῦ μὴ βαπτισθῆναι τούτους,
οἵτινες τὸ πνεῦμα τὸ ἅγιον ἔλαβον ὡς καὶ ἡμεῖς;

"누가 우리와 똑같이 성령을 받은 이 사람들이 세례받지 못하게 물을
금할 수 있겠는가?"

48절

προσέταξεν δὲ αὐτοὺς ἐν τῷ ὀνόματι Ἰησοῦ Χριστοῦ βαπτισθῆναι.
τότε ἠρώτησαν αὐτὸν ἐπιμεῖναι ἡμέρας τινάς.

그리고 그는 그들이 예수 그리스도의 이름으로 세례받을 것을 명령했다.
그때 사람들은 며칠을 더 머물러 달라고 그에게 부탁했다.

해설

헬라어 성경은 이 본문을 세 조각으로 갈라놓아 각각 다른 제목을 붙였는데, 그것은 좋은 선택이 아니다. 왜냐하면 그것은 성경 전체의 흐름을 파악하는 데 방해가 되기 때문이다. 이 이야기의 초점은 히브리파 기독교의 한계를 드러내는 것에 있다. 베드로는 유대주의적 세계관에서 벗어나지 못하고 있으며, 그의 신학적 인식은 경험주의적 차원에 머물러 있다. 그는 성경 전체를 통해 나사렛 예수의 사건을 구속사적 관점에서 해석하지 못하고 단지 사건의 흐름을 따라가기에 바쁘다. 그리고 이런 한계점은 계속 문제를 일으키게 된다.

베드로와 코르넬리우스의 만남은 선교적으로 대단히 중요한 사건이다. 이 만남을 통해 기독교는 세계 선교를 향해 한 단계 발전해 갈 수 있는 결정적 발판을 마련하게 된다. 만약 코르넬리우스 사건이 없었다면 기독교는 유대주의 보수 세력에 의해 상당한 시간 동안 퇴행의 길로 갔을 것이다. 베드로와 함께 코르넬리우스의 집을 방문한 히브리파 기독교인들은 이방인들도 자기들과 똑같이 성령 받는 것을 보고 깜짝 놀란다. '깜짝 놀랐다'는 표현은 헬라어로 '엑시스테미'라는 단어인데, '혼이 나가다, 미치다, 무아지경에 빠지다, 황홀경에 빠지다'라는 뜻이다. 이것은 그들이 얼마나 자기중심적 사고에 빠져 있었는지를 보여주는 증거다. 그들은 능동적이고 주체적으로 세계 선교를 할 준비가 전혀 안 되어 있었던 것이다. 그래서 하나님께서 강제적으로 사건을 일으키신 것이다. 그러나 이 사건으로 인해 예수 그리스도 안에서 민족의 장벽이 무너졌다는 것이 확실히 드러나게 되었다. 이제 이방인 선교는 하나님의 종말론적 구원의 광대한 바다를 향해 전진하는 새로운 파도가 된다. 세계 선교를 향한 하나님의 꿈은 용기 있고 준비된 자들에 의해 성취될 것이다. 기독교 선교는 히브리파에서 헬라파로 그 주도권이 넘어가게 된다.

안디옥교회와 이방인 선교

사도행전 11:1-30

1절

Ἤκουσαν δὲ οἱ ἀπόστολοι καὶ οἱ ἀδελφοὶ οἱ ὄντες κατὰ τὴν Ἰουδαί
αν ὅτι καὶ τὰ ἔθνη ἐδέξαντο τὸν λόγον τοῦ θεοῦ.

그러자 사도들과 유대에 있는 형제들이 이방인들도 하나님의 말씀을
영접했다는 소식을 들었다.

2절

Ὅτε δὲ ἀνέβη Πέτρος εἰς Ἰερουσαλήμ, διεκρίνοντο πρὸς αὐτὸν οἱ
ἐκ περιτομῆς

그런데 베드로가 예루살렘에 올라갔을 때 할례파들이 그를 향하여 비판
하며

3절

λέγοντες ὅτι εἰσῆλθες πρὸς ἄνδρας ἀκροβυστίαν ἔχοντας καὶ συνέφ
αγες αὐτοῖς.

말했다. "당신은 껍질을 가지고 있는 사람들을 향하여 들어가서 그들과
함께 먹었다."

4절

Ἀρξάμενος δὲ Πέτρος ἐξετίθετο αὐτοῖς καθεξῆς λέγων·

그러자 베드로가 그들에게 차례대로 설명하기 시작했다.

5절

ἐγὼ ἤμην ἐν πόλει Ἰόππῃ προσευχόμενος καὶ εἶδον ἐν ἐκστάσει ὅραμα, καταβαῖνον σκεῦός τι ὡς ὀθόνην μεγάλην τέσσαρσιν ἀρχαῖς καθιεμένην ἐκ τοῦ οὐρανοῦ, καὶ ἦλθεν ἄχρι ἐμοῦ.

"내가 욥바 시에서 기도하고 있을 때 무아지경 속에 네 끝을 가진 보자기 같은 어떤 그릇이 하늘에서 내려오는 환상을 보았는데, 그것이 나에게까지 내려왔다.

6절

εἰς ἣν ἀτενίσας κατενόουν καὶ εἶδον τὰ τετράποδα τῆς γῆς καὶ τὰ θηρία καὶ τὰ ἑρπετὰ καὶ τὰ πετεινὰ τοῦ οὐρανοῦ.

그 안을 자세히 들여다보았을 때 나는 땅의 네 발 달린 것들과 짐승들과 기어다니는 것들과 하늘의 새들을 보았다.

7절

ἤκουσα δὲ καὶ φωνῆς λεγούσης μοι· ἀναστάς, Πέτρε, θῦσον καὶ φάγε.

그리고 나는 나에게 말씀하시는 음성을 들었다. '베드로, 일어나서 잡아 먹어라.'

8절

εἶπον δέ· μηδαμῶς, κύριε, ὅτι κοινὸν ἢ ἀκάθαρτον οὐδέποτε εἰσῆλθ εν εἰς τὸ στόμα μου.

그래서 나는 말했다. '주님, 절대 안 됩니다. 왜냐하면 속된 것과 더러운 것은 여태까지 나의 입에 들어간 적이 없기 때문입니다.'

9절

ἀπεκρίθη δὲ φωνὴ ἐκ δευτέρου ἐκ τοῦ οὐρανοῦ· ἃ ὁ θεὸς ἐκαθάρισεν, σὺ μὴ κοίνου.

그러자 하늘로부터 음성이 두 번째 대답했다. '하나님께서 깨끗하게 하신 것들을 너는 속되게 하지 말라.'

10절

τοῦτο δὲ ἐγένετο ἐπὶ τρίς, καὶ ἀνεσπάσθη πάλιν ἅπαντα εἰς τὸν οὐρα νόν.

그런데 이 일이 세 번 있었고 다시 모든 것이 하늘로 끌려갔다.

11절

Καὶ ἰδοὺ ἐξαυτῆς τρεῖς ἄνδρες ἐπέστησαν ἐπὶ τὴν οἰκίαν ἐν ᾗ ἦμεν, ἀπεσταλμένοι ἀπὸ Καισαρείας πρός με.

그리고 보라! 즉시 세 사람이 내가 있는 집에 서 있었는데 그들은 카이사레이아에서 나를 향하여 보내진 사람들이었다.

12절

εἶπεν δὲ τὸ πνεῦμά μοι συνελθεῖν αὐτοῖς μηδὲν διακρίναντα. ἦλθον δὲ σὺν ἐμοὶ καὶ οἱ ἓξ ἀδελφοὶ οὗτοι καὶ εἰσήλθομεν εἰς τὸν οἶκον τοῦ ἀνδρός.

그러자 성령께서는 나에게 의심하지 말고 그들과 함께 가라고 말씀하셨다. 그래서 이 여섯 형제도 나와 함께 갔다. 그리고 우리는 그 사람의 집으로 들어갔다.

13절

ἀπήγγειλεν δὲ ἡμῖν πῶς εἶδεν τὸν ἄγγελον ἐν τῷ οἴκῳ αὐτοῦ σταθέντα καὶ εἰπόντα· ἀπόστειλον εἰς Ἰόππην καὶ μετάπεμψαι Σίμωνα τὸν ἐπικαλούμενον Πέτρον,

그러자 그는 어떻게 천사가 그의 집에 서서 말하는 것을 보았는지 우리에게 알려주었다. '욥바로 사람을 보내어 베드로라는 시몬을 초청하라.

14절

ὃς λαλήσει ῥήματα πρὸς σὲ ἐν οἷς σωθήσῃ σὺ καὶ πᾶς ὁ οἶκός σου.

그가 너를 향하여 그 안에서 너와 네 온 집이 구원받을 말씀들을 이야기할 것이다.'

15절

ἐν δὲ τῷ ἄρξασθαί με λαλεῖν ἐπέπεσεν τὸ πνεῦμα τὸ ἅγιον ἐπ᾽ αὐτοὺς ὥσπερ καὶ ἐφ᾽ ἡμᾶς ἐν ἀρχῇ.

그런데 내가 이야기하기 시작했을 때 성령께서 우리 위에 임하셨던 것처럼 그들 위에도 임하셨다.

16절

ἐμνήσθην δὲ τοῦ ῥήματος τοῦ κυρίου ὡς ἔλεγεν· Ἰωάννης μὲν ἐβάπτ
ισεν ὕδατι, ὑμεῖς δὲ βαπτισθήσεσθε ἐν πνεύματι ἁγίῳ.

그래서 나는 '요한은 물로 세례를 베풀었지만, 너희는 성령으로 세례를
받을 것이다'라고 이야기하신 주님의 말씀이 기억났다.

17절

εἰ οὖν τὴν ἴσην δωρεὰν ἔδωκεν αὐτοῖς ὁ θεὸς ὡς καὶ ἡμῖν πιστεύσα
σιν ἐπὶ τὸν κύριον Ἰησοῦν Χριστόν, ἐγὼ τίς ἤμην δυνατὸς κωλῦσαι
τὸν θεόν;

그러므로 하나님께서 주 예수 그리스도를 믿는 우리에게처럼 그들에게
같은 선물을 주셨다면 내가 무엇이기에 능히 하나님을 가로막을 수 있겠
는가?"

18절

Ἀκούσαντες δὲ ταῦτα ἡσύχασαν καὶ ἐδόξασαν τὸν θεὸν λέγοντες·
ἄρα καὶ τοῖς ἔθνεσιν ὁ θεὸς τὴν μετάνοιαν εἰς ζωὴν ἔδωκεν.

그러자 사람들은 이것을 듣고 나서 잠잠했다. 그리고 하나님을 찬양하며
말했다. "진정 하나님께서 이방인들에게도 생명에 이르는 회개를 주셨
구나."

19절

Οἱ μὲν οὖν διασπαρέντες ἀπὸ τῆς θλίψεως τῆς γενομένης ἐπὶ Στεφά
νῳ διῆλθον ἕως Φοινίκης καὶ Κύπρου καὶ Ἀντιοχείας μηδενὶ λαλοῦντες
τὸν λόγον εἰ μὴ μόνον Ἰουδαίοις.

그런데 스테파노스에게 일어난 박해로 뿔뿔이 흩어진 사람들은 페니키
아와 키프로스와 안디옥까지 두루 다녔는데 그들은 유대인들 외에는
누구에게도 말씀을 이야기하지 않았다.

20절

Ἦσαν δέ τινες ἐξ αὐτῶν ἄνδρες Κύπριοι καὶ Κυρηναῖοι, οἵτινες
ἐλθόντες εἰς Ἀντιόχειαν ἐλάλουν καὶ πρὸς τοὺς Ἑλληνιστὰς εὐαγγελιζ
όμενοι τὸν κύριον Ἰησοῦν.

그런데 그들 중 어떤 키프로스 사람들과 퀴레네 사람들이 있었는데, 그들
은 안디옥으로 가서 헬라인들을 향해서도 이야기하며 주 예수를 전했다.

21절

καὶ ἦν χεὶρ κυρίου μετ᾽ αὐτῶν, πολύς τε ἀριθμὸς ὁ πιστεύσας ἐπέστρ
εψεν ἐπὶ τὸν κύριον.

그리고 주님의 손이 그들과 함께 계셨고 많은 믿는 사람이 주님께로 돌아
왔다.

22절

Ἠκούσθη δὲ ὁ λόγος εἰς τὰ ὦτα τῆς ἐκκλησίας τῆς οὔσης ἐν Ἰερουσα
λὴμ περὶ αὐτῶν καὶ ἐξαπέστειλαν Βαρναβᾶν διελθεῖν ἕως Ἀντιοχείας.

그런데 그들에 대한 말이 예루살렘에 있는 교회의 귀에 들렸고 그들은
안디옥까지 두루 다녀오도록 바나바를 보냈다.

23절

ὃς παραγενόμενος καὶ ἰδὼν τὴν χάριν τὴν τοῦ θεοῦ, ἐχάρη καὶ παρεκ
άλει πάντας τῇ προθέσει τῆς καρδίας προσμένειν τῷ κυρίῳ,

바나바는 도착한 후 하나님의 은혜를 보고 기뻐하며 모든 사람에게 마음
을 다하여 주님께 붙어있으라고 권면했다.

24절

ὅτι ἦν ἀνὴρ ἀγαθὸς καὶ πλήρης πνεύματος ἁγίου καὶ πίστεως. καὶ
προσετέθη ὄχλος ἱκανὸς τῷ κυρίῳ.

바나바는 착하고 성령과 믿음이 충만한 사람이었다. 그리고 상당한 무리
가 주님께 덧붙여졌다.

25절

Ἐξῆλθεν δὲ εἰς Ταρσὸν ἀναζητῆσαι Σαῦλον,

그리고 그는 사울을 찾으러 다소로 나갔다.

26절

καὶ εὑρὼν ἤγαγεν εἰς Ἀντιόχειαν. ἐγένετο δὲ αὐτοῖς καὶ ἐνιαυτὸν
ὅλον συναχθῆναι ἐν τῇ ἐκκλησίᾳ καὶ διδάξαι ὄχλον ἱκανόν, χρηματίσαι
τε πρώτως ἐν Ἀντιοχείᾳ τοὺς μαθητὰς Χριστιανούς.

그리고 찾아서 안디옥으로 데려왔다. 그리하여 그들에게 1년 내내 교회

에 모여서 상당한 무리를 가르치는 일이 일어났는데, 안디옥에서 처음으
로 제자들을 그리스도인들이라고 부르게 되었다.

27절

Ἐν ταύταις δὲ ταῖς ἡμέραις κατῆλθον ἀπὸ Ἱεροσολύμων προφῆται
εἰς Ἀντιόχειαν.

이날들에 예루살렘에서 안디옥으로 선지자들이 내려왔다.

28절

ἀναστὰς δὲ εἷς ἐξ αὐτῶν ὀνόματι Ἄγαβος ἐσήμανεν διὰ τοῦ πνεύματ
ος λιμὸν μεγάλην μέλλειν ἔσεσθαι ἐφ᾽ ὅλην τὴν οἰκουμένην, ἥτις ἐγένετ
ο ἐπὶ Κλαυδίου.

그들 중 하나인 아가보스라는 사람이 일어나 장차 온 세상에 큰 기근이
있을 것이라고 성령을 통하여 표시했는데, 그 일은 클라우디우스황제
때 일어났다.

29절

τῶν δὲ μαθητῶν, καθὼς εὐπορεῖτό τις, ὥρισαν ἔκαστος αὐτῶν εἰς
διακονίαν πέμψαι τοῖς κατοικοῦσιν ἐν τῇ Ἰουδαίᾳ ἀδελφοῖς·

그런데 제자들 중의 어떤 사람이 번영하는 대로, 그들 중 각자가 유대에
거주하는 형제들에게 섬김을 위해 보내기로 정했다.

30절

ὃ καὶ ἐποίησαν ἀποστείλαντες πρὸς τοὺς πρεσβυτέρους διὰ χειρὸς

Βαρναβᾶ καὶ Σαύλου.

그리고 그들은 바나바와 사울의 손을 통하여 장로들을 향하여 보내어
그 일을 했다.

해설

베드로는 예루살렘에 돌아갔을 때 할례파들의 공격을 받는다. 그들은 유대인이 왜 할례를 받지 않은 이방인의 집에 들어가 먹고 마셨느냐고 비판한다. 그러자 베드로는 본인도 똑같은 유대주의적 사고를 가지고 있었으나 성령께서 하시는 일을 보고 순종할 수밖에 없었다고 말한다. 할례파들은 그 얘기를 듣고 침묵하며 이방인들에게도 구원의 문을 열어주신 하나님을 찬양한다. 이것은 예루살렘교회의 신학적 한계를 극명하게 보여주는 사건이다.

반면 뿔뿔이 흩어졌던 헬라파 기독교인들은 안디옥에 모여 이방인 선교를 시작한다. 이 소식을 들은 사도들은 상황을 파악하기 위해 헬라파인 바나바를 파송한다. 바나바는 안디옥에 도착하여 이방 선교의 문을 열고 계시는 하나님의 은혜를 확인한다. 그리고 본격적인 이방 선교를 위해 길리기아 다소에 낙향해 있던 사울을 데리고 온다. 그리하여 안디옥교회는 이방인 선교라는 새로운 시대적 사명을 감당하는 혁신적 신앙 공동체로 발전한다.

교회의 흥망성쇠

사도행전 12:1-25

1절

Κατ᾽ ἐκεῖνον δὲ τὸν καιρὸν ἐπέβαλεν Ἡρῴδης ὁ βασιλεὺς τὰς χεῖρας κακῶσαί τινας τῶν ἀπὸ τῆς ἐκκλησίας.

그런데 그때를 따라 헤롯왕은 교회에서 몇 사람을 해치려고 손을 댔다.

2절

ἀνεῖλεν δὲ Ἰάκωβον τὸν ἀδελφὸν Ἰωάννου μαχαίρῃ.

그리고 요한의 형제 야고보를 칼로 제거했다.

3절

Ἰδὼν δὲ ὅτι ἀρεστόν ἐστιν τοῖς Ἰουδαίοις, προσέθετο συλλαβεῖν καὶ Πέτρον, — ἦσαν δὲ αἱ ἡμέραι τῶν ἀζύμων —

그런데 그것이 유대인들에게 기쁨이 된 것을 보고 더하여 베드로를 잡았다. — 그런데 무교절 날이었다.—

4절

ὃν καὶ πιάσας ἔθετο εἰς φυλακὴν παραδοὺς τέσσαρσιν τετραδίοις στρατιωτῶν φυλάσσειν αὐτόν, βουλόμενος μετὰ τὸ πάσχα ἀναγαγεῖν αὐτὸν τῷ λαῷ.

그리고 그를 잡아 감옥에 넣고 유월절 후에 그를 백성에게 끌어내기로 결심하고 그를 4인조로 된 네 패의 군사에게 넘겼다.

5절

ὁ μὲν οὖν Πέτρος ἐτηρεῖτο ἐν τῇ φυλακῇ· προσευχὴ δὲ ἦν ἐκτενῶς γινομένη ὑπὸ τῆς ἐκκλησίας πρὸς τὸν θεὸν περὶ αὐτοῦ.

그러므로 베드로는 감옥에서 지켜지고 있었다. 그리고 교회는 그를 위해 하나님을 향하여 열심히 기도하고 있었다.

6절

Ὅτε δὲ ἤμελλεν προαγαγεῖν αὐτὸν ὁ Ἡρῴδης, τῇ νυκτὶ ἐκείνῃ ἦν ὁ Πέτρος κοιμώμενος μεταξὺ δύο στρατιωτῶν δεδεμένος ἁλύσεσιν δυσ ὶν φύλακές τε πρὸ τῆς θύρας ἐτήρουν τὴν φυλακήν.

그런데 헤롯이 그를 끌어내려고 할 때, 저 밤에 베드로는 두 개의 쇠사슬에 묶여 두 명의 군인 사이에서 잠들어 있었고 간수들은 문 앞에서 보초를 서고 있었다.

7절

καὶ ἰδοὺ ἄγγελος κυρίου ἐπέστη καὶ φῶς ἔλαμψεν ἐν τῷ οἰκήματι· πατάξας δὲ τὴν πλευρὰν τοῦ Πέτρου ἤγειρεν αὐτὸν λέγων· ἀνάστα ἐν τάχει. καὶ ἐξέπεσαν αὐτοῦ αἱ ἁλύσεις ἐκ τῶν χειρῶν.

그리고 보라! 주님의 천사가 나타났고 빛이 감옥 안을 비추었다. 그리고 베드로의 옆구리를 쳐서 그를 깨우며 말했다. "빨리 일어나라." 그러자 그의 손에서 쇠사슬들이 떨어져 나갔다.

8절

εἶπεν δὲ ὁ ἄγγελος πρὸς αὐτόν· ζῶσαι καὶ ὑπόδησαι τὰ σανδάλιά σου. ἐποίησεν δὲ οὕτως. καὶ λέγει αὐτῷ· περιβαλοῦ τὸ ἱμάτιόν σου καὶ ἀκολούθει μοι.

그리고 천사가 그를 향하여 말했다. "허리띠를 띠고 너의 샌들을 묶어라." 그러자 그는 그렇게 했다. 그리고 천사가 그에게 말했다. "너의 겉옷을 걸치고 나를 따르라."

9절

καὶ ἐξελθὼν ἠκολούθει καὶ οὐκ ᾔδει ὅτι ἀληθές ἐστιν τὸ γινόμενον διὰ τοῦ ἀγγέλου· ἐδόκει δὲ ὅραμα βλέπειν.

그리고 그는 나가서 천사를 따랐다. 그런데 그는 천사에 의해 일어나는 일이 현실이라는 것을 알지 못했다. 그리고 환상을 보는 것으로 생각하고 있었다.

10절

διελθόντες δὲ πρώτην φυλακὴν καὶ δευτέραν ἦλθαν ἐπὶ τὴν πύλην τὴν σιδηρᾶν τὴν φέρουσαν εἰς τὴν πόλιν, ἥτις αὐτομάτη ἠνοίγη αὐτοῖς καὶ ἐξελθόντες προῆλθον ῥύμην μίαν, καὶ εὐθέως ἀπέστη ὁ ἄγγελος ἀπ' αὐτοῦ.

그런데 그들이 보초를 지나서 도시로 나가는 두 번째 철문에 왔는데,

그 문이 자동으로 그들에게 열렸다. 그리고 그들은 나와서 한 거리로 나아갔다. 그리고 천사는 즉시 그에게서 떠났다.

11절

Καὶ ὁ Πέτρος ἐν ἑαυτῷ γενόμενος εἶπεν· νῦν οἶδα ἀληθῶς ὅτι ἐξαπέστειλεν ὃ κύριος τὸν ἄγγελον αὐτοῦ καὶ ἐξείλατό με ἐκ χειρὸς Ἡρῴδου καὶ πάσης τῆς προσδοκίας τοῦ λαοῦ τῶν Ἰουδαίων.

그리고 베드로는 제정신으로 돌아와 말했다. "주님께서 자기의 천사를 보내셔서 나를 헤롯의 손과 유대 백성의 기대로부터 건져내신 것을 이제 알았다."

12절

συνιδών τε ἦλθεν ἐπὶ τὴν οἰκίαν τῆς Μαρίας τῆς μητρὸς Ἰωάννου τοῦ ἐπικαλουμένου Μάρκου, οὗ ἦσαν ἱκανοὶ συνηθροισμένοι καὶ προσευχόμενοι.

그는 비로소 깨닫고 마가라 불리는 요한의 어머니 마리아의 집으로 갔는데, 거기에는 상당한 사람들이 모여서 기도하고 있었다.

13절

κρούσαντος δὲ αὐτοῦ τὴν θύραν τοῦ πυλῶνος προσῆλθεν παιδίσκη ὑπακοῦσαι ὀνόματι Ῥόδη,

그런데 그가 대문을 두드렸을 때 로데라는 여종이 복종하기 위해 나갔다.

14절

καὶ ἐπιγνοῦσα τὴν φωνὴν τοῦ Πέτρου ἀπὸ τῆς χαρᾶς οὐκ ἤνοιξεν τὸν πυλῶνα, εἰσδραμοῦσα δὲ ἀπήγγειλεν ἑστάναι τὸν Πέτρον πρὸ τοῦ πυλῶνος.

그런데 그녀는 베드로의 목소리를 알고 문을 열지 않고 기뻐하며 안으로 달려가 베드로가 문 앞에 서 있다고 알렸다.

15절

οἱ δὲ πρὸς αὐτὴν εἶπαν· μαίνῃ. ἡ δὲ διϊσχυρίζετο οὕτως ἔχειν. οἱ δὲ ἔλεγον· ὁ ἄγγελός ἐστιν αὐτοῦ.

그러자 사람들이 그녀를 향하여 말했다. "미쳤다." 그런데 그녀가 계속 사실이라고 힘주어 말했다. 그러자 사람들이 말하고 있었다. "그것은 베드로의 천사다."

16절

ὁ δὲ Πέτρος ἐπέμενεν κρούων· ἀνοίξαντες δὲ εἶδαν αὐτὸν καὶ ἐξέστησαν.

그런데 베드로는 계속 문을 두드렸다. 그러자 그들은 문을 열고 그를 보고서 무아지경에 빠졌다.

17절

κατασείσας δὲ αὐτοῖς τῇ χειρὶ σιγᾶν διηγήσατο αὐτοῖς πῶς ὁ κύριος αὐτὸν ἐξήγαγεν ἐκ τῆς φυλακῆς εἶπέν τε· ἀπαγγείλατε Ἰακώβῳ καὶ τοῖς ἀδελφοῖς ταῦτα. καὶ ἐξελθὼν ἐπορεύθη εἰς ἕτερον τόπον.

그러자 베드로가 그들에게 조용히 하라고 손짓하고 나서 어떻게 주님께서 자기를 감옥에서 건져내셨는지를 자세히 이야기했다. 그리고 "이것들을 야고보와 형제들에게 알려라"라고 말한 후 나가서 다른 장소로 갔다.

18절

Γενομένης δὲ ἡμέρας ἦν τάραχος οὐκ ὀλίγος ἐν τοῖς στρατιώταις τί ἄρα ὁ Πέτρος ἐγένετο.

그런데 날이 밝았을 때 군인들 사이에서 베드로가 도대체 어떻게 되었는지 적지 않은 소동이 일어났다.

19절

Ἡρῴδης δὲ ἐπιζητήσας αὐτὸν καὶ μὴ εὑρών, ἀνακρίνας τοὺς φύλακας ἐκέλευσεν ἀπαχθῆναι, καὶ κατελθὼν ἀπὸ τῆς Ἰουδαίας εἰς Καισάρειαν διέτριβεν.

그런데 헤롯은 그를 수색했지만 찾지 못하자 간수들을 심문한 후 끌려나오도록 명령했다. 그리고 유대에서 카이사레이아로 내려가 시간을 보내고 있었다.

20절

Ἦν δὲ θυμομαχῶν Τυρίοις καὶ Σιδωνίοις· ὁμοθυμαδὸν δὲ παρῆσαν πρὸς αὐτὸν καὶ πείσαντες Βλάστον, τὸν ἐπὶ τοῦ κοιτῶνος τοῦ βασιλέως, ᾐτοῦντο εἰρήνην διὰ τὸ τρέφεσθαι αὐτῶν τὴν χώραν ἀπὸ τῆς βασιλικῆς.

그런데 그가 두로 사람들과 시돈 사람들에게 격노하자 그들은 한마음으로 그를 향하여 와서 왕의 침실을 책임지는 블라스토를 설득하며 화평을 요구했다. 왜냐하면 그들의 땅이 왕의 영토로부터 식량을 공급받고 있었기 때문이다.

21절

τακτῇ δὲ ἡμέρᾳ ὁ Ἡρῴδης ἐνδυσάμενος ἐσθῆτα βασιλικὴν καὶ καθίσας ἐπὶ τοῦ βήματος ἐδημηγόρει πρὸς αὐτούς,

그런데 헤롯은 정해진 날에 왕복을 입고 연단에 앉아 그들을 향하여 연설하고 있었다.

22절

ὁ δὲ δῆμος ἐπεφώνει· θεοῦ φωνὴ καὶ οὐκ ἀνθρώπου.

그러자 군중은 목소리를 높였다. "이것은 신의 음성이지 사람의 것이 아니다."

23절

παραχρῆμα δὲ ἐπάταξεν αὐτὸν ἄγγελος κυρίου ἀνθ᾽ ὧν οὐκ ἔδωκεν τὴν δόξαν τῷ θεῷ, καὶ γενόμενος σκωληκόβρωτος ἐξέψυξεν.

그런데 그가 영광을 하나님께 드리지 않았으므로 즉시 주님의 천사가 그를 치자 그는 벌레에게 먹혀 죽었다.

24절

Ὁ δὲ λόγος τοῦ θεοῦ ηὔξανεν καὶ ἐπληθύνετο.

그러자 하나님의 말씀은 성장하고 풍성하게 되었다.

25절

Βαρναβᾶς δὲ καὶ Σαῦλος ὑπέστρεψαν εἰς Ἰερουσαλὴμ πληρώσαντες
τὴν διακονίαν, συμπαραλαβόντες Ἰωάννην τὸν ἐπικληθέντα Μᾶρκον.

그런데 바나바와 사울은 예루살렘에서 봉사의 일을 마치고 돌아가면서
마가라 불리는 요한을 함께 데리고 갔다.

해설

사도행전은 교회 이야기다. 복음서가 초월적 전능자이신 예수 그리스도 이야기라면, 사도행전은 교회의 역사와 정치와 신학 이야기다. 갈릴리 출신의 히브리파들은 예수의 부활 승천 후 약속의 성령을 받고 예루살렘교회를 탄생시켰는데, 그 엄청난 폭발력은 지금까지 영향을 미치고 있다. 그러나 그들은 예수의 고난과 부활의 증인들로만 남아 있을 뿐, 그것을 신학적으로 해석하여 새로운 시대를 위한 선교적 비전을 제시하지는 못한다. 어쩌면 그들은 신학적 해석의 중요성 자체를 인식하지 못했을지도 모른다. 역사적 예수에 대한 생생한 기억은 신학적 케리그마에 대한 필요성을 요구하지 않았기 때문이다. 그러나 사건은 해석을 통해서만 창조적으로 현재화한다. 역사적 예수 사건을 신학적 해석을 통해 창조적으로 재생하는 일을 감당한 것은 헬라파들이다. 이제 기독교는 열두 사도 중심의 원시 기독교 공동체 시대로부터 헬라파 중심의 이방인 선교 시대로 넘어간다. 예루살렘교회에서 안디옥교회로, 갈릴리 출신의 증인들에게서 디아스포라 출신의 해석자들에게로! 유대교 종교 권력의 중심지인 예루살렘에서 교회의 생존은 애당초 어려운 일이었다. 유대교 입장에서 기독교는 공생할 수 없는 박멸의 대상이다. 사도들을 통해 일어나는 초월적 표적 사건 때문에 백성의 눈치를 보고 있던 유대교 세력은 교회 내부의 히브리파와 헬라파의 분열을 틈타 대대적인 반격을 시도한다. 그 결과 예루살렘교회는 열두 사도만 빼고 뿔뿔이 흩어지고 세력이 크게 약해진다. 거기에 더하여 교회는 정치권력의 공격까지 받게 된다. 헤롯왕은 유대교 당국자들의 환심을 사기 위해 요한의 형 야고보 사도를 잡아 죽이는 악행을 저지른다. 그것이 유대인들에게 기쁨이 된 것을 본 헤롯은 베드로까지 백성들 앞에 끌어내 목을 쳐서 자신의 정치적 인기를 높이려고 감옥에 가두어 버린다. 그러나 처형 당하기 바로 전날 밤 하나님께서는 천사를 보내 베드로를 탈옥시키심으로 헤롯의 의도는 좌절된다. 그 후 헤롯은 카이사레이아에 내려가 열변을 토하는 군중 연설로 신의 음성이라는 칭송을 받는다. 그러나 그는 영광을 하나님께 돌리지 않고 자아도취에 빠져, 하나님께서 보내신 벌레들에 의해 파먹혀 죽는 비참한 최후를 맞이한다. 하나님을 모르는 인간은 벌레만도 못한 자멸하는 짐승이다. 유대 종교 권력과 정치권력에 의한 협공으로 예루살렘교회는 이방인 교회들의 지원을 받을 정도로 세력이 약해진다. 반면에 흩어진 헬라파 기독교인들은 안디옥에 모여 이방인 선교라는 새로운 역사의 장을 열어간다. 그 중심에는 바나바와 사울이 있다.

헬라파의 시대

사도행전 13:1-3

1절

Ἦσαν δὲ ἐν Ἀντιοχείᾳ κατὰ τὴν οὖσαν ἐκκλησίαν προφῆται καὶ διδάσκαλοι ὅ τε Βαρναβᾶς καὶ Συμεὼν ὁ καλούμενος Νίγερ καὶ Λούκιος ὁ Κυρηναῖος, Μαναήν τε Ἡρῴδου τοῦ τετραάρχου σύντροφος καὶ Σαῦλος.

그런데 안디옥에 있는 교회마다 선지자들과 선생들이 있었는데 그들은 바나바와 니게르(검둥이)라고 불리는 시몬과 퀴레네 사람 루기오, 분봉왕 헤롯과 함께 자란 마나엔 그리고 사울이었다.

2절

Λειτουργούντων δὲ αὐτῶν τῷ κυρίῳ καὶ νηστευόντων εἶπεν τὸ πνεῦμα τὸ ἅγιον· ἀφορίσατε δή μοι τὸν Βαρναβᾶν καὶ Σαῦλον εἰς τὸ ἔργον ὃ προσκέκλημαι αὐτούς.

그런데 그들이 주님을 섬기며 금식하고 있을 때 성령께서 말씀하셨다. "내가 그들을 부른 그 일을 위하여 바나바와 사울을 나에게 따로 떼어놓으라."

3절

τότε νηστεύσαντες καὶ προσευξάμενοι καὶ ἐπιθέντες τὰς χεῖρας αὐτ
οἷς ἀπέλυσαν.

그때 사람들은 금식하고 기도하며 그들에게 안수한 후 그들을 보냈다.

해설

　　초기 기독교 공동체 사회의 주류 세력은 갈릴리 출신의 히브리파들이 세운 예루살렘교회였다. 반면에 안디옥교회는 디아스포라 출신의 헬라파 비주류들이 세운 교회다. 그런데 예루살렘교회는 이방인 선교라는 새로운 시대적 사명을 감당하지 못하고 도태되고 있다. 그것은 그들의 신학적 보수성 때문이다. 유대주의적 세계관의 한계에 갇혀 있던 그들의 역할은 거기서 끝난다. 그리고 디아스포라 출신의 헬라파들이 모인 안디옥교회가 새로운 시대의 주인공이 된다. 안디옥교회는 창의적이고 혁신적인 신앙 공동체였다. 그들은 케리그마의 중심을 역사적 예수에 대한 기억으로부터 신학적 해석의 영역으로 전환시킨 사람들이다. 기독교 내부에도 시대가 바뀌면서 주류 세력의 교체가 일어나고 있다. 교회 역시 변화하고 발전해 가는 역사적 실체로 세상 속에 존재하고 있는 것이다. 히브리파에서 헬라파로! 이제 기독교는 헬라파의 시대가 된다.

키프로스 선교

사도행전 13:4-12

4절

Αὐτοὶ μὲν οὖν ἐκπεμφθέντες ὑπὸ τοῦ ἁγίου πνεύματος κατῆλθον εἰς Σελεύκειαν, ἐκεῖθέν τε ἀπέπλευσαν εἰς Κύπρον

그러므로 그들은 성령에 의해 보내심을 받고 셀류기아로 내려갔다. 그리고 거기서 키프로스로 출항했다.

5절

καὶ γενόμενοι ἐν Σαλαμῖνι κατήγγελλον τὸν λόγον τοῦ θεοῦ ἐν ταῖς συναγωγαῖς τῶν Ἰουδαίων. εἶχον δὲ καὶ Ἰωάννην ὑπηρέτην.

그리고 그들은 살라미에 도착해서 유대인들의 회당들에서 하나님의 말씀을 전했다. 그런데 그들은 요한을 수종자로 두고 있었다.

6절

Διελθόντες δὲ ὅλην τὴν νῆσον ἄχρι Πάφου εὗρον ἄνδρα τινὰ μάγον ψευδοπροφήτην Ἰουδαῖον ᾧ ὄνομα Βαριησοῦ

그런데 그들은 밧보에 이르기까지 온 섬을 두루 다닐 때 바르예수라는 거짓 선지자인 어떤 유대인 마술사를 만났다.

7절

ὃς ἦν σὺν τῷ ἀνθυπάτῳ Σεργίῳ Παύλῳ, ἀνδρὶ συνετῷ. οὗτος προσκα
λεσάμενος Βαρναβᾶν καὶ Σαῦλον ἐπεζήτησεν ἀκοῦσαι τὸν λόγον τοῦ
θεοῦ.

그는 총명한 남자인 세르기오 바울이라는 총독과 함께 있었는데, 이 사람
은 바나바와 사울을 초청하여 하나님의 말씀을 들으려고 노력했다.

8절

ἀνθίστατο δὲ αὐτοῖς Ἐλύμας ὁ μάγος, οὕτως γὰρ μεθερμηνεύεται
τὸ ὄνομα αὐτοῦ, ζητῶν διαστρέψαι τὸν ἀνθύπατον ἀπὸ τῆς πίστεως.

그런데 그 엘뤼마스라고 번역되는 그 마술사가 그들을 대적하여 총독을
믿음의 길에서 벗어나게 하려고 했다.

9절

Σαῦλος δέ, ὁ καὶ Παῦλος, πλησθεὶς πνεύματος ἁγίου ἀτενίσας εἰς
αὐτὸν

그러자 사울, 곧 바울이 성령으로 충만하여 그를 응시하며

10절

εἶπεν· ὦ πλήρης παντὸς δόλου καὶ πάσης ῥᾳδιουργίας, υἱὲ διαβόλου,
ἐχθρὲ πάσης δικαιοσύνης, οὐ παύσῃ διαστρέφων τὰς ὁδοὺς τοῦ κυρίου
τὰς εὐθείας;

말했다. "모든 거짓과 속임수로 가득한 자여, 마귀의 아들이여, 모든 의의
원수여, 네가 주님의 바른길들을 왜곡하기를 멈추지 않겠느냐?

11절

καὶ νῦν ἰδοὺ χεὶρ κυρίου ἐπὶ σὲ καὶ ἔσῃ τυφλὸς μὴ βλέπων τὸν ἥλιον ἄχρι καιροῦ. παραχρῆμά τε ἔπεσεν ἐπ᾽ αὐτὸν ἀχλὺς καὶ σκότος καὶ περιάγων ἐζήτει χειραγωγούς.

그리고 지금 보라! 주님의 손이 네 위에 계셔서 너는 소경이 되어 때가 될 때까지 보지 못할 것이다." 그러자 즉시 그에게 안개와 어둠이 덮쳐서 그는 돌아다니며 손을 잡아줄 사람을 찾고 있었다.

12절

τότε ἰδὼν ὁ ἀνθύπατος τὸ γεγονὸς ἐπίστευσεν ἐκπλησσόμενος ἐπὶ τῇ διδαχῇ τοῦ κυρίου.

그때 총독은 일어난 일을 보고 주님의 가르침에 충격을 받고 믿었다.

해설

드디어 헬라파 기독교인들에 의한 이방인 선교가 시작되고 있다. 성령의 능력으로 인도 받는 이 위대한 발걸음은 먼저 하나님께서 온 세상에 뿌려놓으신 디아스포라 유대인 공동체로부터 시작된다. 그러나 하나님의 구원의 기쁜 소식은 유대인 마술사에 의해 저항을 받으며 투쟁의 길에 들어선다. 이것은 예수 그리스도의 복음이 걸어가게 될 미래의 운명을 미리 보여주고 있다.

비시디아 안디옥에서: 바울의 첫 번째 설교

사도행전 13:13-52

13절

Ἀναχθέντες δὲ ἀπὸ τῆς Πάφου οἱ περὶ Παῦλον ἦλθον εἰς Πέργην τῆς Παμφυλίας, Ἰωάννης δὲ ἀποχωρήσας ἀπ᾽ αὐτῶν ὑπέστρεψεν εἰς Ἱεροσόλυμα.

그런데 바울 일행은 밧보에서 출항하여 밤빌리아의 버게로 갔는데, 요한 은 그들로부터 떨어져 나와 예루살렘으로 돌아갔다.

14절

Αὐτοὶ δὲ διελθόντες ἀπὸ τῆς Πέργης παρεγένοντο εἰς Ἀντιόχειαν τὴν Πισιδίαν, καὶ εἰσελθόντες εἰς τὴν συναγωγὴν τῇ ἡμέρᾳ τῶν σαββάτ ων ἐκάθισαν.

그런데 그들은 버게로부터 두루 다니면서 비시디아의 안디옥에 도착했 다. 그리고 안식일에 회당에 들어가서 앉았다.

15절

μετὰ δὲ τὴν ἀνάγνωσιν τοῦ νόμου καὶ τῶν προφητῶν ἀπέστειλαν οἱ ἀρχισυνάγωγοι πρὸς αὐτοὺς λέγοντες· ἄνδρες ἀδελφοί, εἴ τίς ἐστιν ἐν ὑμῖν λόγος παρακλήσεως πρὸς τὸν λαόν, λέγετε.

그런데 율법과 선지자들의 글들이 낭독된 후 회당장들이 그들을 향하여 사람을 보내어 말했다. "형제들이여, 만약 당신들에게 백성을 향한 어떤 권면의 말씀이 있으면 말하라."

16절

Ἀναστὰς δὲ Παῦλος καὶ κατασείσας τῇ χειρὶ εἶπεν· ἄνδρες Ἰσραηλῖται καὶ οἱ φοβούμενοι τὸν θεόν, ἀκούσατε.

그러자 바울이 일어나 손짓하며 말했다. "이스라엘 사람들과 하나님을 경외하는 자들아, 들으라.

17절

ὁ θεὸς τοῦ λαοῦ τούτου Ἰσραὴλ ἐξελέξατο τοὺς πατέρας ἡμῶν καὶ τὸν λαὸν ὕψωσεν ἐν τῇ παροικίᾳ ἐν γῇ Αἰγύπτου καὶ μετὰ βραχίονος ὑψηλοῦ ἐξήγαγεν αὐτοὺς ἐξ αὐτῆς,

이 백성 이스라엘의 하나님께서 우리의 조상들을 택하시고 에집트 나그네 때 높이셨다. 그리고 높은 팔로 그들을 그곳에서 이끌어 내셨다.

18절

καὶ ὡς τεσσερακονταετῆ χρόνον ἐτροποφόρησεν αὐτοὺς ἐν τῇ ἐρήμῳ

그리고 약 40년 동안 광야에서 그들의 소행을 참으셨다.

19절

καὶ καθελὼν ἔθνη ἑπτὰ ἐν γῇ Χανάαν κατεκληρονόμησεν τὴν γῆν

αὐτῶν

그리고 가나안 일곱 족속을 멸망시키시고 그들의 땅을 제비 뽑아 나누어 주셨다.

20절

ὡς ἔτεσιν τετρακοσίοις καὶ πεντήκοντα. καὶ μετὰ ταῦτα ἔδωκεν κριτὰς ἕως Σαμουὴλ̓ τοῦ προφήτου.

약 450년 동안. 그리고 이 일들 후에 선지자 사무엘까지 재판관들을 주셨다.

21절

κἀκεῖθεν ᾐτήσαντο βασιλέα καὶ ἔδωκεν αὐτοῖς ὁ θεὸς τὸν Σαοὺλ υἱὸν Κίς, ἄνδρα ἐκ φυλῆς Βενιαμίν, ἔτη τεσσεράκοντα,

그런데 그들이 거기서 왕을 요구하자 하나님께서는 그들에게 베냐민 지파 출신인 키스의 아들 사울을 40년 동안 주셨다.

22절

καὶ μεταστήσας αὐτὸν ἤγειρεν τὸν Δαυὶδ αὐτοῖς εἰς βασιλέα ᾧ καὶ εἶπεν μαρτυρήσας· εὗρον Δαυὶδ τὸν τοῦ Ἰεσσαί, ἄνδρα κατὰ τὴν καρδίαν μου, ὃς ποιήσει πάντα τὰ θελήματά μου.

그리고 옮기시고 그들에게 다윗을 왕으로 일으키셨는데, 그에 대하여 하나님께서 증거하며 말씀하셨다. '내가 이새의 아들 다윗을 찾았으니, 그는 내 마음을 따르는 자다. 그가 나의 모든 뜻을 행할 것이다.'

23절

τούτου ὁ θεὸς ἀπὸ τοῦ σπέρματος κατ᾽ ἐπαγγελίαν ἤγαγεν τῷ Ἰσραὴλ σωτῆρα Ἰησοῦν,

하나님께서 약속을 따라 이 사람의 씨로부터 이스라엘에게 예수를 구원자로 이끄셨다.

24절

προκηρύξαντος Ἰωάννου πρὸ προσώπου τῆς εἰσόδου αὐτοῦ βάπτισμα μετανοίας παντὶ τῷ λαῷ Ἰσραήλ.

요한은 그분의 들어오심 전에 모든 이스라엘 백성에게 회개의 세례를 미리 선포했다.

25절

ὡς δὲ ἐπλήρου Ἰωάννης τὸν δρόμον, ἔλεγεν· τί ἐμὲ ὑπονοεῖτε εἶναι; οὐκ εἰμὶ ἐγώ· ἀλλ᾽ ἰδοὺ ἔρχεται μετ᾽ ἐμὲ οὗ οὐκ εἰμὶ ἄξιος τὸ ὑπόδημα τῶν ποδῶν λῦσαι.

그런데 요한이 달리기를 마칠 때 말했다. '너희는 나를 무엇이라고 생각하느냐? 나는 아니다. 그러나 보라! 나의 뒤에 내가 신발 끈을 풀어드릴 만한 자격도 없는 분이 오신다.'

26절

Ἄνδρες ἀδελφοί, υἱοὶ γένους Ἀβραὰμ καὶ οἱ ἐν ὑμῖν φοβούμενοι τὸν θεόν, ἡμῖν ὁ λόγος τῆς σωτηρίας ταύτης ἐξαπεστάλη.

형제들아, 아브라함의 소생인 후손들아 그리고 너희 안에 하나님을 경외하는 자들아, 우리에게 이 구원의 말씀이 보내졌다.

27절

οἱ γὰρ κατοικοῦντες ἐν Ἰερουσαλὴμ καὶ οἱ ἄρχοντες αὐτῶν τοῦτον ἀγνοήσαντες καὶ τὰς φωνὰς τῶν προφητῶν τὰς κατὰ πᾶν σάββατον ἀναγινωσκομένας κρίναντες ἐπλήρωσαν,

왜냐하면 예루살렘에 거주하는 자들과 그들의 지도자들은 이분을 모르고 심판함으로 모든 안식일마다 낭독되는 선지자들의 목소리를 성취하였다.

28절

καὶ μηδεμίαν αἰτίαν θανάτου εὑρόντες ᾐτήσαντο Πιλᾶτον ἀναιρεθῆναι αὐτόν.

그리고 아무 죽을 죄목을 찾지 못한 그들은 빌라도에게 그가 제거되도록 요구했다.

29절

ὡς δὲ ἐτέλεσαν πάντα τὰ περὶ αὐτοῦ γεγραμμένα, καθελόντες ἀπὸ τοῦ ξύλου ἔθηκαν εἰς μνημεῖον.

그런데 그들이 그에 대하여 기록된 모든 것을 마쳤을 때 사람들은 나무에서 끌어내려 무덤에 안치했다.

30절

ὁ δὲ θεὸς ἤγειρεν αὐτὸν ἐκ νεκρῶν,

그러나 하나님께서는 그를 죽은 자들 가운데서 일으키시고

31절

ὃς ὤφθη ἐπὶ ἡμέρας πλείους τοῖς συναναβᾶσιν αὐτῷ ἀπὸ τῆς Γαλιλα
ίας εἰς Ἰερουσαλήμ, οἵτινες νῦν εἰσιν μάρτυρες αὐτοῦ πρὸς τὸν λαόν.

많은 날 동안 그와 함께 갈릴리에서 예루살렘에 올라온 사람들에게 나타
내 보이셨는데, 그들은 지금 백성을 향한 그분의 증인들이다.

32절

Καὶ ἡμεῖς ὑμᾶς εὐαγγελιζόμεθα τὴν πρὸς τοὺς πατέρας ἐπαγγελίαν
γενομένην,

그리고 우리는 조상들을 향하여 주신 약속을 너희에게 전하고 있으니,

33절

ὅτι ταύτην ὁ θεὸς ἐκπεπλήρωκεν τοῖς τέκνοις αὐτῶν ἡμῖν ἀναστήσας
Ἰησοῦν ὡς καὶ ἐν τῷ ψαλμῷ γέγραπται τῷ δευτέρῳ·

υἱός μου εἶ σύ,

ἐγὼ σήμερον γεγέννηκά σε.

이는 두 번째 시편에,

'너는 내 아들이다.

오늘 내가 너를 낳았노라'

라고 기록된 바와 같이 하나님께서 예수를 일으키사 그들의 자손들인
우리에게 이것을 성취하셨다는 것이다.

34절

ὅτι δὲ ἀνέστησεν αὐτὸν ἐκ νεκρῶν μηκέτι μέλλοντα ὑποστρέφειν
εἰς διαφθοράν,

οὕτως εἴρηκεν ὅτι δώσω ὑμῖν τὰ ὅσια Δαυὶδ τὰ πιστά.

그를 죽은 자들 가운데서 일으키셨기 때문에 그분은 더 이상 부패로 돌아
가지 않는다. 이는 이같이 말씀하셨기 때문이다.

'내가 너희에게 다윗의 거룩하고 성실한 것들을 주겠다.'

35절

διότι καὶ ἐν ἑτέρῳ λέγει·

οὐ δώσεις τὸν ὅσιόν σου ἰδεῖν διαφθοράν.

그러므로 다른 데서도 말씀하신다.

'당신께서는 당신의 거룩한 자가 부패를 보지 않도록 하실 것입니다.'

36절

Δαυὶδ μὲν γὰρ ἰδίᾳ γενεᾷ ὑπηρετήσας τῇ τοῦ θεοῦ βουλῇ ἐκοιμήθη
καὶ προσετέθη πρὸς τοὺς πατέρας αὐτοῦ καὶ εἶδεν διαφθοράν·

다윗은 참으로 자기의 세대에 하나님의 뜻을 섬긴 후에 잠들어 그의 조상
들을 향하여 덧붙여져서 부패를 보았다.

37절

ὃν δὲ ὁ θεὸς ἤγειρεν, οὐκ εἶδεν διαφθοράν.

그러나 하나님께서 일으키신 분은 부패를 보지 않으셨다.

38절

γνωστὸν οὖν ἔστω ὑμῖν, ἄνδρες ἀδελφοί, ὅτι διὰ τούτου ὑμῖν ἄφεσις ἁμαρτιῶν καταγγέλλεται, καὶ ἀπὸ πάντων ὧν οὐκ ἠδυνήθητε ἐν νόμῳ Μωϋσέως δικαιωθῆναι,

그러므로 형제들아, 모세의 율법으로는 의롭다 함을 받을 수 없는 모든 죄의 용서가 이분을 통하여 너희에게 전파되고 있음이 너희에게 알려질 지어다.

39절

ἐν τούτῳ πᾶς ὁ πιστεύων δικαιοῦται.

이분 안에서 모든 믿는 자는 의롭다 함을 받는다.

40절

βλέπετε οὖν μὴ ἐπέλθῃ τὸ εἰρημένον ἐν τοῖς προφήταις·

그러므로 선지자들에게 말씀되었던 것이 너희에게 임하지 않도록 조심 하라.

41절

ἴδετε, οἱ καταφρονηταί,

καὶ θαυμάσατε καὶ ἀφανίσθητε,

ὅτι ἔργον ἐργάζομαι ἐγὼ ἐν ταῖς ἡμέραις ὑμῶν,

ἔργον ὃ οὐ μὴ πιστεύσητε ἐάν τις ἐκδιηγῆται ὑμῖν.

'보라! 멸시하는 자들아, 놀라고 망할지어다. 이는 내가 너희의 날들에 일을 행할 것이니, 누가 그 일을 너희에게 자세히 이야기할지라도 너희가 결코 믿지 않을 것이다.'"

42절

Ἐξιόντων δὲ αὐτῶν παρεκάλουν εἰς τὸ μεταξὺ σάββατον λαληθῆναι αὐτοῖς τὰ ῥήματα ταῦτα.

그러자 그들이 나갈 때 사람들이 다음 안식일에도 이 말씀들이 이야기되도록 부탁했다.

43절

λυθείσης δὲ τῆς συναγωγῆς ἠκολούθησαν πολλοὶ τῶν Ἰουδαίων καὶ τῶν σεβομένων προσηλύτων τῷ Παύλῳ καὶ τῷ Βαρναβᾷ, οἵτινες προσλαλοῦντες αὐτοῖς ἔπειθον αὐτοὺς προσμένειν τῇ χάριτι τοῦ θεοῦ.

그런데 회당이 흩어질 때 유대인들과 경건한 개종자 중 많은 사람이 바울과 바나바를 따랐는데, 그들은 그들을 향하여 이야기하면서 하나님의 은혜에 굳게 머물러 있으라고 그들을 설득했다.

44절

Τῷ δὲ ἐρχομένῳ σαββάτῳ σχεδὸν πᾶσα ἡ πόλις συνήχθη ἀκοῦσαι τὸν λόγον τοῦ κυρίου.

그런데 다음 안식일에는 거의 모든 도시가 주님의 말씀을 듣기 위해 모였다.

45절

ἰδόντες δὲ οἱ Ἰουδαῖοι τοὺς ὄχλους ἐπλήσθησαν ζήλου καὶ ἀντέλεγον τοῖς ὑπὸ Παύλου λαλουμένοις βλασφημοῦντες.

그러자 유대인들이 군중들을 보고서 질투로 가득 차서 바울에 의해 이야기되는 것들을 거슬러 말하며 비방했다.

46절

παρρησιασάμενοί τε ὁ Παῦλος καὶ ὁ Βαρναβᾶς εἶπαν· ὑμῖν ἦν ἀναγκαῖον πρῶτον λαληθῆναι τὸν λόγον τοῦ θεοῦ· ἐπειδὴ ἀπωθεῖσθε αὐτὸν καὶ οὐκ ἀξίους κρίνετε ἑαυτοὺς τῆς αἰωνίου ζωῆς, ἰδοὺ στρεφόμεθα εἰς τὰ ἔθνη.

그러나 바울과 바나바는 담대함으로 말했다. "너희에게 먼저 하나님의 말씀이 이야기되는 것이 반드시 필요했다. 그러나 너희가 그것을 거절하고 스스로를 영원한 생명에 합당하지 않다고 판단했으니, 보라! 우리는 이방인들에게 돌아설 것이다.

47절

οὕτως γὰρ ἐντέταλται ἡμῖν ὁ κύριος·
τέθεικά σε εἰς φῶς ἐθνῶν τοῦ εἶναί σε εἰς σωτηρίαν ἕως ἐσχάτου τῆς γῆς.

왜냐하면 주님께서 이같이 명령하셨기 때문이다.
'네가 땅끝까지 구원이 되게 하기 위해 내가 너를 이방인들의 빛으로 세웠도다.'"

48절

Ἀκούοντα δὲ τὰ ἔθνη ἔχαιρον καὶ ἐδόξαζον τὸν λόγον τοῦ κυρίου καὶ ἐπίστευσαν ὅσοι ἦσαν τεταγμένοι εἰς ζωὴν αἰώνιον·

그러자 이방인들이 듣고 기뻐하며 주님의 말씀을 찬양했다. 그리고 영원한 생명을 위하여 정해진 모든 사람은 믿었다.

49절

διεφέρετο δὲ ὁ λόγος τοῦ κυρίου δι᾽ ὅλης τῆς χώρας.

그리하여 주님의 말씀은 온 땅에 두루 퍼지고 있었다.

50절

οἱ δὲ Ἰουδαῖοι παρώτρυναν τὰς σεβομένας γυναῖκας τὰς εὐσχήμονας καὶ τοὺς πρώτους τῆς πόλεως καὶ ἐπήγειραν διωγμὸν ἐπὶ τὸν Παῦλον καὶ Βαρναβᾶν καὶ ἐξέβαλον αὐτοὺς ἀπὸ τῶν ὁρίων αὐτῶν.

그러자 유대인들은 경건하고 품위 있는 여자들과 그 도시의 우두머리들을 흥분시켜 바울과 바나바에게 박해를 일으켜서 그들을 그 지역 밖으로 쫓아내었다.

51절

οἱ δὲ ἐκτιναξάμενοι τὸν κονιορτὸν τῶν ποδῶν ἐπ᾽ αὐτοὺς ἦλθον εἰς Ἰκόνιον,

그러자 그들은 그들에게 붙어 있는 먼지를 떨어버리고 이고니온으로 갔다.

52절

οἵ τε μαθηταὶ ἐπληροῦντο χαρᾶς καὶ πνεύματος ἁγίου.

그리고 제자들은 기쁨과 성령으로 충만해지고 있었다.

해설

　비시디아 안디옥 회당에서 행한 첫 번째 설교에서 바울은 모세의 율법의 무능력과 예수 그리스도를 통한 의의 획득에 대해서 이야기한다. 이것은 신약성경에서 처음 나오는 케리그마(설교)다. 이 케리그마는 이방인 선교의 신학적 근거가 되는 것으로 바울 신학의 핵심적 요소다. 바울의 설교를 들은 이방인들은 환호하며 하나님께 돌아온다. 하나님의 백성인 유대인들은 마땅히 하나님께 영광을 돌리며 함께 기뻐해야 한다. 그러나 그들은 거꾸로 질투심에 사로잡혀 박해를 일으켜서 사도들을 그 지역에서 쫓아낸다. 그것은 예수 그리스도의 복음 안에서 그들의 민족적 우월성의 근거가 사라졌기 때문이다. 그들은 세상을 향한 하나님의 사랑의 성실성 대신에 세상의 헛된 영광을 추구한다. 그 결과 그들은 하나님의 구원의 은혜를 거부하고 복음의 행진을 방해하는 하나님의 원수가 된다.

이고니온에서

사도행전 14:1-7

1절

Ἐγένετο δὲ ἐν Ἰκονίῳ κατὰ τὸ αὐτὸ εἰσελθεῖν αὐτοὺς εἰς τὴν συναγ ωγὴν τῶν Ἰουδαίων καὶ λαλῆσαι οὕτως ὥστε πιστεῦσαι Ἰουδαίων τε καὶ Ἑλλήνων πολὺ πλῆθος.

그런데 이고니온에서 그들이 함께 유대인들의 회당에 들어가서 이야기 하자 유대인들과 헬라인들의 많은 무리가 믿게 되었다.

2절

οἱ δὲ ἀπειθήσαντες Ἰουδαῖοι ἐπήγειραν καὶ ἐκάκωσαν τὰς ψυχὰς τῶν ἐθνῶν κατὰ τῶν ἀδελφῶν.

그러자 믿지 않는 유대인들이 형제들에 대하여 이방인들의 마음을 선동 하여 해를 끼치게 했다.

3절

ἱκανὸν μὲν οὖν χρόνον διέτριψαν παρρησιαζόμενοι ἐπὶ τῷ κυρίῳ τῷ μαρτυροῦντί ἐπὶ τῷ λόγῳ τῆς χάριτος αὐτοῦ, διδόντι σημεῖα καὶ τέρατα γίνεσθαι διὰ τῶν χειρῶν αὐτῶν.

그러나 사도들은 상당한 시간 동안 시간을 보내면서 자기의 은혜의 말씀으로 증거하시는 주님을 의지하여 담대하게 말하고 있을 때, 주님께서는 그들의 손을 통하여 표적과 기사가 일어나게 하셨다.

4절

ἐσχίσθη δὲ τὸ πλῆθος τῆς πόλεως, καὶ οἱ μὲν ἦσαν σὺν τοῖς Ἰουδαίοις, οἱ δὲ σὺν τοῖς ἀποστόλοις.

그러자 도시의 무리가 분열되어 어떤 사람들은 유대인들과 함께했고, 어떤 사람들은 사도들과 함께했다.

5절

ὡς δὲ ἐγένετο ὁρμὴ τῶν ἐθνῶν τε καὶ Ἰουδαίων σὺν τοῖς ἄρχουσιν αὐτῶν ὑβρίσαι καὶ λιθοβολῆσαι αὐτούς,

그런데 이방인들과 유대인들이 사도들을 폭행하고 돌로 치려고 그들의 통치자들과 함께 몰려오고 있을 때

6절

συνιδόντες κατέφυγον εἰς τὰς πόλεις τῆς Λυκαονίας Λύστραν καὶ Δέρβην καὶ τὴν περίχωρον,

사도들이 알아차리고 루카오니아의 루스트라와 더베와 주변 땅으로 도망쳤다.

7절

κἀκεῖ εὐαγγελιζόμενοι ἦσαν.

그리고 거기서 복음을 전하고 있었다.

해설

　성령께서는 사도들을 통하여 하늘의 능력을 행하심으로써 이방인들 앞에서 예수 그리스도의 위대성을 계시하신다. 그 결과 이방인들에게 구원의 문이 활짝 열리고 많은 제자가 생긴다. 그러나 유대인들은 이방인들이 하나님께 돌아오는 것을 함께 기뻐하는 대신에 시기와 질투에 사로잡혀 사도들을 쫓아다니며 집요하게 복음의 길을 방해한다. 그것은 성령을 대적하며 스스로 하나님의 원수가 되는 어리석은 짓인데, 그것은 하나님께서 보내신 선지자들을 죽였던 그들의 조상 때부터 해 왔던 일이다.

루스트라에서 있었던 일

사도행전 14:8-20

8절

Καί τις ἀνὴρ ἀδύνατος ἐν Λύστροις τοῖς ποσὶν ἐκάθητο, χωλὸς ἐκ
κοιλίας μητρὸς αὐτοῦ ὃς οὐδέποτε περιεπάτησεν.

그리고 루스트라에 발을 못 쓰는 어떤 사람이 앉아 있었는데, 그는 그의
어머니의 배 속에서부터 불구자였고 한 번도 걷지 못했다.

9절

οὗτος ἤκουσεν τοῦ Παύλου λαλοῦντος· ὃς ἀτενίσας αὐτῷ καὶ ἰδὼν
ὅτι ἔχει πίστιν τοῦ σωθῆναι,

이 사람이 바울이 이야기하는 것을 듣고 있을 때 바울이 그를 응시하고
그가 구원받을 믿음을 가지고 있는 것을 보고

10절

εἶπεν μεγάλῃ φωνῇ· ἀνάστηθι ἐπὶ τοὺς πόδας σου ὀρθός. καὶ ἥλατο
καὶ περιεπάτει.

큰 음성으로 말했다. "너의 발로 똑바로 일어나라." 그러자 그는 펄쩍
뛰어올라 걸어 다니고 있었다.

11절

οἵ τε ὄχλοι ἰδόντες ὃ ἐποίησεν Παῦλος ἐπῆραν τὴν φωνὴν αὐτῶν Λυκαονιστὶ λέγοντες· οἱ θεοὶ ὁμοιωθέντες ἀνθρώποις κατέβησαν πρὸς ἡμᾶς,

그러자 군중들이 바울이 행한 일을 보고서 루카오니아 말로 그들의 목소리를 높이며 말했다. "신들이 사람들의 모습으로 우리를 향하여 왔도다."

12절

ἐκάλουν τε τὸν Βαρναβᾶν Δία, τὸν δὲ Παῦλον Ἑρμῆν, ἐπειδὴ αὐτὸς ἦν ὁ ἡγούμενος τοῦ λόγου.

그리고 그들은 바나바를 제우스로, 바울을 헤르메스라고 외치고 있었다. 왜냐하면 바울이 말씀의 인도자였기 때문이다.

13절

ὅ τε ἱερεὺς τοῦ Διὸς τοῦ ὄντος πρὸ τῆς πόλεως ταύρους καὶ στέμματα ἐπὶ τοὺς πυλῶνας ἐνέγκας σὺν τοῖς ὄχλοις ἤθελεν θύειν.

그리고 그 도시 앞에 있는 제우스의 제사장이 황소들과 화환들을 문으로 가지고 와서 군중들과 함께 제사 지내려 했다.

14절

Ἀκούσαντες δὲ οἱ ἀπόστολοι Βαρναβᾶς καὶ Παῦλος διαρρήξαντες τὰ ἱμάτια αὐτῶν ἐξεπήδησαν εἰς τὸν ὄχλον κράζοντες

그러자 사도들, 곧 바나바와 바울이 듣고 자기들의 겉옷을 갈가리 찢고 고함을 지르며 군중을 향하여 뛰어나갔다.

15절

καὶ λέγοντες· ἄνδρες, τί ταῦτα ποιεῖτε; καὶ ἡμεῖς ὁμοιοπαθεῖς ἐσμεν
ὑμῖν ἄνθρωποι εὐαγγελιζόμενοι ὑμᾶς ἀπὸ τούτων τῶν ματαίων ἐπιστρέ
φειν ἐπὶ θεὸν ζῶντα, ὃς ἐποίησεν τὸν οὐρανὸν καὶ τὴν γῆν καὶ τὴν
θάλασσαν καὶ πάντα τὰ ἐν αὐτοῖς·

그리고 말했다. "사람들아, 어찌하여 이것들을 하느냐? 우리도 너희와
똑같은 사람들로서 너희를 이 헛된 일들로부터 하늘과 땅과 바다와 그
안에 있는 모든 것들을 지으신 살아계시는 하나님께 돌이키게 하기 위해
복음을 전파하고 있는 사람들이다.

16절

ὃς ἐν ταῖς παρῳχημέναις γενεαῖς εἴασεν πάντα τὰ ἔθνη πορεύεσθαι
ταῖς ὁδοῖς αὐτῶν·

하나님께서는 지나간 세대들에게 모든 민족이 자기들의 길로 가도록
내버려두셨다.

17절

καίτοι οὐκ ἀμάρτυρον αὐτὸν ἀφῆκεν ἀγαθουργῶν, οὐρανόθεν ὑμῖν
ὑετοὺς διδοὺς καὶ καιροὺς καρποφόρους, ἐμπιπλῶν τροφῆς καὶ εὐφρο
σύνης τὰς καρδίας ὑμῶν.

그럼에도 불구하고 그분이 자기를 증거하지 않으신 것이 아니고 좋은
일을 행하셨으니, 하늘로부터 우리에게 비와 열매 맺는 계절을 주시고
너희의 마음을 양식과 즐거움으로 채워주셨다."

18절

καὶ ταῦτα λέγοντες μόλις κατέπαυσαν τοὺς ὄχλους τοῦ μὴ θύειν αὐτοῖς.

그리고 그들은 군중이 자기들에게 제사하지 못하게 겨우 중단시켰다.

19절

Ἐπῆλθαν δὲ ἀπὸ Ἀντιοχείας καὶ Ἰκονίου Ἰουδαῖοι καὶ πείσαντες τοὺς ὄχλους καὶ λιθάσαντες τὸν Παῦλον ἔσυρον ἔξω τῆς πόλεως νομίζοντες αὐτὸν τεθνηκέναι.

그런데 안디옥과 이고니온에서 유대인들이 쳐들어와 군중들을 선동하여 바울을 돌로 치고 그 도시 밖으로 끌고 간 후 그가 죽었다고 생각하고 내버려두었다.

20절

κυκλωσάντων δὲ τῶν μαθητῶν αὐτὸν ἀναστὰς εἰσῆλθεν εἰς τὴν πόλιν. Καὶ τῇ ἐπαύριον ἐξῆλθεν σὺν τῷ Βαρναβᾷ εἰς Δέρβην.

그런데 제자들이 그를 에워싸고 있을 때 그가 일어나 그 도시로 들어갔다. 그리고 다음날 그는 바나바와 함께 나가서 더베로 갔다.

해설

　성령께서는 예수 그리스도의 이름을 위하여 목숨을 내어놓은 바나바와 바울을 높이신다. 그리하여 이방인들은 바나바와 바울을 사람의 모습으로 나타난 신들이라고 생각하고 그들에게 짐승을 잡아 제사를 지내려 한다. 그러나 사도들은 악한 마귀 사탄의 계략에 넘어가지 않고 이방인들을 설득하여 진리의 길로 인도한다. 이방인들이 바나바를 제우스의 현현으로 말하는 것으로 보아 바나바는 풍채가 좋은 잘생긴 인물이었던 것으로 생각된다. 그리고 바울을 제우스의 전령인 헤르메스의 현현이라고 말했는데, 이것은 바울이 신학적 메시지에 있어서 탁월한 능력을 가진 지도자였다는 것을 증거한다.

안디옥교회로 돌아옴

사도행전 14:21-28

21절

εὐαγγελισάμενοί τε τὴν πόλιν ἐκείνην καὶ μαθητεύσαντες ἱκανοὺς ὑπέστρεψαν εἰς τὴν Λύστραν καὶ εἰς Ἰκόνιον καὶ εἰς Ἀντιόχειαν

그리고 그들은 저 도시에서 복음을 전하여 상당히 많은 제자를 만든 후 루스트라와 이고니온과 안디옥으로 돌아가서

22절

ἐπιστηρίζοντες τὰς ψυχὰς τῶν μαθητῶν, παρακαλοῦντες ἐμμένειν τῇ πίστει καὶ ὅτι διὰ πολλῶν θλίψεων δεῖ ἡμᾶς εἰσελθεῖν εἰς τὴν βασιλε ίαν τοῦ θεοῦ.

제자들의 마음을 굳세게 하고 믿음에 머물러 있을 것과 우리가 많은 고난 을 통해 반드시 하나님의 나라에 들어갈 것이라고 권면했다.

23절

χειροτονήσαντες δὲ αὐτοῖς κατ᾽ ἐκκλησίαν πρεσβυτέρους, προσευξ άμενοι μετὰ νηστειῶν παρέθεντο αὐτοὺς τῷ κυρίῳ εἰς ὃν πεπιστεύκεισαν.

그리고 금식하고 기도하며 그들에게 교회마다 장로들을 임명하고 그들

을 자기들이 믿고 있던 주님께 맡겼다.

24절

Καὶ διελθόντες τὴν Πισιδίαν ἦλθον εἰς τὴν Παμφυλίαν

그리고 비시디아를 두루 다니며 밤빌리아로 갔다.

25절

καὶ λαλήσαντες ἐν Πέργῃ τὸν λόγον κατέβησαν εἰς Ἀττάλειαν

그리고 버게에서 이야기하고 나서 앗달리아로 내려갔다.

26절

κἀκεῖθεν ἀπέπλευσαν εἰς Ἀντιόχειαν, ὅθεν ἦσαν παραδεδομένοι
τῇ χάριτι τοῦ θεοῦ εἰς τὸ ἔργον ὃ ἐπλήρωσαν.

그리고 거기서 안디옥을 향하여 출항했는데, 안디옥은 그들이 성취한
그 일을 위해 하나님의 은혜에 넘겨진 곳이다.

27절

παραγενόμενοι δὲ καὶ συναγαγόντες τὴν ἐκκλησίαν ἀνήγγελλον ὅσα
ἐποίησεν ὁ θεὸς μετ᾽ αὐτῶν καὶ ὅτι ἤνοιξεν τοῖς ἔθνεσιν θύραν πίστεως.

그런데 그들은 도착하여 교회를 모은 후 하나님께서 그들과 함께 행하
신 것들과 그리고 하나님께서 이방인들에게 믿음의 문을 여신 것을
보고했다.

28절

διέτριβον δὲ χρόνον οὐκ ὀλίγον σὺν τοῖς μαθηταῖς.

그리고 그들은 제자들과 함께 적지 않은 시간을 보내고 있었다.

해설

바나바와 바울은 가는 곳마다 유대인들의 비방과 폭행과 저항을 뚫고 용감하게 전진한다. 그러한 모습은 여호와를 의지하여 적진을 향해 담대하게 돌진하는 다윗을 연상시킨다. 하나님의 나라는 언제나 이런 사람들에 의해 세워진다. 바나바와 바울은 그들을 핍박했던 도시들을 다시 찾아가는데, 그것은 복음을 위한 십자가 행진이었다. 그들은 각처를 다니면서 성도들의 믿음을 견고히 세우고, 장로들을 임명하여 교회를 조직하며 이방인의 사도로 입지를 굳힌다. 이렇게 바나바와 바울은 제1차 이방인 선교를 마치고 그들을 파송한 안디옥 교회로 돌아가 선교 보고를 한다. 이 기록에 의하면 바울은 제1차 선교여행 후 선교 보고를 하기 위해 예루살렘을 방문할 계획이 없었다는 것을 알 수 있다. 이것은 그가 이미 신학적으로 급진적 독자노선을 취하고 있었을 뿐 아니라 정치적으로도 헬라파 기독교의 지도자로서 예루살렘의 히브리파 주류 세력과 맞서는 대등한 입장을 취하고 있었다는 것을 암시한다.

할례와 율법에 대한 논쟁

사도행전 15:1-21

1절

Καί τινες κατελθόντες ἀπὸ τῆς Ἰουδαίας ἐδίδασκον τοὺς ἀδελφοὺς ὅτι, ἐὰν μὴ περιτμηθῆτε τῷ ἔθει τῷ Μωϋσέως, οὐ δύνασθε σωθῆναι.

그런데 유대에서 내려온 어떤 사람들이 형제들에게 "만약 너희가 모세의 관습대로 할례를 받지 않으면 구원받을 수 없다"라고 가르치고 있었다.

2절

γενομένης δὲ στάσεως καὶ ζητήσεως οὐκ ὀλίγης τῷ Παύλῳ καὶ τῷ Βαρναβᾷ πρὸς αὐτούς, ἔταξαν ἀναβαίνειν Παῦλον καὶ Βαρναβᾶν καί τινας ἄλλους ἐξ αὐτῶν πρὸς τοὺς ἀποστόλους καὶ πρεσβυτέρους εἰς Ἰερουσαλὴμ περὶ τοῦ ζητήματος τούτου.

그러자 그들을 향하여 바울과 바나바에게 적지 않은 대립과 논쟁이 생기자 사람들은 이 논쟁에 대하여 바울과 바나바와 자기들 중에 어떤 다른 사람들을 사도들과 장로들을 향하여 예루살렘으로 올라가도록 정했다.

3절

Οἱ μὲν οὖν προπεμφθέντες ὑπὸ τῆς ἐκκλησίας διήρχοντο τήν τε

Φοινίκην καὶ Σαμάρειαν ἐκδιηγούμενοι τὴν ἐπιστροφὴν τῶν ἐθνῶν καὶ ἐποίουν χαρὰν μεγάλην πᾶσιν τοῖς ἀδελφοῖς.

그러므로 교회에 의해 보냄을 받은 사람들은 페니키아와 사마리아를 지나가면서 이방인들의 돌아옴을 자세히 이야기하며 모든 형제에게 큰 기쁨을 만들고 있었다.

4절

παραγενόμενοι δὲ εἰς Ἰερουσαλὴμ παρεδέχθησαν ἀπὸ τῆς ἐκκλησί ας καὶ τῶν ἀποστόλων καὶ τῶν πρεσβυτέρων, ἀνήγγειλάν τε ὅσα ὁ θεὸς ἐποίησεν μετ᾽ αὐτῶν.

그런데 그들은 예루살렘에 도착했을 때 교회와 사도들과 장로들에게 환영을 받고 하나님께서 자기들과 함께 행하신 모든 일을 보고했다.

5절

Ἐξανέστησαν δέ τινες τῶν ἀπὸ τῆς αἱρέσεως τῶν Φαρισαίων πεπιστ ευκότες λέγοντες ὅτι δεῖ περιτέμνειν αὐτοὺς παραγγέλλειν τε τηρεῖν τὸν νόμον Μωϋσέως.

그런데 바리새파 출신의 어떤 믿는 사람들이 일어서서 이방인들이 할례를 받고 모세의 율법을 지키도록 명령해야 한다고 말했다.

6절

Συνήχθησάν τε οἱ ἀπόστολοι καὶ οἱ πρεσβύτεροι ἰδεῖν περὶ τοῦ λόγου τούτου.

그리고 사도들과 장로들이 이 문제에 대해 알아보기 위해 모였다.

7절

Πολλῆς δὲ ζητήσεως γενομένης ἀναστὰς Πέτρος εἶπεν πρὸς αὐτούς·
ἄνδρες ἀδελφοί, ὑμεῖς ἐπίστασθε ὅτι ἀφ᾽ ἡμερῶν ἀρχαίων ἐν ὑμῖν ἐξελ
έξατο ὁ θεὸς διὰ τοῦ στόματός μου ἀκοῦσαι τὰ ἔθνη τὸν λόγον τοῦ
εὐαγγελίου καὶ πιστεῦσαι.

그런데 많은 논쟁이 있을 때 베드로가 일어나 그들을 향하여 말했다.
"형제들아, 하나님께서 나의 입을 통하여 이방인들이 복음의 말씀을 듣
고 믿도록 처음부터 너희 안에서 택하신 것을 너희는 알고 있다.

8절

καὶ ὁ καρδιογνώστης θεὸς ἐμαρτύρησεν αὐτοῖς δοὺς τὸ πνεῦμα
τὸ ἅγιον καθὼς καὶ ἡμῖν

그리고 마음을 아시는 하나님께서 우리에게와 같이 그들에게 성령을
주심으로 증거하셨다.

9절

καὶ οὐθὲν διέκρινεν μεταξὺ ἡμῶν τε καὶ αὐτῶν τῇ πίστει καθαρίσας
τὰς καρδίας αὐτῶν.

그리고 믿음으로 그들의 마음을 깨끗하게 하사 우리와 그들 사이에 어떤
것도 구별하지 않으셨다.

10절

νῦν οὖν τί πειράζετε τὸν θεὸν ἐπιθεῖναι ζυγὸν ἐπὶ τὸν τράχηλον
τῶν μαθητῶν ὃν οὔτε οἱ πατέρες ἡμῶν οὔτε ἡμεῖς ἰσχύσαμεν βαστάσαι;

그러므로 지금 왜 우리 조상들도 우리도 감당할 수 없었던 멍에를 제자들의 어깨에 얹어놓아서 하나님을 시험하느냐?

11절

ἀλλὰ διὰ τῆς χάριτος τοῦ κυρίου Ἰησοῦ πιστεύομεν σωθῆναι καθ᾽ ὃν τρόπον κἀκεῖνοι.

다만 주 예수의 은혜를 통하여 우리와 저 사람들이 똑같은 모양으로 구원받도록 믿을 뿐이다."

12절

Ἐσίγησεν δὲ πᾶν τὸ πλῆθος καὶ ἤκουον Βαρναβᾶ καὶ Παύλου ἐξηγουμένων ὅσα ἐποίησεν ὁ θεὸς σημεῖα καὶ τέρατα ἐν τοῖς ἔθνεσιν δι᾽ αὐτῶν.

그러자 모든 무리가 침묵했다. 그리고 그들은 바울과 바나바가 하나님께서 이방인들 속에서 자기들을 통하여 표적들과 기사들을 행하신 것들에 대해 이야기하는 것을 듣고 있었다.

13절

Μετὰ δὲ τὸ σιγῆσαι αὐτοὺς ἀπεκρίθη Ἰάκωβος λέγων· ἄνδρες ἀδελφοί, ἀκούσατέ μου.

그런데 그들이 잠잠한 후 야고보가 대답하며 말했다. "형제들아, 나의 말을 들으라.

14절

Συμεὼν ἐξηγήσατο καθὼς πρῶτον ὁ θεὸς ἐπεσκέψατο λαβεῖν ἐξ ἐθνῶν λαὸν τῷ ὀνόματι αὐτοῦ.

시몬이 처음과 같이 하나님께서 이방인 중에서 자기의 이름으로 백성을 얻도록 보살피신 것을 자세히 이야기했다.

15절

καὶ τούτῳ συμφωνοῦσιν οἱ λόγοι τῶν προφητῶν καθὼς γέγραπται·

그리고 이것에 대해 성경 말씀들과 선지자들도 동의하고 있다. 기록되기를,

16절

μετὰ ταῦτα ἀναστρέψω

καὶ ἀνοικοδομήσω τὴν σκηνὴν Δαυὶδ τὴν πεπτωκυῖαν

καὶ τὰ κατεσκαμμένα αὐτῆς ἀνοικοδομήσω

καὶ ἀνορθώσω αὐτήν,

'이 일들 후에 내가 돌이켜

다윗의 무너진 장막을 다시 세우고

그것의 퇴락한 것들을 다시 세우고

그것을 똑바르게 할 것이다.

17절

ὅπως ἂν ἐκζητήσωσιν οἱ κατάλοιποι τῶν ἀνθρώπων τὸν κύριον καὶ πάντα τὰ ἔθνη ἐφ᾽ οὓς ἐπικέκληται τὸ ὄνομά μου ἐπ᾽ αὐτούς, λέγει κύριος ποιῶν ταῦτα

그리하여 사람들 중의 남겨진 자들과

나의 이름을 부르는 모든 민족이 주님을 열심히 찾을 것이다.

이것들을 행하시는 주님께서 말씀하시는데,

18절

γνωστὰ ἀπ᾽ αἰῶνος.

이것들은 영원부터 알려진 것들이다.'

19절

διὸ ἐγὼ κρίνω μὴ παρενοχλεῖν τοῖς ἀπὸ τῶν ἐθνῶν ἐπιστρέφουσιν ἐπὶ τὸν θεόν,

그러므로 나는 이방인 출신으로 하나님께 돌아온 사람들에게 괴로움을 주지 말고

20절

ἀλλ᾽ ἐπιστεῖλαι αὐτοῖς τοῦ ἀπέχεσθαι τῶν ἀλισγημάτων τῶν εἰδώλων καὶ τῆς πορνείας καὶ τοῦ πνικτοῦ καὶ τοῦ αἵματος.

다만 그들에게 우상들의 더럽혀진 것들과 음행과 목 졸려 죽은 것과 피를 멀리하라고 편지하는 것이 옳다고 판단한다.

21절

Μωϋσῆς γὰρ ἐκ γενεῶν ἀρχαίων κατὰ πόλιν τοὺς κηρύσσοντας αὐτὸν ἔχει ἐν ταῖς συναγωγαῖς κατὰ πᾶν σάββατον ἀναγινωσκόμενος.

왜냐하면 모세는 옛 세대들부터 모든 도시에서 안식일마다 회당들에서 그를 선포하고 낭독하는 자들을 가지고 있기 때문이다."

해설

예루살렘에서 모인 제1차 기독교 공의회에서는 할례와 율법에 대한 신학 논쟁이 있었다. 이로써 교회는 신학과 정치의 새로운 시대로 들어서는데, 그것은 보수와 진보의 투쟁 과정을 거치게 된다.

1. 바리새파 출신의 보수파 기독교인들은 이방인들도 할례를 받고 모세의 율법을 지켜야 구원받을 수 있다고 주장함으로써 유대교 울타리 안에 복음을 가두려고 한다. 그들에게 있어서 교회는 유대교 내부의 하나의 분파에 지나지 않는 것이었다.

2. 베드로는 할례와 율법은 구원받는 것과는 아무런 관계가 없고, 오직 예수 그리스도를 믿음으로 하나님의 은혜로 성령을 받는 데는 유대인과 이방인 사이에 어떤 차별이 없다고 주장함으로 바울의 신학적 입장을 지지한다. 그러나 그것은 코르넬리우스와 만남에서 얻은 경험적 지식이지 그의 신학이 체계적으로 정리되었던 것은 아니다. 그에게는 교회가 유대교와 결별하고 전혀 다른 새로운 종말론적 신앙 공동체로 나아가야 한다는 것은 상상할 수 없는 일이었을 것이다. 기독교 중도파였던 그는 때때로 중심을 잡지 못하고 우왕좌왕 헤매는 모습을 보이며 바울에게 약점을 잡히게 된다.

3. 예수님의 동생 야고보는 이방인 출신의 기독교인에게 "우상과 음행과 목 졸라 죽인 것과 피를 멀리하라"는 상당히 유대주의적 색깔이 짙은 윤리 지침을 내린다. 그것은 모든 도시마다 존재하

는 디아스포라 유대인 공동체의 눈치를 보는 정치적 타협책으로서 기독교의 운명이 걸린 신학 논쟁에 대한 근본적 해답이 될 수 없다. 그러므로 유대교와 기독교 사이에는 더욱더 격렬한 신학 논쟁이 일어날 수밖에 없다. 유대주의적 세계관에서 벗어나지 못하고 있던 야고보는 바울을 중심으로 펼쳐지는 급진적 신학 운동에 저항하는 히브리파 기독교 보수 세력의 지도자로 남게 된다.

공의회의 결의 사항

사도행전 15:22-35

22절

Τότε ἔδοξεν τοῖς ἀποστόλοις καὶ τοῖς πρεσβυτέροις σὺν ὅλῃ τῇ ἐκκλησίᾳ ἐκλεξαμένους ἄνδρας ἐξ αὐτῶν πέμψαι εἰς Ἀντιόχειαν σὺν τῷ Παύλῳ καὶ Βαρναβᾷ, Ἰούδαν τὸν καλούμενον Βαρσαββᾶν καὶ Σιλᾶν, ἄνδρας ἡγουμένους ἐν τοῖς ἀδελφοῖ,

그때 온 교회와 함께 사도들과 장로들에게 그들 중 택함 받은 사람들이며 형제들 속에서 지도자들인 바르사빠라는 유다와 실라를 바울과 바나바와 함께 안디옥으로 보내는 것이 좋다고 생각되어

23절

γράψαντες διὰ χειρὸς αὐτῶν·Οἱ ἀπόστολοι καὶ οἱ πρεσβύτεροι ἀδελφοὶ τοῖς κατὰ τὴν Ἀντιόχειαν καὶ Συρίαν καὶ Κιλικίαν ἀδελφοῖς τοῖς ἐξ ἐθνῶν χαίρειν.

그들의 손으로 썼다. "형제인 사도들과 장로들은 이방인 중 안디옥과 시리아와 길리기아에 있는 형제들에게 인사한다.

24절

Ἐπειδὴ ἠκούσαμεν ὅτι τινὲς ἐξ ἡμῶν ἐξελθόντες ἐτάραξαν ὑμᾶς λόγοις ἀνασκευάζοντες τὰς ψυχὰς ὑμῶν οἷς οὐ διεστειλάμεθα,

이는 우리가 우리 중 어떤 사람들이 나가서 우리가 지시하지 않은 말들로 너희를 어지럽히며 혼란에 빠뜨렸다는 소식을 들었기 때문에,

25절

ἔδοξεν ἡμῖν γενομένοις ὁμοθυμαδὸν ἐκλεξαμένοις ἄνδρας πέμψαι πρὸς ὑμᾶς σὺν τοῖς ἀγαπητοῖς ἡμῶν Βαρναβᾷ καὶ Παύλῳ,

우리가 한마음이 되어 택함 받은 자들이며 우리의 사랑하는 자들인 바나바와 바울과 함께 사람들을 너희를 향하여 보내는 것이 좋다고 생각되었으니,

26절

ἀνθρώποις παραδεδωκόσιν τὰς ψυχὰς αὐτῶν ὑπὲρ τοῦ ὀνόματος τοῦ κυρίου ἡμῶν Ἰησοῦ Χριστοῦ.

바나바와 바울은 우리 주 예수 그리스도의 이름을 위하여 자기들의 목숨을 내어놓은 사람들이다.

27절

ἀπεστάλκαμεν οὖν Ἰούδαν καὶ Σιλᾶν καὶ αὐτοὺς διὰ λόγου ἀπαγγέλλοντας τὰ αὐτά.

그러므로 우리는 이것들을 말로 알리기 위해 유다와 실라와 그들을 보냈다.

28절

ἔδοξεν γὰρ τῷ πνεύματι τῷ ἁγίῳ καὶ ἡμῖν μηδὲν πλέον ἐπιτίθεσθαι ὑμῖν βάρος πλὴν τούτων τῶν ἐπάναγκες,

왜냐하면 성령과 우리에게는 꼭 필요한 이것들 외에 더 무거운 짐을 너희에게 얹어놓지 않는 것이 좋다고 생각되었기 때문이다.

29절

ἀπέχεσθαι εἰδωλοθύτων καὶ αἵματος καὶ πνικτῶν καὶ πορνείας, ἐξ ὧν διατηροῦντες ἑαυτοὺς εὖ πράξετε. Ἔρρωσθε.

이는 우상들과 피와 목 졸라 죽인 것과 음행을 멀리하라는 것이니, 이것들로부터 자신을 지키면 잘하는 것이다. 강건하라."

30절

Οἱ μὲν οὖν ἀπολυθέντες κατῆλθον εἰς Ἀντιόχειαν, καὶ συναγαγόντες τὸ πλῆθος ἐπέδωκαν τὴν ἐπιστολήν.

그러므로 보냄을 받은 사람들은 안디옥에 내려가서 무리를 모으고 편지를 전달했다.

31절

ἀναγνόντες δὲ ἐχάρησαν ἐπὶ τῇ παρακλήσει.

그러자 그들이 읽고 위로에 기뻐했다.

32절

Ἰούδας τε καὶ Σιλᾶς καὶ αὐτοὶ προφῆται ὄντες διὰ λόγου πολλοῦ παρεκάλεσαν τοὺς ἀδελφοὺς καὶ ἐπεστήριξαν,

그리고 유다와 실라는 그들 자신도 선지자들이었기 때문에 많은 말로
형제들을 위로하고 견고케 하였다.

33절

ποιήσαντες δὲ χρόνον ἀπελύθησαν μετ᾽ εἰρήνης ἀπὸ τῶν ἀδελφῶν
πρὸς τοὺς ἀποστείλαντας αὐτούς.

그리고 시간을 보낸 후 그들은 평안함과 함께 형제들로부터 그들을 보낸
사람들을 향하여 보냄을 받았다.

34절

(없음)

35절

Παῦλος δὲ καὶ Βαρναβᾶς διέτριβον ἐν Ἀντιοχείᾳ διδάσκοντες καὶ
εὐαγγελιζόμενοι μετὰ καὶ ἑτέρων πολλῶν τὸν λόγον τοῦ κυρίου.

그런데 바울과 바나바는 안디옥에서 시간을 보내면서 다른 많은 사람과
함께 가르치며 주님의 말씀을 전파하고 있었다.

해설

예루살렘 공의회 결의 사항을 이끌어 내는 데 결정적 역할을 한 사람은 베드로와 야고보다. 베드로는 본인의 경험을 통해서 바울의 신학적 입장이 옳다는 것을 공개적으로 인정함으로 유대주의로 돌아가려는 히브리파 보수 세력의 움직임에 제동을 건다.

그리고 야고보는 뛰어난 정치 감각을 통해 중도적이며 온건한 타협책을 내어놓음으로써 히브리파와 헬라파의 분열을 막고 교회의 평화를 이루어 낸다. 이것이 사도행전이 평가하는 야고보의 유일한 업적이다. 그러나 그것은 대세에 밀려 어쩔 수 없이 선택한 일시적인 미봉책에 불과한 것이었다. 세상을 향한 하나님의 구원의 물결은 그 어떠한 인간적 방법으로도 막을 수 없었고, 이미 교회의 지도력은 이방인 선교의 무대에서 주도권을 잡은 안디옥교회로 넘어가고 있었다. 그와 동시에 헬라파의 지도자인 바울의 시대가 열리게 되는데, 그것은 그의 탁월한 신학적 능력과 함께 타의 추종을 불허하는 그의 불굴의 투쟁 정신에서 비롯된 것이었다.

바울과 바나바의 결별

사도행전 15:36-41

36절

Μετὰ δέ τινας ἡμέρας εἶπεν πρὸς Βαρναβᾶν Παῦλος· ἐπιστρέψαντες δὴ ἐπισκεψώμεθα τοὺς ἀδελφοὺς κατὰ πόλιν πᾶσαν ἐν αἷς κατηγγείλαμεν τὸν λόγον τοῦ κυρίου πῶς ἔχουσιν.

그런데 몇 날 후 바울이 바나바를 향하여 말했다. "우리가 주님의 말씀을 전한 모든 도시마다 돌아가서 그들이 어떻게 지내는지 살펴보자."

37절

Βαρναβᾶς δὲ ἐβούλετο συμπαραλαβεῖν καὶ τὸν Ἰωάννην τὸν καλούμενον Μᾶρκον·

그런데 바나바는 마가라 불리는 요한도 함께 데리고 갈 것을 결심했다.

38절

Παῦλος δὲ ἠξίου, τὸν ἀποστάντα ἀπ᾽ αὐτῶν ἀπὸ Παμφυλίας καὶ μὴ συνελθόντα αὐτοῖς εἰς τὸ ἔργον μὴ συμπαραλαμβάνειν τοῦτον.

그러나 바울은 밤빌리아에서 그들을 떠나 일을 위해 그들과 함께 가지 않은 이 사람을 같이 데려가지 않는 것이 합당하다고 생각했다.

39절

ἐγένετο δὲ παροξυσμὸς ὥστε ἀποχωρισθῆναι αὐτοὺς ἀπ' ἀλλήλων, τόν τε Βαρναβᾶν παραλαβόντα τὸν Μᾶρκον ἐκπλεῦσαι εἰς Κύπρον,

그러자 신경이 날카로워져서 그들이 서로에게서 갈라서게 되어, 바나바는 마가를 데리고 키프로스로 출항하고,

40절

Παῦλος δὲ ἐπιλεξάμενος Σιλᾶν ἐξῆλθεν παραδοθεὶς τῇ χάριτι τοῦ κυρίου ὑπὸ τῶν ἀδελφῶν.

바울은 실라를 선택하고 형제들에 의해 주님의 은혜에 넘겨진 후 나가서,

41절

διήρχετο δὲ τὴν Συρίαν καὶ τὴν Κιλικίαν ἐπιστηρίζων τὰς ἐκκλησίας.

시리아와 길리기아를 지나가며 교회들을 굳세게 했다.

해설

바나바와 바울이 심하게 다투고 서로 갈라서는 이 이야기는 성경에서 가장 가슴 아픈 장면 중의 하나다. 왜냐하면 바나바는 바울의 은인이기 때문이다. 어떤 면에서 보면 바울의 행동은 배은망덕하다고 할 수도 있다. 그러나 한편 다른 관점에서 바라보면 이 이야기는 단순한 개인적 감정의 문제가 아니라 이방인 선교의 주도권이 바울에게로 넘어가고 있음을 암시한다. 바울을 이방인의 사도로 키워준 바나바는 바울의 넘치는 에너지를 감당하지 못할 뿐 아니라 어느새 자신이 바울의 들러리가 된 것을 발견하게 된다. 한편 그는 바울의 신학적 급진성에 대해 동의하지 않았다. 갈라디아서를 보면 바나바의 신학적 입장은 베드로와 같은 온건 중도파였다. 그러므로 마가 요한과 관련된 이야기는 단순한 문제가 아니라 여러 가지 요소가 복합적으로 작용하고 있었던 것이다. 바나바는 마가 요한을 매개로 해서 바울과 갈라서려는 의지를 표출한다.

바나바는 마가라 불리는 요한을 함께 데리고 갈 것을 결심했다(15:37).

εβουλευετο(에불류에토)는 βουλομαι(불로마이, 결심하다)의 부정과거형이다. 이것은 바나바의 의지적 결심을 표현하는데, 거기에는 그의 계획적이고 의도적인 마음의 지향성이 들어 있다.

유럽으로 건너간 복음

사도행전 16:1-15

1절

Κατήντησεν δὲ καὶ εἰς Δέρβην καὶ εἰς Λύστραν. καὶ ἰδοὺ μαθητής τις ἦν ἐκεῖ ὀνόματι Τιμόθεος, υἱὸς γυναικὸς Ἰουδαίας πιστῆς, πατρὸς δὲ Ἕλληνος,

그런데 그는 더베와 루스트라에 도착했다. 그리고 보라! 거기에 디모데라는 어떤 제자가 있었는데, 그는 충성스러운 유대인 여자의 아들이었고, 아버지는 헬라인이었다.

2절

ὃς ἐμαρτυρεῖτο ὑπὸ τῶν ἐν Λύστροις καὶ Ἰκονίῳ ἀδελφῶν.

그리고 그는 루스트라와 이고니온에 있는 형제들에게서 인정받고 있었다.

3절

τοῦτον ἠθέλησεν ὁ Παῦλος σὺν αὐτῷ ἐξελθεῖν, καὶ λαβὼν περιέτεμεν αὐτὸν διὰ τοὺς Ἰουδαίους τοὺς ὄντας ἐν τοῖς τόποις ἐκείνοις· ᾔδεισαν γὰρ ἅπαντες ὅτι Ἕλλην ὁ πατὴρ αὐτοῦ ὑπῆρχεν.

바울은 이 사람이 자기와 함께 나가기를 원했다. 그리고 그는 그곳에 있는 유대인들 때문에 그를 데리고 할례를 베풀었다. 왜냐하면 모든 사람이 그의 아버지가 헬라인이라는 것을 알고 있었기 때문이다.

4절

Ὡς δὲ διεπορεύοντο τὰς πόλεις, παρεδίδοσαν αὐτοῖς φυλάσσειν τὰ δόγματα τὰ κεκριμένα ὑπὸ τῶν ἀποστόλων καὶ πρεσβυτέρων τῶν ἐν Ἱεροσολύμοις.

그런데 그들이 도시들을 지나가고 있을 때, 그들은 그들에게 예루살렘에 있는 사도들과 장로들에 의해 결정된 의견을 전해주었다.

5절

Αἱ μὲν οὖν ἐκκλησίαι ἐστερεοῦντο τῇ πίστει καὶ ἐπερίσσευον τῷ ἀριθμῷ καθ᾽ ἡμέραν.

그러므로 교회들은 믿음이 강해지고 날마다 숫자가 넘치고 있었다.

6절

Διῆλθον δὲ τὴν Φρυγίαν καὶ Γαλατικὴν χώραν κωλυθέντες ὑπὸ τοῦ ἁγίου πνεύματος λαλῆσαι τὸν λόγον ἐν τῇ Ἀσίᾳ·

그런데 그들이 프리기아와 갈라디아 땅을 통과하고 있을 때, 그들이 아시아에서 말씀을 이야기하는 것이 성령에 의해 가로막히고 있었다.

7절

ἐλθόντες δὲ κατὰ τὴν Μυσίαν ἐπείραζον εἰς τὴν Βιθυνίαν πορευθῆναι, καὶ οὐκ εἴασεν αὐτοὺς τὸ πνεῦμα Ἰησοῦ·

그래서 그들은 무시아 아래쪽으로 가서 비두니아로 가려고 시도했으나 예수의 영이 그들을 허락하지 않았다.

8절

παρελθόντες δὲ τὴν Μυσίαν κατέβησαν εἰς Τρῳάδα.

그리하여 그들은 무시아 옆을 지나서 트로이로 내려갔다.

9절

Καὶ ὅραμα διὰ τῆς νυκτὸς τῷ Παύλῳ ὤφθη, ἀνὴρ Μακεδών τις ἦν ἑστὼς καὶ παρακαλῶν αὐτὸν καὶ λέγων· διαβὰς εἰς Μακεδονίαν βοήθη σον ἡμῖν.

그리고 밤에 바울에게 환상이 나타났는데, 어떤 마케도니아 남자가 서서 그를 부르며 말했다. "마케도니아로 건너와서 우리를 도와주세요!"

10절

ὡς δὲ τὸ ὅραμα εἶδεν, εὐθέως ἐζητήσαμεν ἐξελθεῖν εἰς Μακεδονίαν συμβιβάζοντες ὅτι προσκέκληται ἡμᾶς ὁ θεὸς εὐαγγελίσασθαι αὐτούς.

그러자 그가 환상을 보았을 때 우리는 하나님께서 그들에게 복음을 전하라고 우리를 부르셨다고 생각하고 즉시 마케도니아로 나가려고 노력했다.

11절

Ἀναχθέντες δὲ ἀπὸ Τρῳάδος εὐθυδρομήσαμεν εἰς Σαμοθράκην, τῇ δὲ ἐπιούσῃ εἰς Νέαν πόλιν

그래서 트로이에서 출항하여 사모드라케로 직행했다. 그리고 다음날은

네아폴리스로.

12절

κἀκεῖθεν εἰς Φιλίππους, ἥτις ἐστὶν πρώτῆς μερίδος τῆς Μακεδονίας

πόλις, κολωνία. Ἦμεν δὲ ἐν ταύτῃ τῇ πόλει διατρίβοντες ἡμέρας τινάς.

그리고 거기서 빌립보로 갔는데, 빌립보는 마케도니아 지역의 으뜸가는

도시이며 식민지였다. 그런데 우리는 이 도시에서 며칠을 보내고 있었다.

13절

τῇ τε ἡμέρᾳ τῶν σαββάτων ἐξήλθομεν ἔξω τῆς πύλης παρὰ ποταμὸν

οὗ ἐνομίζομεν προσευχὴν εἶναι, καὶ καθίσαντες ἐλαλοῦμεν ταῖς συνελ

θούσαις γυναιξίν.

그런데 우리는 안식일에 기도처가 있을 것으로 생각되는 문밖에 있는

강가로 나갔다. 그리고 앉아서 함께 온 여자들에게 이야기하고 있었다.

14절

καί τις γυνὴ ὀνόματι Λυδία, πορφυρόπωλις πόλεως Θυατείρων σεβο

μένη τὸν θεόν, ἤκουεν, ἧς ὁ κύριος διήνοιξεν τὴν καρδίαν προσέχειν

τοῖς λαλουμένοις ὑπὸ τοῦ Παύλου.

그리고 두아디라시의 자주색 옷감 장사이며 하나님을 경외하는 루디아

라는 어떤 여자가 듣고 있었는데, 하나님께서 그녀의 마음을 열어서 바울

에 의해 이야기되는 것들에 집중하게 하셨다.

15절

ὡς δὲ ἐβαπτίσθη καὶ ὁ οἶκος αὐτῆς, παρεκάλεσεν λέγουσα· εἰ κεκρί

κατέ με πιστὴν τῷ κυρίῳ εἶναι, εἰσελθόντες εἰς τὸν οἶκόν μου μένετε·

καὶ παρεβιάσατο ἡμᾶς.

그런데 그녀와 그녀의 집이 세례를 받았을 때 그녀가 요청하며 말했다.
"만약 당신들이 나를 주님께 충성스러운 여자라고 판단했다면 내 집으로
들어와 머물라." 그리고 그녀는 우리를 강제로 데려갔다.

해설

바나바와의 결별은 바울에게 엄청나게 충격적인 사건이다. 다메섹으로 가는 길에서 부활하신 주님을 만난 후 모두에게 의심과 경계의 대상이었던 그를 데리고 가서 사도들에게 소개해 준 사람이 바나바다. 길리기아 다소에 낙향하여 잊힌 존재로 있던 그를 찾아와 안디옥 교회로 데려간 사람도 바나바였다. 위대한 사도바울은 그렇게 바나바의 도움으로 탄생한 것이다. 그러므로 그런 바나바와 헤어진다는 것은 바울에게 죽음과 같은 것이다. 그러나 그것은 한편으로는 바울에게 자유를 주는 기회가 되었다. 왜냐하면 바나바와 동행하는 한 그는 항상 바나바의 정치적 그늘에서 벗어날 수 없었고 모든 일을 바나바와 의논해야 했기 때문이다. 이제 바나바의 울타리에서 해방된 그에게 새로운 차원의 선교 무대가 열리는데, 그것은 바로 유럽 선교다. 그리고 바울의 이 유럽 선교로 인해 인류 역사의 방향이 바뀐다. 바울은 아시아에서 복음을 전하려고 노력했으나 하나님께서는 그것을 허락하지 않으시고, 결국 환상을 통해 그를 유럽으로 부르신다. 이것은 인류 역사의 방향을 결정하는 것은 인간이 아니라 하나님이라는 것을 웅변적으로 말해준다. 하나님께서는 지극히 작은 것부터 인류의 역사와 우주 만물의 미래까지 친히 간섭하시고 다스리시는 절대 주권적 통치자이시다. 하나님께서 유럽 땅에 복음의 씨를 뿌리도록 인도하시는 과정에서 바울은 그의 선교 사역에 있어서 중요한 세 사람을 만나게 된다. 첫째는 디모데이고, 둘째는 환상 가운데 나타나 도와달라고 외쳤던 마케도니아 남자이고, 셋째는 빌립보교회를 같이 개척한 루디아다. 바나바와 갈라서는 슬픔과 고통 뒤에는, 아시아에서 복음을 전하려 애쓰지만 번번이 가로막히는 좌절 뒤에는, 하나님께서 예비해 놓으신 더 큰 축복의 문이 기다리고 있었던 것이다.

빌립보에서 있었던 일

사도행전 16:16-40

16절

Ἐγένετο δὲ πορευομένων ἡμῶν εἰς τὴν προσευχὴν παιδίσκην τινὰ ἔχουσαν πνεῦμα πύθωνα ὑπαντῆσαι ἡμῖν, ἥτις ἐργασίαν πολλὴν παρεῖ χεν τοῖς κυρίοις αὐτῆς μαντευομένη.

그런데 우리가 기도하러 갈 때 점치는 귀신을 가지고 있는 어떤 여종이 우리를 만났는데, 그녀는 점을 쳐서 자기의 주인들에게 많은 이익을 주고 있었다.

17절

αὕτη κατακολουθοῦσα τῷ Παύλῳ καὶ ἡμῖν ἔκραζεν λέγουσα· οὗτοι οἱ ἄνθρωποι δοῦλοι τοῦ θεοῦ τοῦ ὑψίστου εἰσίν, οἵτινες καταγγέλλουσ ιν ὑμῖν ὁδὸν σωτηρίας.

이 여자가 바울과 우리를 계속 쫓아다니면서 고함치며 말하고 있었다. "이 사람들은 지극히 높으신 하나님의 종들인데, 너희에게 구원의 길을 전파하고 있다."

18절

τοῦτο δὲ ἐποίει ἐπὶ πολλὰς ἡμέρας. διαπονηθεὶς δὲ Παῦλος καὶ ἐπιστρέψας τῷ πνεύματι εἶπεν· παραγγέλλω σοι ἐν ὀνόματι Ἰησοῦ Χρισ τοῦ ἐξελθεῖν ἀπ᾽ αὐτῆς· καὶ ἐξῆλθεν αὐτῇ τῇ ὥρᾳ.

그런데 그녀는 이것을 많은 날 동안 계속하고 있었다. 그러자 바울이 너무나 괴로운 나머지 그 영에게 돌아서서 말했다. "내가 예수 그리스도 의 이름으로 명하노니 그녀에게서 나가라." 그러자 귀신이 바로 그 시간 에 나갔다.

19절

Ἰδόντες δὲ οἱ κύριοι αὐτῆς ὅτι ἐξῆλθεν ἡ ἐλπὶς τῆς ἐργασίας αὐτῶν, ἐπιλαβόμενοι τὸν Παῦλον καὶ τὸν Σιλᾶν εἵλκυσαν εἰς τὴν ἀγορὰν ἐπὶ τοὺς ἄρχοντας

그런데 그녀의 주인들은 자기들의 이익의 소망이 사라진 것을 보고 바울 과 실라를 붙잡아 아고라에 있는 행정관들에게 끌고 갔다.

20절

καὶ προσαγαγόντες αὐτοὺς τοῖς στρατηγοῖς εἶπαν· οὗτοι οἱ ἄνθρω ποι ἐκταράσσουσιν ἡμῶν τὴν πόλιν, Ἰουδαῖοι ὑπάρχοντες,

그리고 그들을 지방 장관들에게 데리고 가서 말했다. "이 사람들은 유대 인들이면서 우리의 도시를 어지럽히며

21절

καὶ καταγγέλλουσιν ἔθη ἃ οὐκ ἔξεστιν ἡμῖν παραδέχεσθαι οὐδὲ

πoιεῖν Ῥωμαίοις οὖσιν.

로마인들인 우리에게 받아들이거나 행하기에 합당하지 않은 관습을 전
파하고 있다."

22절

καὶ συνεπέστη ὁ ὄχλος κατ᾽ αὐτῶν καὶ οἱ στρατηγοὶ περιρήξαντες
αὐτῶν τὰ ἱμάτια ἐκέλευον ῥαβδίζειν,

그리고 군중이 다가와 그들을 고발하자 지방 장관들은 자기들의 겉옷을
찢으며 몽둥이로 때리라고 명령했다.

23절

πολλάς τε ἐπιθέντες αὐτοῖς πληγὰς ἔβαλον εἰς φυλακὴν παραγγείλα
ντες τῷ δεσμοφύλακι ἀσφαλῶς τηρεῖν αὐτούς.

그리고 그들에게 많은 상처를 주고 나서 감옥에 던지고 간수에게 그들을
확실히 지키라고 명령했다.

24절

ὃς παραγγελίαν τοιαύτην λαβὼν ἔβαλεν αὐτοὺς εἰς τὴν ἐσωτέραν
φυλακὴν καὶ τοὺς πόδας ἠσφαλίσατο αὐτῶν εἰς τὸ ξύλον.

그리고 간수는 이 명령을 받고 그들을 가장 깊은 감옥에 던지고 그들의
발들을 나무에 단단히 묶어 놓았다.

25절

Κατὰ δὲ τὸ μεσονύκτιον Παῦλος καὶ Σιλᾶς προσευχόμενοι ὕμνουν τὸν θεόν, ἐπηκροῶντο δὲ αὐτῶν οἱ δέσμιοι.

그런데 한밤중에 바울과 실라가 기도하면서 하나님을 찬양하고 있었는데, 죄수들이 주의 깊게 듣고 있었다.

26절

ἄφνω δὲ σεισμὸς ἐγένετο μέγας ὥστε σαλευθῆναι τὰ θεμέλια τοῦ δεσμωτηρίου· ἠνεῴχθησαν δὲ παραχρῆμα αἱ θύραι πᾶσαι καὶ πάντων τὰ δεσμὰ ἀνέθη.

그러자 갑자기 큰 지진이 일어나 감옥의 기초들이 흔들리고 즉시 모든 문들이 열리고 모든 사람의 결박이 벗겨졌다.

27절

ἔξυπνος δὲ γενόμενος ὁ δεσμοφύλαξ καὶ ἰδὼν ἀνεῳγμένας τὰς θύρας τῆς φυλακῆς, σπασάμενος τὴν μάχαιραν ἤμελλεν ἑαυτὸν ἀναιρεῖν νομίζων ἐκπεφευγέναι τοὺς δεσμίους.

그런데 간수가 잠에서 깨어나 감옥의 문들이 열린 것을 보고 죄수들이 도망친 것으로 생각하고 칼을 빼어 자기 자신을 죽이려고 했다.

28절

ἐφώνησεν δὲ μεγάλῃ φωνῇ ὁ Παῦλος λέγων· μηδὲν πράξῃς σεαυτῷ κακόν, ἅπαντες γάρ ἐσμεν ἐνθάδε.

그러자 바울이 큰 소리로 외치며 말했다. "너 자신에게 아무 해로운 일을 저지르지 말라. 왜냐하면 우리는 모두 안에 있기 때문이다."

29절

αἰτήσας δὲ φῶτα εἰσεπήδησεν καὶ ἔντρομος γενόμενος προσέπεσεν τῷ Παύλῳ καὶ τῷ Σιλᾷ

그러자 간수가 불빛을 찾아서 안으로 뛰어 들어가 두려움에 사로잡혀 바울과 실라 앞에 엎드렸다.

30절

καὶ προαγαγὼν αὐτοὺς ἔξω ἔφη· κύριοι, τί με δεῖ ποιεῖν ἵνα σωθῶ;

그리고 그들을 밖으로 데리고 나와서 엄숙하게 말했다. "주인님들아, 내가 구원을 받으려면 무엇을 해야 하느냐?"

31절

οἱ δὲ εἶπαν· πίστευσον ἐπὶ τὸν κύριον Ἰησοῦν καὶ σωθήσῃ σὺ καὶ ὁ οἶκός σου.

그러자 그들이 말했다. "주 예수를 믿으라. 그러면 너와 너의 집이 구원받을 것이다."

32절

καὶ ἐλάλησαν αὐτῷ τὸν λόγον τοῦ κυρίου σὺν πᾶσιν τοῖς ἐν τῇ οἰκίᾳ αὐτοῦ.

그리고 그들은 그와 그의 모든 집안 사람들에게 주님의 말씀을 이야기했다.

33절

καὶ παραλαβὼν αὐτοὺς ἐν ἐκείνῃ τῇ ὥρᾳ τῆς νυκτὸς ἔλουσεν ἀπὸ τῶν πληγῶν, καὶ ἐβαπτίσθη αὐτὸς καὶ οἱ αὐτοῦ πάντες παραχρῆμα,

그리고 간수는 그 밤 저 시간에 그들을 데리고 가서 상처를 씻어주고 즉시 그 자신과 그의 모든 식구가 세례를 받았다.

34절

ἀναγαγών τε αὐτοὺς εἰς τὸν οἶκον παρέθηκεν τράπεζαν καὶ ἠγαλλιά σατο πανοικεὶ πεπιστευκὼς τῷ θεῷ.

그리고 그는 그들을 집으로 데려가서 식탁을 차리고 온 가족과 함께 하나님을 믿으며 즐거워했다.

35절

Ἡμέρας δὲ γενομένης ἀπέστειλαν οἱ στρατηγοὶ τοὺς ῥαβδούχους λέγοντες· ἀπόλυσον τοὺς ἀνθρώπους ἐκείνους.

그런데 날이 밝았을 때 지방 장관들은 형 집행관들을 보내며 말했다. "저 사람들을 석방하라."

36절

ἀπήγγειλεν δὲ ὁ δεσμοφύλαξ τοὺς λόγους τούτους πρὸς τὸν Παῦλον ὅτι ἀπέσταλκαν οἱ στρατηγοὶ ἵνα ἀπολυθῆτε· νῦν οὖν ἐξελθόντες πορε ύεσθε ἐν εἰρήνῃ.

그러자 간수는 바울과 실라에게 이 말들을 전했다. "지방 장관들이 당신들이 석방되도록 사람들을 보냈으니, 이제 나와서 평안히 가라."

37절

ὁ δὲ Παῦλος ἔφη πρὸς αὐτούς· δείραντες ἡμᾶς δημοσίᾳ ἀκατακρίτο
υς, ἀνθρώπους Ῥωμαίους ὑπάρχοντας, ἔβαλαν εἰς φυλακήν, καὶ νῦν
λάθρᾳ ἡμᾶς ἐκβάλλουσιν; οὐ γάρ, ἀλλ᾽ ἐλθόντες αὐτοὶ ἡμᾶς ἐξαγαγέτω
σαν.

그러자 바울이 그들을 향하여 엄숙히 말했다. "그들이 유죄 판결을 받지
않은 로마인인 우리를 공개적으로 때린 후 감옥에 가두었다가 이제 은밀
히 우리를 내쫓으려느냐? 그러므로 안 된다. 대신에 그들이 와서 우리를
데리고 나가게 하라."

38절

ἀπήγγειλαν δὲ τοῖς στρατηγοῖς οἱ ῥαβδοῦχοι τὰ ῥήματα ταῦτα. ἐφο
βήθησαν δὲ ἀκούσαντες ὅτι Ῥωμαῖοί εἰσιν,

그러자 형 집행관들이 지방 장관들에게 이 말들을 전했다. 그러자 지방
장관들은 그들이 로마인들이라는 말을 듣고 무서워했다.

39절

καὶ ἐλθόντες παρεκάλεσαν αὐτοὺς καὶ ἐξαγαγόντες ἠρώτων ἀπελθ
εῖν ἀπὸ τῆς πόλεως.

그리고 와서 그들을 불러 밖으로 데리고 나온 후 그 도시에서 떠나 줄
것을 요구했다.

40절

ἐξελθόντες δὲ ἀπὸ τῆς φυλακῆς εἰσῆλθον πρὸς τὴν Λυδίαν καὶ ἰδόν τες παρεκάλεσαν τοὺς ἀδελφοὺς καὶ ἐξῆλθαν.

그런데 그들은 감옥에서 나온 후 루디아를 향하여 들어갔다. 그리고 보고 나서 형제들을 위로하고 나갔다.

해설

빌립보에서 일어난 이 소동과 박해는 돈 때문에 일어난 일이다. 그것은 세상의 본질이 무엇인지 보여준다. 세상은 돈을 중심으로 움직이고 있다. 민주주의가 발달했다는 그리스 땅에서도 세상의 주인은 돈이었다. 점치는 귀신이 들렸던 한 영혼이 구원받은 것은 그들의 관심사가 아니다. 그들은 점치는 귀신 들린 한 불쌍한 여종을 돈벌이 수단으로 이용하는 일에 공동투자를 했을 정도로 경제적 사고에 능했다. 그들은 군중을 선동하여 지방 권력까지 움직이는 힘이 있다. 법치 국가였던 로마제국에서도 지방의 통치자들은 돈 많은 사람들과 군중의 눈치를 보며 불법을 자행한다. 반면에 하나님 나라는 예수 그리스도의 이름과 함께 그 어둠의 영적 세계를 깨뜨리며 나타난다. 그들은 그 광명한 구원의 빛 앞에 모두 무릎을 꿇고 경배했어야 한다. 그러나 그들은 자기들을 찾아온 구원의 하나님 대신에 돈과 권력과 욕망을 따른다. 그러는 가운데 빌립보 감옥에서 죄수들을 지키는 간수와 그의 가정이 구원받는 기적이 일어난다. 그들은 어둠에서 빛으로, 사탄의 권세에서 하나님의 은혜의 품으로 건너왔는데, 그것은 사도들이 당한 고난과 박해의 열매였다.

유대인들의 소동

사도행전 17:1-15

1절

Διοδεύσαντες δὲ τὴν Ἀμφίπολιν καὶ τὴν Ἀπολλωνίαν ἦλθον εἰς Θεσσαλονίκην ὅπου ἦν συναγωγὴ τῶν Ἰουδαίων.

그런데 그들은 암피폴리스와 아폴로니아를 두루 여행한 후 유대인들의 회당이 있는 데살로니카로 갔다.

2절

κατὰ δὲ τὸ εἰωθὸς τῷ Παύλῳ εἰσῆλθεν πρὸς αὐτοὺς καὶ ἐπὶ σάββατα τρία διελέξατο αὐτοῖς ἀπὸ τῶν γραφῶν,

그런데 바울은 습관을 따라 그들에게 들어가서 세 번의 안식일에 걸쳐 성경을 가지고 그들에게 강론하며,

3절

διανοίγων καὶ παρατιθέμενος ὅτι τὸν χριστὸν ἔδει παθεῖν καὶ ἀναστ ῆναι ἐκ νεκρῶν καὶ ὅτι οὗτός ἐστιν ὁ χριστὸς ὃ Ἰησοῦς ὃν ἐγὼ καταγγέλ λω ὑμῖν.

그리스도는 반드시 고난을 받고 죽은 자들 가운데서 일어나야 하며 "내

가 너희에게 전파하는 이 예수가 그리스도다"라고 자세히 설명하며 제
시했다.

4절

καί τινες ἐξ αὐτῶν ἐπείσθησαν καὶ προσεκληρώθησαν τῷ Παύλῳ
καὶ τῷ Σιλᾷ, τῶν τε σεβομένων Ἑλλήνων πλῆθος πολύ, γυναικῶν τε
τῶν πρώτων οὐκ ὀλίγαι.

그리고 그들 중 어떤 사람들이 설득되어 바울과 실라에게 넘어오게 되었
는데, 그들은 경건한 헬라인들의 많은 무리와 귀부인 중 적지 않은 사람들
이었다.

5절

Ζηλώσαντες δὲ οἱ Ἰουδαῖοι καὶ προσλαβόμενοι τῶν ἀγοραίων ἄνδρ
ας τινὰς πονηροὺς καὶ ὀχλοποιήσαντες ἐθορύβουν τὴν πόλιν καὶ ἐπιστ
άντες τῇ οἰκίᾳ Ἰάσονος ἐζήτουν αὐτοὺς προαγαγεῖν εἰς τὸν δῆμον·

그러자 유대인들이 시기하여 시장 바닥에서 노는 어떤 악한 자들을 끌어
들여 무리를 모은 후 그 도시를 시끄럽게 만들었다. 그리고 야손의 집에
나타나 폭도들에게 끌어내기 위해 바울과 실라를 찾고 있었다.

6절

μὴ εὑρόντες δὲ αὐτοὺς ἔσυρον Ἰάσονα καί τινας ἀδελφοὺς ἐπὶ τοὺς
πολιτάρχας βοῶντες ὅτι οἱ τὴν οἰκουμένην ἀναστατώσαντες οὗτοι καὶ
ἐνθάδε πάρεισιν,

그러나 그들을 발견하지 못하자 그들은 야손과 어떤 형제들을 그 도시의

통치자들에게 끌고 가서 외쳤다. "온 세상을 소란하게 하는 이 사람들이 여기에도 왔는데,

7절

οὓς ὑποδέδεκται Ἰάσων· καὶ οὗτοι πάντες ἀπέναντι τῶν δογμάτων Καίσαρος πράσσουσιν βασιλέα ἕτερον λέγοντες εἶναι Ἰησοῦν.

그들을 야손이 반갑게 맞아들였다. 그리고 이 사람들은 모두 예수라는 다른 왕이 있다고 말하면서 카이사르의 명령을 거역하며 행동하고 있다."

8절

ἐτάραξαν δὲ τὸν ὄχλον καὶ τοὺς πολιτάρχας ἀκούοντας ταῦτα,

그리고 그들은 군중과 이 말을 듣고 있던 도시의 통치자들을 선동했는데,

9절

καὶ λαβόντες τὸ ἱκανὸν παρὰ τοῦ Ἰάσονος καὶ τῶν λοιπῶν ἀπέλυσαν αὐτούς.

도시의 통치자들은 야손과 나머지 사람들에게서 상당한 돈을 받고 그들을 석방했다.

10절

Οἱ δὲ ἀδελφοὶ εὐθέως διὰ νυκτὸς ἐξέπεμψαν τόν τε Παῦλον καὶ τὸν Σιλᾶν εἰς Βέροιαν, οἵτινες παραγενόμενοι εἰς τὴν συναγωγὴν τῶν Ἰουδαίων ἀπῄεσαν.

그러자 형제들은 즉시 밤중에 바울과 실라를 베뢰아로 내보냈는데, 그들

은 도착해서 유대인들의 회당으로 갔다.

11절

οὗτοι δὲ ἦσαν εὐγενέστεροι τῶν ἐν Θεσσαλονίκῃ, οἵτινες ἐδέξαντο τὸν λόγον μετὰ πάσης προθυμίας καθ᾽ ἡμέραν ἀνακρίνοντες τὰς γραφὰς εἰ ἔχοι ταῦτα οὕτως.

그런데 베뢰아 사람들은 데살로니카에 있는 사람들보다 고상하여 모든 열심을 가지고 말씀을 받아들이고 날마다 성경을 통해 이것들이 과연 사실인가 연구하고 있었다.

12절

πολλοὶ μὲν οὖν ἐξ αὐτῶν ἐπίστευσαν καὶ τῶν Ἑλληνίδων γυναικῶν τῶν εὐσχημόνων καὶ ἀνδρῶν οὐκ ὀλίγοι.

그리하여 그들 중 많은 사람, 곧 헬라의 귀부인들과 남자들 중 적지 않은 사람들이 믿었다.

13절

Ὡς δὲ ἔγνωσαν οἱ ἀπὸ τῆς Θεσσαλονίκης Ἰουδαῖοι ὅτι καὶ ἐν τῇ Βεροίᾳ κατηγγέλη ὑπὸ τοῦ Παύλου ὁ λόγος τοῦ θεοῦ, ἦλθον κἀκεῖ σαλεύοντες καὶ ταράσσοντες τοὺς ὄχλους.

그런데 데살로니카에서 온 유대인들이 하나님의 말씀이 바울에 의해 베뢰아에서도 전파되고 있는 것을 알고서 거기에도 와서 군중을 흔들고 선동했다.

14절

εὐθέως δὲ τότε τὸν Παῦλον ἐξαπέστειλαν οἱ ἀδελφοὶ πορεύεσθαι
ἕως ἐπὶ τὴν θάλασσαν, ὑπέμεινάν τε ὅ τε Σιλᾶς καὶ ὁ Τιμόθεος ἐκεῖ.

그러자 그때 즉시 형제들이 바울을 내보내서 바다까지 가게 했다.

15절

οἱ δὲ καθιστάνοντες τὸν Παῦλον ἤγαγον ἕως Ἀθηνῶν, καὶ λαβόντες
ἐντολὴν πρὸς τὸν Σιλᾶν καὶ τὸν Τιμόθεον ἵνα ὡς τάχιστα ἔλθωσιν πρὸς
αὐτὸν ἐξῄεσαν.

그런데 책임을 맡은 사람들은 아테네까지 바울을 데리고 갔다. 그리고
그들은 최대한 빨리 그에게 오라는 실라와 디모데를 향한 명령을 받고서
떠났다.

해설

　　나사렛 예수를 죽였던 유대인들은 어디를 가든지 교회를 집요하게 괴롭히고 있는데, 그것은 스스로 하늘의 축복을 걷어차는 어리석은 행동이다. 그리하여 기독교는 어쩔 수 없이 유대교를 떠나 자기의 길을 간다. 유대인들의 기독교에 대한 적개심은 자기들만 하나님의 선택받은 백성이라는 배타적 우월의식 때문인데, 지금도 대다수의 유대인은 이 허망한 사상을 가지고 있다. 그러나 그들이 하나님의 백성이 된 것은 자신들의 의로움과 공로 때문이 아니라 하나님의 은혜로 된 것이라는 사실을 성경은 분명히 말씀하고 있다. 데살로니카와 베뢰아에서 일어난 일을 통해 우리는 그 당시 지중해 주변의 모든 도시마다 유대인 공동체가 있었음을 알 수 있다. 그와 동시에 그 공동체들의 신학과 사상이 통일되었던 것은 아니라는 사실도 확인된다. 한 가지 흥미로운 점은 그렇게 동족으로부터 모진 박해와 폭행을 당하면서도 끈질기게 유대인들의 회당을 찾아가 구원의 복음을 전하는 바울의 태도다. 그것은 이스라엘 백성을 향한 하나님의 사랑의 성실성을 증명하는 것이다. 그 결과 바울은 가는 곳마다 풍성한 전도의 열매를 맺는 목회의 복을 누린다. 사도행전은 우리에게 로마제국의 역사적 실체의 일부분을 들여다볼 수 있는 기회를 제공해 준다. 행정과 사법 제도의 민주적 절차, 로마 시민의 인권 보호, 개인적 여행의 자유, 여성의 사회 활동, 종교적 관용 등은 기독교 선교에 매우 좋은 환경이었다. 누가는 로마제국에 대해 상당히 우호적인 태도를 보이는데, 이것은 기독교가 종말론적 긴장에서 벗어나 역사 속에 뿌리를 내리고 있는 시대적 변화를 반영하는 것이다.

바울의 아테네 설교
사도행전 17:16-34

16절

Ἐν δὲ ταῖς Ἀθήναις ἐκδεχομένου αὐτοὺς τοῦ Παύλου παρωξύνετο τὸ πνεῦμα αὐτοῦ ἐν αὐτῷ θεωροῦντος κατείδωλον οὖσαν τὴν πόλιν.

그런데 바울이 아테네에서 그들을 기다리고 있을 때 그 도시가 우상들로 뒤덮인 것을 보고서 그 안에서 영이 날카로워졌다.

17절

διελέγετο μὲν οὖν ἐν τῇ συναγωγῇ τοῖς Ἰουδαίοις καὶ τοῖς σεβομένοις καὶ ἐν τῇ ἀγορᾷ κατὰ πᾶσαν ἡμέραν πρὸς τοὺς παρατυγχάνοντας.

그러므로 그는 회당에서는 유대인들과 경건한 자들에게 그리고 아고라에서는 매일 우연히 만나는 사람들을 향하여 토론하고 있었다.

18절

τινὲς δὲ καὶ τῶν Ἐπικουρείων καὶ Στοϊκῶν φιλοσόφων συνέβαλλον αὐτῷ, καί τινες ἔλεγον· τί ἂν θέλοι ὁ σπερμολόγος οὗτος λέγειν; οἱ δέ· ξένων δαιμονίων δοκεῖ καταγγελεὺς εἶναι, ὅτι τὸν Ἰησοῦν καὶ τὴν ἀνάστασιν εὐηγγελίζετο.

그런데 에피쿠로스학파와 스토아학파의 철학자들 중에 어떤 사람들도 그와 함께 토론하고 있었다. 그리고 어떤 사람들은 말하고 있었다. "이 돌팔이가 도대체 무엇을 말하려고 하는 것이냐?" 그런데 어떤 사람들은 말했다. "그는 외국 귀신을 전파하는 사람인 것으로 보인다." 왜냐하면 그가 예수와 부활을 전하고 있었기 때문이다.

19절

ἐπιλαβόμενοί τε αὐτοῦ ἐπὶ τὸν Ἄρειον πάγον ἤγαγον λέγοντες· δυν άμεθα γνῶναι τίς ἡ καινὴ αὕτη ἡ ὑπὸ σοῦ λαλουμένη διδαχή;

그리고 사람들은 그를 데리고 아레오파고스로 가서 말했다. "우리가 너에 의해 말하여지는 이 새로운 가르침이 무엇인지 알 수 있겠느냐?

20절

ξενίζοντα γάρ τινα εἰσφέρεις εἰς τὰς ἀκοὰς ἡμῶν· βουλόμεθα οὖν γνῶναι τίνα θέλει ταῦτα εἶναι.

왜냐하면 네가 우리의 귓속에 어떤 이상한 것들을 가지고 들어오기 때문이다. 그러므로 우리는 이것들이 무엇인지 알기 원한다."

21절

Ἀθηναῖοι δὲ πάντες καὶ οἱ ἐπιδημοῦντες ξένοι εἰς οὐδὲν ἕτερον ηὐκαίρουν ἢ λέγειν τι ἢ ἀκούειν τι καινότερον.

그런데 모든 아테네 사람과 거류하는 외국인은 더 새로운 무엇을 말하거나 듣는 것 외에는 다른 어떤 것을 위해 시간을 보내지 않고 있었다.

22절

Σταθεὶς δὲ ὁ Παῦλος ἐν μέσῳ τοῦ Ἀρείου πάγου ἔφη· ἄνδρες Ἀθηνα
ῖοι, κατὰ πάντα ὡς δεισιδαιμονεστέρους ὑμᾶς θεωρῶ.

그러자 바울이 아레오파고스 한가운데 일어서서 엄숙히 말했다. "아테
네 사람들아, 너희는 모든 것에 종교성이 강한 것으로 나는 보고 있다.

23절

διερχόμενος γὰρ καὶ ἀναθεωρῶν τὰ σεβάσματα ὑμῶν εὗρον καὶ
βωμὸν ἐν ᾧ ἐπεγέγραπτο· Ἀγνώστῳ θεῷ. ὃ οὖν ἀγνοοῦντες εὐσεβεῖτε,
τοῦτο ἐγὼ καταγγέλλω ὑμῖν.

왜냐하면 내가 지나갈 때 너희의 경배의 대상들과 그 안에 '알려지지 않은
신에게'라고 기록된 제단을 발견했기 때문이다. 그러므로 너희가 알지
못하고 예배하는 이것을 내가 너희에게 알려주겠다.

24절

ὁ θεὸς ὁ ποιήσας τὸν κόσμον καὶ πάντα τὰ ἐν αὐτῷ, οὗτος οὐρανοῦ
καὶ γῆς ὑπάρχων κύριος οὐκ ἐν χειροποιήτοις ναοῖς κατοικεῖ

세계와 그 안에 있는 모든 것들을 만드신 하나님, 이분은 하늘과 땅의
주인이시기 때문에 손으로 만들어진 신전에는 거주하지 않으신다.

25절

οὐδὲ ὑπὸ χειρῶν ἀνθρωπίνων θεραπεύεται προσδεόμενός τινος, αὐτ
ὸς διδοὺς πᾶσιν ζωὴν καὶ πνοὴν καὶ τὰ πάντα·

또한 무엇을 더욱 원하는 것처럼 사람들의 손에 의해 봉사를 받지도

않으시고, 그분 자신이 모든 사람에게 생명과 호흡과 모든 것을 주시는
분이시다.

26절

ἐποίησέν τε ἐξ ἑνὸς πᾶν ἔθνος ἀνθρώπων κατοικεῖν ἐπὶ παντὸς προσ
ώπου τῆς γῆς, ὁρίσας προστεταγμένους καιροὺς καὶ τὰς ὁροθεσίας τῆς
κατοικίας αὐτῶν

그리고 한 사람에게서 모든 민족을 만드시고 온 지면에 거주하도록 하시
고, 계절들과 그들의 거주의 경계를 명령하여 정하셨다.

27절

ζητεῖν τὸν θεόν, εἰ ἄρα γε ψηλαφήσειαν αὐτὸν καὶ εὕροιεν, καί
γε οὐ μακρὰν ἀπὸ ἑνὸς ἑκάστου ἡμῶν ὑπάρχοντα.

따라서 사람들이 그분을 만지거나 발견하기를 원한다면 하나님을 찾을
수 있다. 그리고 분명히 그분은 너희 각자에게서 멀리 계시지 않는다.

28절

ἐν αὐτῷ γὰρ ζῶμεν καὶ κινούμεθα καὶ ἐσμέν,
ὡς καί τινες τῶν καθ᾽ ὑμᾶς ποιητῶν εἰρήκασιν·
τοῦ γὰρ καὶ γένος ἐσμέν.

왜냐하면 너희 중에 있는 어떤 시인들이,
'우리는 그의 소생이다'
라고 말한 것처럼 우리는 그분 안에서 살고 움직이며 존재하고 있기 때문
이다.

29절

γένος οὖν ὑπάρχοντες τοῦ θεοῦ οὐκ ὀφείλομεν νομίζειν χρυσῷ ἢ ἀργύρῳ ἢ λίθῳ, χαράγματι τέχνης καὶ ἐνθυμήσεως ἀνθρώπου, τὸ θεῖον εἶναι ὅμοιον.

그러므로 우리가 하나님의 소생이므로 신의 속성을 금이나 은이나 나무에 기술과 사람의 생각을 새긴 것과 같은 것이라고 생각해서는 안 된다.

30절

τοὺς μὲν οὖν χρόνους τῆς ἀγνοίας ὑπεριδὼν ὁ θεός, τὰ νῦν παραγγέλλει τοῖς ἀνθρώποις πάντας πανταχοῦ μετανοεῖν,

그러므로 무지의 시간들을 눈감아 주신 하나님께서 지금은 모든 사람이 모든 곳에서 회개할 것을 사람들에게 명령하신다.

31절

καθότι ἔστησεν ἡμέραν ἐν ᾗ μέλλει κρίνειν τὴν οἰκουμένην ἐν δικαιοσύνῃ, ἐν ἀνδρὶ ᾧ ὥρισεν, πίστιν παρασχὼν πᾶσιν ἀναστήσας αὐτὸν ἐκ νεκρῶν.

왜냐하면 그분께서 정하신 사람 안에서 온 세상을 의로 심판하실 날을 세우시고, 그를 죽은 자들 가운데서 일으키심으로 모든 사람에게 믿음을 주셨기 때문이다."

32절

Ἀκούσαντες δὲ ἀνάστασιν νεκρῶν οἱ μὲν ἐχλεύαζον, οἱ δὲ εἶπαν· ἀκουσόμεθά σου περὶ τούτου καὶ πάλιν.

그런데 죽은 자들의 부활을 듣고 어떤 사람들은 비웃고 있었다. 그러나 어떤 사람들은 말했다. "우리가 이것에 대하여 다시 너의 말을 들을 것이다."

33절

οὕτως ὁ Παῦλος ἐξῆλθεν ἐκ μέσου αὐτῶν.

그렇게 바울은 그들 가운데서 떠나갔다.

34절

τινὲς δὲ ἄνδρες κολληθέντες αὐτῷ ἐπίστευσαν, ἐν οἷς καὶ Διονύσιος ὁ Ἀρεοπαγίτης καὶ γυνὴ ὀνόματι Δάμαρις καὶ ἕτεροι σὺν αὐτοῖς.

그런데 어떤 사람들은 그에게 연합되어 믿었다. 그들 중에는 아레오파고스의 재판관인 디오니시오스와 다마리스(암소)라는 여자 그리고 그들과 함께 다른 사람들도 있었다.

해설

마케도니아에서 일어난 박해를 피해 아테네로 내려온 바울은 당대 최고의 문화 도시가 우상으로 뒤덮인 것을 보고 크게 분노한다. 그리고 매일 논쟁을 통해 유대인들과 헬라인들에게 예수를 전한다. 그러나 헬라의 에피쿠로스와 스토아 철학자들은 그를 돌팔이 혹은 외국 귀신을 전파하는 자라고 무시한다. 그리고 그를 아레스 언덕(아레오파고스)으로 데리고 가서 그가 말하는 새로운 종교적 가르침에 대해 말해주기를 요구한다. 그리하여 바울의 역사적인 아테네 설교가 시작된다. 그러나 그는 성경에 대한 지식이 없는 헬라인들에게 강해 설교나 간증 설교 대신에 신학적 변증 설교를 시도한다. 그는 먼저 헬라인들의 종교성이 강한 것을 언급한 후 그가 발견했던, 알려지지 않은 신을 위해 세워진 제단에 대해 말한다. 그리고 그 알려지지 않은 신을 성경에 계시된 창조주 하나님과 연결시킨다. 그는 우주 만물을 창조하시고 다스리시는 하나님은 너무나 영광스러운 분이시기 때문에 사람의 손으로 지은 신전에는 거주하지 않는다고 선포한다. 그리고 사람의 기술이나 생각을 금이나 은이나 나무에 새겨놓은 것을 하나님의 영원한 신성으로 생각하면 안 된다고 말한다. 그리고 하나님께서는 지나간 시대는 모든 민족이 하나님을 모르고 자기 마음대로 자의적 종교 생활을 하도록 내버려두셨지만, 이제는 하나님께서 정해놓으신 사람인 예수를 죽은 자들 가운데서 일으키시고 그분 안에서 온 세상을 의로 심판할 날을 준비해 놓으셨으니 회개하고 그를 믿으라고 선포한다. 대부분의 사람들이 비웃는 중에도 재판관인 디오니시오스와 다마리스라는 여자와 몇몇 사람은 바울이 전한 복음을 믿고 구원받는다.

사도행전에는 바울의 설교가 세 개 실려 있는데, 첫째는 비시디아 안디옥의 유대교 회당에서 행한 강해 설교이고, 둘째는 아테네 아크로폴리스의 아레스 언덕에서 헬라인들에게 행한 신학적 변증 설교이고, 셋째는 로마군 사령부로 올라가는 계단에서 유대인 폭도들에게 행한 간증 설교다. 이 중에서 바울의 아레스 언덕 설교의 특징은 헬라인들의 종교 생활이라는 역사적 사실에서 이야기의 실마리를 풀어가는 방법을 썼다는 것이다. 그리고 그것은 주변에 널려 있는 여러 가지 사물을 설교의 소재로 사용하신 예수님의 설교 기법과 같다. 이것은 모든 시대의 목회자에게 어떤 방향성을 제시하는 구체적 사례라고 할 수 있다.

Ἄρειος Πάγος
아레이오스 파고스
아레스의 언덕

아레스는 전쟁의 신이다. 아레스 언덕은 전쟁이 일어났을 때 아테네 시민들이 토론하기 위해 모였던 장소로 아테네 아크로폴리스에 있다.

"종교성이 강한"
δεισιδαιμονεστερος
데이시다이모네스테로스

귀신을 매우 무서워하는

"돌팔이"

σπερμολογος

스페르모로고스

단편적인 지식을 줍는 자

바울의 고린도 선교

사도행전 18:1-28

1절

Μετὰ ταῦτα χωρισθεὶς ἐκ τῶν Ἀθηνῶν ἦλθεν εἰς Κόρινθον.

이 일들 후에 그는 아테네에서 물러나 고린도로 갔다.

2절

καὶ εὑρών τινα Ἰουδαῖον ὀνόματι Ἀκύλαν, Ποντικὸν τῷ γένει προσ

φάτως ἐληλυθότα ἀπὸ τῆς Ἰταλίας καὶ Πρίσκιλλαν γυναῖκα αὐτοῦ,

διὰ τὸ διατεταχέναι Κλαύδιον χωρίζεσθαι πάντας τοὺς Ἰουδαίους ἀπὸ

τῆς Ῥώμης, προσῆλθεν αὐτοῖς

그리고 폰토스 출생으로 최근에 이탈리아에서 온 아퀼라와 그의 아내 프리스킬라라는 어떤 유대인들을 만났는데, 그것은 클라우디우스가 모든 유대인은 로마에서 떠나라고 명령했기 때문이었다. 바울은 그들에게로 나아갔다.

3절

καὶ διὰ τὸ ὁμότεχνον εἶναι ἔμενεν παρ᾽ αὐτοῖς, καὶ ἠργάζετο· ἦσαν

γὰρ σκηνοποιοὶ τῇ τέχνῃ.

그리고 같은 직업이었기 때문에 그는 그들 곁에 머물면서 일하고 있었다. 그들은 직업이 천막 만드는 사람들이었다.

4절

Διελέγετο δὲ ἐν τῇ συναγωγῇ κατὰ πᾶν σάββατον ἔπειθέν τε Ἰουδαίους καὶ Ἕλληνας.

그런데 바울은 모든 안식일마다 회당에서 강론하며 유대인들과 헬라인들을 설득하고 있었다.

5절

Ὡς δὲ κατῆλθον ἀπὸ τῆς Μακεδονίας ὅ τε Σιλᾶς καὶ ὁ Τιμόθεος, συνείχετο τῷ λόγῳ ὁ Παῦλος διαμαρτυρόμενος τοῖς Ἰουδαίοις εἶναι τὸν χριστὸν Ἰησοῦν.

그런데 마케도니아에서 실라와 디모데가 내려왔을 때, 바울은 말씀에 사로잡혀서 유대인들에게 예수가 그리스도라고 증거하고 있었다.

6절

ἀντιτασσομένων δὲ αὐτῶν καὶ βλασφημούντων ἐκτιναξάμενος τὰ ἱμάτια εἶπεν πρὸς αὐτούς· τὸ αἷμα ὑμῶν ἐπὶ τὴν κεφαλὴν ὑμῶν· καθαρὸς ἐγὼ ἀπὸ τοῦ νῦν εἰς τὰ ἔθνη πορεύσομαι.

그런데 그들이 저항하며 비방하자 그는 겉옷을 털면서 그들을 향하여 말했다. "너희의 피는 너희의 머리 위에 돌아갈 것이다. 나는 깨끗하고 이제부터는 이방인들에게 갈 것이다."

7절

καὶ μεταβὰς ἐκεῖθεν εἰσῆλθεν εἰς οἰκίαν τινὸς ὀνόματι Τιτίου Ἰούσ
του σεβομένου τὸν θεόν, οὗ ἡ οἰκία ἦν συνομοροῦσα τῇ συναγωγῇ.

그리고 그는 거기서 옮겨 하나님을 경외하는 티투스 유스투스라는 어떤
사람의 집으로 들어갔는데, 그의 집은 회당에 인접해 있었다.

8절

Κρίσπος δὲ ὁ ἀρχισυνάγωγος ἐπίστευσεν τῷ κυρίῳ σὺν ὅλῳ τῷ οἴκῳ
αὐτοῦ, καὶ πολλοὶ τῶν Κορινθίων ἀκούοντες ἐπίστευον καὶ ἐβαπτίζοντο.

그런데 회당장 크리스포스는 그의 온 집과 함께 주님을 믿었다. 그리고
고린도인 중에 많은 사람이 듣고 믿으며 세례를 받고 있었다.

9절

Εἶπεν δὲ ὁ κύριος ἐν νυκτὶ δι' ὁράματος τῷ Παύλῳ· μὴ φοβοῦ, ἀλλὰ
λάλει καὶ μὴ σιωπήσῃς,

그런데 밤에 주님께서 환상을 통하여 바울에게 말씀하셨다. "무서워 말
라. 대신에 이야기하고 잠잠하지 마라.

10절

διότι ἐγώ εἰμι μετὰ σοῦ καὶ οὐδεὶς ἐπιθήσεταί σοι τοῦ κακῶσαί
σε, διότι λαός ἐστίν μοι πολὺς ἐν τῇ πόλει ταύτῃ.

왜냐하면 내가 너와 함께 있기 때문이다. 그리고 그 누구도 너를 대적하여
해치지 못할 것이다. 왜냐하면 이 도시에는 나에게 많은 백성이 있기
때문이다."

11절

Ἐκάθισεν δὲ ἐνιαυτὸν καὶ μῆνας ἓξ διδάσκων ἐν αὐτοῖς τὸν λόγον τοῦ θεοῦ.

그래서 그는 1년 6개월 동안 그들 속에 앉아서 하나님의 말씀을 가르치고 있었다.

12절

Γαλλίωνος δὲ ἀνθυπάτου ὄντος τῆς Ἀχαΐας κατεπέστησαν ὁμοθυμαδὸν οἱ Ἰουδαῖοι τῷ Παύλῳ καὶ ἤγαγον αὐτὸν ἐπὶ τὸ βῆμα

그런데 갈리오가 아카이아의 총독일 때 유대인들이 한마음으로 바울을 습격하여 그를 재판석으로 끌고 가서

13절

λέγοντες ὅτι παρὰ τὸν νόμον ἀναπείθει οὗτος τοὺς ἀνθρώπους σέβεσθαι τὸν θεόν.

말했다. "이 사람은 율법을 거슬러 하나님을 예배하라고 선동하고 있다."

14절

μέλλοντος δὲ τοῦ Παύλου ἀνοίγειν τὸ στόμα εἶπεν ὁ Γαλλίων πρὸς τοὺς Ἰουδαίους· εἰ μὲν ἦν ἀδίκημά τι ἢ ῥᾳδιούργημα πονηρόν, ὦ Ἰουδαῖοι, κατὰ λόγον ἂν ἀνεσχόμην ὑμῶν,

그런데 바울이 입을 열려고 하자 갈리오가 유대인들을 향하여 말했다. "오 유대인들아, 만약 어떤 불법행위나 범죄 사실이 있으면 나는 마땅히 너희를 견딜 것이다.

15절

εἰ δὲ ζητήματά ἐστιν περὶ λόγου καὶ ὀνομάτων καὶ νόμου τοῦ καθ᾽ ὑμᾶς, ὄψεσθε αὐτοί· κριτὴς ἐγὼ τούτων οὐ βούλομαι εἶναι.

그런데 문제들이 말이나 이름들이나 너희의 율법에 관한 것이면 너희 스스로 해결하라. 나는 이 일들의 재판관이 되지 않겠다.”

16절

καὶ ἀπήλασεν αὐτοὺς ἀπὸ τοῦ βήματος.

그리고 그는 그들을 재판석에서 쫓아냈다.

17절

ἐπιλαβόμενοι δὲ πάντες Σωσθένην τὸν ἀρχισυνάγωγον ἔτυπτον ἔμπροσθεν τοῦ βήματος· καὶ οὐδὲν τούτων τῷ Γαλλίωνι ἔμελεν.

그러자 모든 사람이 회당장 소스테네를 붙잡아 재판석 앞에서 때리고 있었다. 그러나 갈리오는 이 일 중 어느 것에도 관심이 없었다.

18절

Ὁ δὲ Παῦλος ἔτι προσμείνας ἡμέρας ἱκανὰς τοῖς ἀδελφοῖς ἀποταξάμενος ἐξέπλει εἰς τὴν Συρίαν, καὶ σὺν αὐτῷ Πρίσκιλλα καὶ Ἀκύλας, κειράμενος ἐν Κεγχρεαῖς τὴν κεφαλήν, εἶχεν γὰρ εὐχήν.

그런데 바울은 아직 상당한 날들을 더 머문 후 형제들에게 작별하고 시리아로 출항했는데 프리스킬라와 아퀼라도 그와 동행했다. 그리고 그는 서약이 있었기 때문에 켄크레아에서 머리를 밀었다.

19절

κατήντησαν δὲ εἰς Ἔφεσον κἀκείνους κατέλιπεν αὐτοῦ, αὐτὸς δὲ εἰσελθὼν εἰς τὴν συναγωγὴν διελέξατο τοῖς Ἰουδαίοις.

그런데 그들이 에베소에 도착했을 때 그는 그들을 거기에 남겨 놓았다. 그리고 회당에 들어가서 유대인들에게 강론했다.

20절

ἐρωτώντων δὲ αὐτῶν ἐπὶ πλείονα χρόνον μεῖναι οὐκ ἐπένευσεν,

그런데 그들이 더 많은 시간을 머물라고 요청했지만 그는 고개를 끄덕이지 않았다.

21절

ἀλλ᾽ ἀποταξάμενος καὶ εἰπών· πάλιν ἀνακάμψω πρὸς ὑμᾶς τοῦ θεοῦ θέλοντος, ἀνήχθη ἀπὸ τῆς Ἐφέσου,

대신에 작별하면서 "만약 하나님께서 원하시면 너희를 향하여 다시 돌아올 것이다"라고 말한 후 그는 에베소를 떠났다.

22절

καὶ κατελθὼν εἰς Καισάρειαν, ἀναβὰς καὶ ἀσπασάμενος τὴν ἐκκλησίαν κατέβη εἰς Ἀντιόχειαν.

그리고 카이사레이아로 내려간 후 올라가 교회에 인사하고 안디옥으로 내려갔다.

23절

Καὶ ποιήσας χρόνον τινὰ ἐξῆλθεν διερχόμενος καθεξῆς τὴν Γαλατι
κὴν χώραν καὶ Φρυγίαν, ἐπιστηρίζων πάντας τοὺς μαθητάς.

그리고 어떤 날들을 보낸 후 나가서 갈라디아와 프리기아 땅을 차례로
지나가면서 모든 제자를 굳세게 했다.

24절

Ἰουδαῖος δέ τις Ἀπολλῶς ὀνόματι, Ἀλεξανδρεὺς τῷ γένει, ἀνὴρ λόγι
ος, κατήντησεν εἰς Ἔφεσον, δυνατὸς ὢν ἐν ταῖς γραφαῖς.

그런데 알렉산드리아 태생의 논리적이며 성경에 능한 남자인 아폴로라
는 어떤 유대인이 에베소에 도착했다.

25절

οὗτος ἦν κατηχημένος τὴν ὁδὸν τοῦ κυρίου καὶ ζέων τῷ πνεύματι
ἐλάλει καὶ ἐδίδασκεν ἀκριβῶς τὰ περὶ τοῦ Ἰησοῦ, ἐπιστάμενος μόνον
τὸ βάπτισμα Ἰωάννου·

이 사람이 주님의 길을 깨닫게 하며 심령의 뜨거움을 가지고 이야기하며
예수에 대하여 가르치고 있었지만 오직 요한의 세례만 알고 있었다.

26절

οὗτός τε ἤρξατο παρρησιάζεσθαι ἐν τῇ συναγωγῇ. ἀκούσαντες δὲ
αὐτοῦ Πρίσκιλλα καὶ Ἀκύλας προσελάβοντο αὐτὸν καὶ ἀκριβέστερον
αὐτῷ ἐξέθεντο τὴν ὁδὸν τοῦ θεοῦ.

그리고 이 사람은 회당에서 담대하게 말하기 시작했는데 프리스킬라와

아퀼라가 그의 말을 듣고 나서 그를 데리고 가서 그에게 하나님의 길을 더 자세하게 설명했다.

27절

βουλομένου δὲ αὐτοῦ διελθεῖν εἰς τὴν Ἀχαΐαν, προτρεψάμενοι οἱ ἀδελφοὶ ἔγραψαν τοῖς μαθηταῖς ἀποδέξασθαι αὐτόν, ὃς παραγενόμενος συνεβάλετο πολὺ τοῖς πεπιστευκόσιν διὰ τῆς χάριτος·

그런데 그가 아카이아로 건너가려고 결심했을 때 형제들이 격려하며 제자들에게 그를 환영하라고 편지를 썼다. 그리고 그는 도착하여 은혜를 통하여 믿는 자들에게 많은 도움을 주었다.

28절

εὐτόνως γὰρ τοῖς Ἰουδαίοις διακατηλέγχετο δημοσίᾳ ἐπιδεικνὺς διὰ τῶν γραφῶν εἶναι τὸν χριστὸν Ἰησοῦν.

왜냐하면 그는 공개적으로 강력하게 유대인들을 철저히 논박하며 성경을 통하여 예수가 그리스도라는 것을 증명하고 있었기 때문이다.

해설

바울이 아테네에서 행한 신학적 변증 설교는 큰 열매를 맺지 못한 것으로 보인다. 그는 "우리는 그분 안에서 살고 움직이며 존재하고 있다"(Εν αυτω ζωμεν και κινουμεθα και εσμεν, 17:28)라는 대단히 수준 높은 존재론적 신학을 제시하며 철학자들에게 접근하려고 시도했는데, 그에게 돌아온 것은 냉소적인 반응이었다. 몇몇 사람을 제자로 얻은 것 외에는 별다른 성과 없이 아테네에서 물러난 바울은 고린도에 가서 심기일전하여 성경 말씀에 사로잡혀 오직 예수 그리스도의 십자가 은혜의 복음만을 선포한다. 그 결과 그는 풍성한 선교의 열매를 맺는다. 그리고 거기서 그의 선교 사역에서 중요한 역할을 하는 프리스킬라와 아퀼라 부부를 만난다. 그는 그들과 함께 천막 짜는 노동을 하면서 고린도교회를 개척하는데, 항상 프리스킬라의 이름이 남편인 아퀼라 앞에 나오는 것으로 보아 그녀는 대단히 뛰어난 인물이었던 것으로 보인다. 그들 부부는 클라우디우스황제 때 내려진 유대인 추방령으로 인해 로마를 떠나 고린도에 온 유대인 출신의 기독교 신자들이었는데, 바울은 그들을 통해 로마교회에 대해 자세한 이야기를 들었을 것이다. 바울은 이들 부부를 자신의 제자로 삼고 심복으로 만든 후 나중에는 다시 로마로 돌려보낸다. 아마도 이들은 바울의 로마 선교의 거점이 되었을 것이다. 그들은 성경에 능하고 박식하며 열정적인 복음 전도자 아폴로를 따로 데리고 가서 기독교 신학을 체계적으로 가르칠 정도로 탁월한 평신도 지도자들이었다. 빌립보교회의 루디아나 켄크레아교회의 포이베 집사가 대담하고 진취적인 여장부들이

288 | 사도들의 실천

라면, 프리스킬라는 향유를 부어서 예수님의 장례식을 미리 치러주었던 마리아처럼 신학적 깊이를 가진 여성이었다. 한편 고린도로 건너간 아폴로는 그의 탁월한 성경 지식과 박력 있는 언변으로 유대인들을 박살 내며 교회에 큰 도움을 주는데, 이것은 나중에 고린도교회에 아폴로파가 생기는 원인이 된다. 어쩌면 프리스킬라와 아퀼라는 원래 베드로의 제자들이었을지도 모른다. 만약 그렇다면 그들은 베드로파와 바울파 사이에 벌어진 심각한 싸움의 원인이 되었을 것이다. 또한 이들 부부가 바울에게 로마교회의 실정을 알려준 것이 바울이 로마교회에 보내는 긴 신학 편지인 로마서를 쓰게 되는 동기가 되었을지도 모른다.

두란노신학교

사도행전 19:1-20

1절

Ἐγένετο δὲ ἐν τῷ τὸν Ἀπολλῶ εἶναι ἐν Κορίνθῳ Παῦλον διελθόντα
τὰ ἀνωτερικὰ μέρη καὶ ἐλθεῖν εἰς Ἔφεσον καὶ εὑρεῖν τινας μαθητὰς
그런데 아폴로가 고린도에 있을 때 바울은 위 지방을 지나가며 에베소로
내려가서 어떤 제자들을 만나게 되었다.

2절

εἶπέν τε πρὸς αὐτούς· εἰ πνεῦμα ἅγιον ἐλάβετε πιστεύσαντες; οἱ
δὲ πρὸς αὐτόν· ἀλλ᾽ οὐδ᾽ εἰ πνεῦμα ἅγιον ἔστιν ἠκούσαμεν.
그리고 그는 그들을 향하여 말했다. "너희가 믿을 때 성령을 받았느냐?"
그러자 그들이 그를 향하여 말했다. "대신에 우리는 성령이 있다는 것도
듣지 못했다."

3절

εἶπέν τε· εἰς τί οὖν ἐβαπτίσθητε; οἱ δὲ εἶπαν· εἰς τὸ Ἰωάννου βάπτισμα.
그리고 그가 말했다. "그러면 무엇으로 세례를 받았느냐?" 그러자 그들이
말했다. "요한의 세례로."

4절

εἶπεν δὲ Παῦλος· Ἰωάννης ἐβάπτισεν βάπτισμα μετανοίας τῷ λαῷ
λέγων εἰς τὸν ἐρχόμενον μετ᾽ αὐτὸν ἵνα πιστεύσωσιν, τοῦτ᾽ ἔστιν εἰς
τὸν Ἰησοῦν.

그러자 바울이 말했다. "요한이 회개의 세례를 주면서 사람들이 자기의
뒤에 오시는 분을 믿게 하기 위하여 백성에게 말했는데, 이분이 곧 예수다."

5절

ἀκούσαντες δὲ ἐβαπτίσθησαν εἰς τὸ ὄνομα τοῦ κυρίου Ἰησοῦ,

그러자 그들이 듣고 주 예수의 이름으로 세례를 받았다.

6절

καὶ ἐπιθέντος αὐτοῖς τοῦ Παύλου τὰς χεῖρας ἦλθεν τὸ πνεῦμα τὸ
ἅγιον ἐπ᾽ αὐτούς, ἐλάλουν τε γλώσσαις καὶ ἐπροφήτευον.

그리고 바울이 그들에게 안수하자 그들 위에 성령이 오셨다. 그리고 그들
은 방언으로 이야기하며 예언했다.

7절

ἦσαν δὲ οἱ πάντες ἄνδρες ὡσεὶ δώδεκα.

그런데 모든 사람은 열두 명 정도였다.

8절

Εἰσελθὼν δὲ εἰς τὴν συναγωγὴν ἐπαρρησιάζετο ἐπὶ μῆνας τρεῖς
διαλεγόμενος καὶ πείθων τὰ περὶ τῆς βασιλείας τοῦ θεοῦ.

그런데 그는 회당에 들어가서 3개월 동안 담대하게 말하며 하나님의 나라에 대해 강론하고 설득하고 있었다.

9절

ὡς δέ τινες ἐσκληρύνοντο καὶ ἠπείθουν κακολογοῦντες τὴν ὁδὸν ἐνώπιον τοῦ πλήθους, ἀποστὰς ἀπ᾽ αὐτῶν ἀφώρισεν τοὺς μαθητὰς καθ᾽ ἡμέραν διαλεγόμενος ἐν τῇ σχολῇ Τυράννου.

그런데 어떤 사람들이 완악해져서 불순종하며 무리 앞에서 그 길에 대해 악담하자, 바울은 그들을 떠나 제자들을 분리하고 날마다 두란노학교에서 강론했다.

10절

τοῦτο δὲ ἐγένετο ἐπὶ ἔτη δύο, ὥστε πάντας τοὺς κατοικοῦντας τὴν Ἀσίαν ἀκοῦσαι τὸν λόγον τοῦ κυρίου, Ἰουδαίους τε καὶ Ἕλληνας.

그런데 이것이 2년 동안 되자 아시아에 거주하는 모든 사람, 곧 유대인들과 헬라인들이 주님의 말씀을 듣게 되었다.

11절

Δυνάμεις τε οὐ τὰς τυχούσας ὁ θεὸς ἐποίει διὰ τῶν χειρῶν Παύλου,

그리고 하나님께서 바울의 손을 통하여 범상치 않은 능력들을 행하고 계셨다.

12절

ὥστε καὶ ἐπὶ τοὺς ἀσθενοῦντας ἀποφέρεσθαι ἀπὸ τοῦ χρωτὸς αὐτοῦ σουδάρια ἢ σιμικίνθια καὶ ἀπαλλάσσεσθαι ἀπ᾽ αὐτῶν τὰς νόσους, τά τε πνεύματα τὰ πονηρὰ ἐκπορεύεσθαι.

그리하여 심지어 바울의 피부에서 수건이나 앞치마를 약한 사람들 위에 가져가면 그들에게서 질병들이 떠나고 악한 영들이 나가는 일이 일어나게 되었다.

13절

Ἐπεχείρησαν δέ τινες καὶ τῶν περιερχομένων Ἰουδαίων ἐξορκιστῶν ὀνομάζειν ἐπὶ τοὺς ἔχοντας τὰ πνεύματα τὰ πονηρὰ τὸ ὄνομα τοῦ κυρίου Ἰησοῦ λέγοντες· ὁρκίζω ὑμᾶς τὸν Ἰησοῦν ὃν Παῦλος κηρύσσει.

그런데 돌아다니면서 귀신을 쫓아내는 유대인들 중에 어떤 사람들이 악한 영들을 가지고 있는 사람들에게 주 예수의 이름을 부르는 것을 시도하며 말했다. "내가 바울이 전파하는 예수로 너희에게 엄히 명령한다."

14절

ἦσαν δέ τινος Σκευᾶ Ἰουδαίου ἀρχιερέως ἑπτὰ υἱοὶ τοῦτο ποιοῦντες.

그런데 어떤 유대인 대제사장 스게아의 일곱 명의 아들이 이것을 행하고 있었다.

15절

ἀποκριθὲν δὲ τὸ πνεῦμα τὸ πονηρὸν εἶπεν αὐτοῖς· τὸν μὲν Ἰησοῦν γινώσκω καὶ τὸν Παῦλον ἐπίσταμαι, ὑμεῖς δὲ τίνες ἐστέ;

그러자 악한 영이 그들에게 대답하며 말했다. "내가 예수를 알고 바울도 아는데 그러나 너희는 누구냐?"

16절

καὶ ἐφαλόμενος ὁ ἄνθρωπος ἐπ᾽ αὐτοὺς ἐν ᾧ ἦν τὸ πνεῦμα τὸ πονηρ όν, κατακυριεύσας ἀμφοτέρων ἴσχυσεν κατ᾽ αὐτῶν ὥστε γυμνοὺς καὶ τετραυματισμένους ἐκφυγεῖν ἐκ τοῦ οἴκου ἐκείνου.

그리고 악한 영이 들어있던 사람이 그들에게 뛰어올라 두 사람을 제압하며 그들을 힘으로 이기자 그들이 벌거벗고 상처를 입은 채로 도망치는 일이 생겼다.

17절

τοῦτο δὲ ἐγένετο γνωστὸν πᾶσιν Ἰουδαίοις τε καὶ Ἕλλησιν τοῖς κατοικοῦσιν τὴν Ἔφεσον καὶ ἐπέπεσεν φόβος ἐπὶ πάντας αὐτοὺς καὶ ἐμεγαλύνετο τὸ ὄνομα τοῦ κυρίου Ἰησοῦ.

그런데 이 일이 에베소에 거주하는 모든 유대인과 헬라인에게 알려지게 되자 그들 모두에게 두려움이 덮치고 주 예수의 이름이 위대하게 되었다.

18절

Πολλοί τε τῶν πεπιστευκότων ἤρχοντο ἐξομολογούμενοι καὶ ἀναγγ έλλοντες τὰς πράξεις αὐτῶν.

그리고 믿는 사람들 중의 많은 사람이 와서 자기들의 행실들을 고백하며 알리고 있었다.

19절

ἱκανοὶ δὲ τῶν τὰ περίεργα πραξάντων συνενέγκαντες τὰς βίβλους κατέκαιον ἐνώπιον πάντων, καὶ συνεψήφισαν τὰς τιμὰς αὐτῶν καὶ εὗρον ἀργυρίου μυριάδας πέντε.

그런데 마술을 행하던 자들 중에 상당한 사람들이 책들을 함께 가지고 와서 모든 사람 앞에서 불태워 버렸는데 사람들이 그 가격을 함께 계산하니 은 5만이라는 것을 알게 되었다.

20절

Οὕτως κατὰ κράτος τοῦ κυρίου ὁ λόγος ηὔξανεν καὶ ἴσχυεν.

이와 같이 주님의 능력을 따라 말씀이 성장하고 강해졌다.

해설

　바울의 선교 활동에는 동일한 패턴이 반복된다. 바울은 어디를 가든지 먼저 유대교 회당에 들어가 유대인들에게 복음을 전한다. 그러면 대부분의 경우에는 유대인들의 강력한 저항과 반발에 부딪히게 된다. 그러면 바울은 제자들을 분리해서 말씀을 가르치고 그 지역을 복음화시킨다. 그 결과 많은 사람이 예수를 믿고 구원받아 교회가 부흥되면, 유대인들은 시기, 질투에 사로잡혀 군중을 선동하고 박해를 일으킨다. 그러는 중에 기독교 공동체는 점점 유대인 공동체로부터 멀어지고 독자적인 길을 가게 된다.

　바울의 에베소 선교에서 특별한 의미를 갖는 부분은 그가 기독교 역사상 최초의 신학교를 세워서 조직적으로 목회자를 양성했다는 점이다. 두란노신학교를 통해 배출된 제자들이 나가서 복음을 전하여 소아시아 지역의 모든 사람이 하나님의 말씀을 듣고 많은 사람이 주님께 돌아오게 된다. 그와 동시에 하나님께서는 바울을 통하여 기이하고 놀라운 일을 일으켜서 예수 이름을 높이신다.

　그리하여 마술로 먹고살던 사람들까지 바울이 전하는 예수의 이름으로 명령하여 귀신을 쫓아내는 일이 일어나게 된다. 그런데 특이한 것은 그중에 유대교 대제사장의 아들들이 있었다는 점이다. 이것은 그 시대 유대교의 타락상을 보여준다. 이 마술사들도 예수의 이름의 위대성을 알고 귀신에게 명령하지만, 오히려 귀신은 "예수도 알고 바울도 아는데 너희는 도대체 누구냐"라며 그들을 덮쳐 제압한 후 두들겨 팬다. 그리하여 예수의 이름을 돈벌이의 수단으로 이용했던 그들은 상처를 입고 벌거벗겨진 상태로 도망치는 큰 망신을 당한다. 모든 사람이 이 일을 알게 되고 두려움 가운데 예수의 이름은 더 높아진다. 그 결과 마술로 먹고살던 사람들이 자신들의 행실을 공개적으로 고백하며 마술 책을 가지고 나와 불태워 버리는 놀라운 일이 일어난다.

이것으로 우리는 악한 영들의 실체를 알 수 있다. 그것은 악한 영들이 예수의 이름을 아는 지적 능력을 가지고 있다는 것과 그들이 예수의 이름에 굴복하는 어떤 영적 질서가 존재한다는 것이다. 또한 악한 영들도 참 진리의 사람은 무서워하지만, 거짓 선지자들은 우습게 본다는 것이다.

에베소에서 일어난 폭동

사도행전 19:21-40

21절

Ὡς δὲ ἐπληρώθη ταῦτα, ἔθετο ὁ Παῦλος ἐν τῷ πνεύματι διελθὼν τὴν Μακεδονίαν καὶ Ἀχαΐαν πορεύεσθαι εἰς Ἰεροσόλυμα εἰπὼν ὅτι μετὰ τὸ γενέσθαι με ἐκεῖ δεῖ με καὶ Ῥώμην ἰδεῖν.

그런데 이 일들이 성취되었을 때, 바울은 마음속에 마케도니아와 아카이아를 거쳐 예루살렘에 갈 뜻을 세우고 말했다. "내가 거기에 간 후에 반드시 로마도 보아야 한다."

22절

ἀποστείλας δὲ εἰς τὴν Μακεδονίαν δύο τῶν διακονούντων αὐτῷ, Τιμόθεον καὶ Ἔραστον, αὐτὸς ἐπέσχεν χρόνον εἰς τὴν Ἀσίαν.

그리고 그는 그를 섬기는 사람들 중의 둘인 디모데와 에라스토스를 마케도니아로 보내고 나서 그 자신은 에베소에서 시간을 보내고 있었다.

23절

Ἐγένετο δὲ κατὰ τὸν καιρὸν ἐκεῖνον τάραχος οὐκ ὀλίγος περὶ τῆς ὁδοῦ.

그런데 저 무렵에 그 도에 대하여 적지 않은 소동이 일어났다.

24절

Δημήτριος γάρ τις ὀνόματι, ἀργυροκόπος, ποιῶν ναοὺς ἀργυροῦς
Ἀρτέμιδος παρείχετο τοῖς τεχνίταις οὐκ ὀλίγην ἐργασίαν,

데메트리오스라는 어떤 은 세공업자가 은으로 된 아르테미스 신전들을
만들어서 기술자들에게 적지 않은 이익을 제공하고 있었는데,

25절

οὓς συναθροίσας καὶ τοὺς περὶ τὰ τοιαῦτα ἐργάτας εἶπεν· ἄνδρες,
ἐπίστασθε ὅτι ἐκ ταύτης τῆς ἐργασίας ἡ εὐπορία ἡμῖν ἐστιν

그가 그들과 이 일에 관련된 노동자들을 소집하고 말했다. "사람들아,
우리의 번영이 이 사업에서 생긴다는 것을 너희는 알고 있다.

26절

καὶ θεωρεῖτε καὶ ἀκούετε ὅτι οὐ μόνον Ἐφέσου ἀλλὰ σχεδὸν πάσης
τῆς Ἀσίας ὁ Παῦλος οὗτος πείσας μετέστησεν ἱκανὸν ὄχλον λέγων
ὅτι οὐκ εἰσὶν θεοὶ οἱ διὰ χειρῶν γινόμενοι.

그런데 너희가 보고 듣는 것처럼 이 바울이 에베소뿐만 아니라 거의 모든
아시아를 설득하며 '손으로 만들어진 것들은 신이 아니다'라고 말해서
상당한 무리를 나쁜 길로 이끌었다.

27절

οὐ μόνον δὲ τοῦτο κινδυνεύει ἡμῖν τὸ μέρος εἰς ἀπελεγμὸν ἐλθεῖν ἀλλὰ καὶ τὸ τῆς μεγάλης θεᾶς Ἀρτέμιδος ἱερὸν εἰς οὐθὲν λογισθῆναι, μέλλειν τε καὶ καθαιρεῖσθαι τῆς μεγαλειότητος αὐτῆς ἣν ὅλη ἡ Ἀσία καὶ ἡ οἰκουμένη σέβεται.

그런데 우리에게 이 부분이 경멸을 받게 될 뿐 아니라 위대한 여신 아르테미스의 성전 또한 아무것도 아닌 것으로 여겨지게 되고, 온 아시아와 온 세계가 경배하는 그녀의 위대함이 무너질 위험이 있다."

28절

Ἀκούσαντες δὲ καὶ γενόμενοι πλήρεις θυμοῦ ἔκραζον λέγοντες· μεγάλη ἡ Ἄρτεμις Ἐφεσίων.

그러자 그들이 듣고 나서 분노로 가득 차 외치고 있었다. "에베소 사람들의 아르테미스는 위대하다."

29절

καὶ ἐπλήσθη ἡ πόλις τῆς συγχύσεως, ὥρμησάν τε ὁμοθυμαδὸν εἰς τὸ θέατρον συναρπάσαντες Γάϊον καὶ Ἀρίσταρχον Μακεδόνας, συνεκδήμους Παύλου.

그리고 그 도시는 소란으로 가득 채워졌다. 그리고 사람들은 바울의 여행 친구들인 마케도니아 사람 가이오스와 아리스타르코스를 붙잡아 한마음으로 극장을 향하여 달려갔다.

30절

Παύλου δὲ βουλομένου εἰσελθεῖν εἰς τὸν δῆμον οὐκ εἴων αὐτὸν οἱ μαθηταί·

그런데 바울이 군중 속으로 가려고 할 때 제자들이 그를 허락하지 않았다.

31절

τινες δε και των Ασιαρχων, οντες αυτω φίλοι, πεμψαντες προς αυτόν παρεκαλουν μη δούναι έαυτον εις το θέατρον.

그러자 바울의 친구인 아시아 통치자들 중 어떤 사람들이 그를 향하여 사람을 보내어 자신을 극장에 던지지 말라고 권면하고 있었다.

32절

ἄλλοι μὲν οὖν ἄλλο τι ἔκραζον· ἦν γὰρ ἡ ἐκκλησία συγκεχυμένη καὶ οἱ πλείους οὐκ ᾔδεισαν τίνος ἕνεκα συνεληλύθεισαν.

그런데 사람들은 서로 다른 무엇을 외치고 있었다. 왜냐하면 그 집회가 소란스럽고 대다수의 사람이 무슨 이유로 함께 왔는지를 몰랐기 때문이다.

33절

ἐκ δὲ τοῦ ὄχλου συνεβίβασαν Ἀλέξανδρον, προβαλόντων αὐτὸν τῶν Ἰουδαίων· ὁ δὲ Ἀλέξανδρος κατασείσας τὴν χεῖρα ἤθελεν ἀπολογε ῖσθαι τῷ δήμῳ.

그런데 사람들이 군중 속에서 알렉산드로스를 찾아서 유대인들이 그를 앞으로 내보내자 알렉산드로스가 손짓하며 군중에게 설명하려고 했다.

34절

ἐπιγνόντες δὲ ὅτι Ἰουδαῖός ἐστιν, φωνὴ ἐγένετο μία ἐκ πάντων ὡς ἐπὶ ὥρας δύο κραζόντων· μεγάλη ἡ Ἄρτεμις Ἐφεσίων.

그러자 사람들은 그가 유대인이라는 것을 알아차리고 모든 사람 속에서
두 시간 동안 외치는 한 목소리가 있었다. "에베소 사람들의 아르테미스
는 위대하다."

35절

Καταστείλας δὲ ὁ γραμματεὺς τὸν ὄχλον φησίν· ἄνδρες Ἐφέσιοι,
τίς γάρ ἐστιν ἀνθρώπων ὃς οὐ γινώσκει τὴν Ἐφεσίων πόλιν νεωκόρον
οὖσαν τῆς μεγάλης Ἀρτέμιδος καὶ τοῦ διοπετοῦς;

그러자 서기관이 군중을 제지하며 엄숙히 말했다. "에베소 사람들아,
에베소 시가 위대한 아르테미스와 제우스에게서 내려온 신전의 관리자
인 것을 모르는 사람이 누가 있느냐?

36절

ἀναντιρρήτων οὖν ὄντων τούτων δέον ἐστὶν ὑμᾶς κατεσταλμένους
ὑπάρχειν καὶ μηδὲν προπετὲς πράσσειν.

그러므로 이것이 부인할 수 없는 사실이므로 너희가 자제하고 어떠한
경솔한 짓을 행하지 말아야 한다.

37절

ἠγάγετε γὰρ τοὺς ἄνδρας τούτους οὔτε ἱεροσύλους οὔτε βλάσφημο
ὄντας τὴν θεὸν ἡμῶν.

왜냐하면 너희가 신전을 털지도 않고 우리의 신을 비방하지도 않은 이
사람들을 끌어왔기 때문이다.

38절

εἰ μὲν οὖν Δημήτριος καὶ οἱ σὺν αὐτῷ τεχνῖται ἔχουσιν πρός τινα λόγον, ἀγοραῖοι ἄγονται καὶ ἀνθύπατοί εἰσιν, ἐγκαλείτωσαν ἀλλήλοις.

그러므로 만약 데메트리오스와 그와 함께 일하는 기술자들이 어떤 문제를 향하여 고발할 것이 있으면 재판일이 오고 있고 총독도 있으니 서로 고발하라.

39절

εἰ δέ τι περαιτέρω ἐπιζητεῖτε, ἐν τῇ ἐννόμῳ ἐκκλησίᾳ ἐπιλυθήσεται.

그리고 만약 너희가 더 이상 원한다면 합법적인 민회에서 해결될 것이다.

40절

καὶ γὰρ κινδυνεύομεν ἐγκαλεῖσθαι στάσεως περὶ τῆς σήμερον, μηδ ενὸς αἰτίου ὑπάρχοντος περὶ οὗ οὐ δυνησόμεθα ἀποδοῦναι λόγον περὶ τῆς συστροφῆς ταύτης. καὶ ταῦτα εἰπὼν ἀπέλυσεν τὴν ἐκκλησίαν.

그리고 우리는 오늘의 소동에 대하여 고발당할 위험이 있으니, 이는 이 소동에 대하여 근거로 제출할 수 있는 아무런 죄목이 없기 때문이다."
그리고 그는 이것들을 말하고 나서 집회를 해산했다.

해설

에베소에는 아르테미스 여신에게 봉헌된 거대한 신전이 남아 있다. 아르테미스는 많은 젖가슴을 가진 풍요와 다산의 여신이다. 에베소에서는 그녀의 신전 모형을 은으로 제작하여 판매하는 산업이 발달했으며 그 산업을 기반으로 경제적 풍요를 누리고 있었는데, 거기에는 관련된 자본과 기술과 노동력이 있었다. 그런데 이 경제적 풍요를 누리던 도시에 불황의 그림자가 덮이기 시작한다. 그것은 바울이 세운 두란노신학교 때문이다. 이 신학교를 졸업한 전도자들이 에베소뿐 아니라 소아시아 전체를 하나님의 말씀으로 채우자 우상의 신전을 통하여 번성했던 산업은 쇠퇴하고 도시는 경제적 위기를 맞이한다. 그러자 돈벌이의 희망이 사라진 사람들이 에베소 시민들을 선동하여 폭동을 일으킨다. 군중은 "에베소 사람들의 아르테미스는 위대하다"라는 구호를 외치며 에베소 극장으로 몰려간다. 그러나 대부분의 사람은 무슨 이유로 모였는지도 모르고 몇 시간 동안 계속 중구난방으로 떠들어댄다. 소동이 보고되자 도시의 서기관이 와서 군중을 진정시키며 그들로 하여금 합법적인 절차를 통해 문제를 해결할 것을 촉구한다. 그러면서 정당한 사유 없이 소동을 일으킬 경우에는 로마법에 의해 처벌받을 것이라고 경고한다. 이리하여 신전 모형 산업에 관련된 자들이 일으킨 폭동은 일단 수습된다. 이것은 빌립보에서 일어났던 것과 똑같은 유형의 사건인데, 다만 다른 것은 빌립보에서는 점치는 귀신 들린 여종을 이용한 돈벌이가 예수 이름으로 인해 망했다는 점이다. 빌립보와 에베소에서 일어난 박해는 귀신과 우상을 통해 경제적 이득을 취하던 자들이 하나님의 말씀에 저항하여 일으킨 사건이다. 하나님의 말씀 때문에 돈벌이의 희망이 사라진 그들은 군중을 선동하여 정치권력에 압력을 가하여 하나님의 말씀에 재갈을 물리려고 시도한다. 본질은 하나님의 말씀이냐, 돈이냐의 문제다. 그리고 그것은 세상 끝 날까지 계속될 싸움이다. 여기서 주목할 부분은 로마 행정 당국의 대응 방식이다. 로마의 통치자들은 법률에 의한 보편적이고 합리적인 판단을 내리는데, 이것이 로마가 인류 역사에 남긴 위대한 정치적 유산이다. 그리고 하나님의 말씀은 이 로마의 정치문화를 날개로 삼아 세계를 향해 전진한다.

예루살렘으로 가는 길

사도행전 20:1-38

1절

Μετὰ δὲ τὸ παύσασθαι τὸν θόρυβον μεταπεμψάμενος ὁ Παῦλος τοὺς μαθητὰς καὶ παρακαλέσας, ἀσπασάμενος ἐξῆλθεν πορεύεσθαι εἰς Μακεδονίαν.

그 소동이 멈추고 나서 바울은 제자들을 불러 권면하고 작별한 후 마케도니아로 가기 위해 나갔다.

2절

διελθὼν δὲ τὰ μέρη ἐκεῖνα καὶ παρακαλέσας αὐτοὺς λόγῳ πολλῷ ἦλθεν εἰς τὴν Ἑλλάδα

그리고 그는 저 지방들을 두루 다니며 많은 말로 그들을 권면하고 헬라로 갔다.

3절

ποιήσας τε μῆνας τρεῖς· γενομένης ἐπιβουλῆς αὐτῷ ὑπὸ τῶν Ἰουδαίων μέλλοντι ἀνάγεσθαι εἰς τὴν Συρίαν, ἐγένετο γνώμης τοῦ ὑποστρέφειν διὰ Μακεδονίας.

그런데 세 달이 지났을 때 시리아로 출항할 예정인 그에게 유대인들에 의한 음모가 있었기 때문에 마케도니아를 거쳐서 돌아가는 결정이 있었다.

4절

συνείπετο δὲ αὐτῷ Σώπατρος Πύρρου Βεροιαῖος, Θεσσαλονικέων δὲ Ἀρίσταρχος καὶ Σεκοῦνδος, καὶ Γάϊος Δερβαῖος καὶ Τιμόθεος, Ἀσιανοὶ δὲ Τύχικος καὶ Τρόφιμος.

그런데 베뢰아 사람인 퓌로스의 아들 소파트로스, 데살로니카 사람들인 아리스타르코스와 세쿤도스, 더베 사람인 가이오스와 디모데, 아시아 사람들인 튀키코스와 트로피모스가 그와 동행했다.

5절

οὗτοι δὲ προελθόντες ἔμενον ἡμᾶς ἐν Τρῳάδι,

그런데 이들은 먼저 가서 트로이에서 우리를 기다리고 있었다.

6절

ἡμεῖς δὲ ἐξεπλεύσαμεν μετὰ τὰς ἡμέρας τῶν ἀζύμων ἀπὸ Φιλίππων καὶ ἤλθομεν πρὸς αὐτοὺς εἰς τὴν Τρῳάδα ἄχρι ἡμερῶν πέντε, ὅπου διετρίψαμεν ἡμέρας ἑπτά.

그런데 우리는 무교절 후 빌립보에서 출항하여 5일 후에 트로이에 있는 그들에게 갔다. 그리고 거기서 7일 동안 시간을 보냈다.

7절

Ἐν δὲ τῇ μιᾷ τῶν σαββάτων συνηγμένων ἡμῶν κλάσαι ἄρτον, ὁ

Παῦλος διελέγετο αὐτοῖς μέλλων ἐξιέναι τῇ ἐπαύριον, παρέτεινέν τε τὸν λόγον μέχρι μεσονυκτίου.

그리고 안식 후 첫날 우리가 빵을 쪼개기 위해 모였을 때 바울은 다음날 출발하려고 그들에게 강론하고 있었다. 그리고 그는 한밤중까지 말을 계속하고 있었다.

8절

ἦσαν δὲ λαμπάδες ἱκαναὶ ἐν τῷ ὑπερῴῳ οὗ ἦμεν συνηγμένοι.

그리고 우리가 모여 있는 다락방에는 상당히 많은 등불이 있었다.

9절

καθεζόμενος δέ τις νεανίας ὀνόματι Εὔτυχος ἐπὶ τῆς θυρίδος, καταφ ερόμενος ὕπνῳ βαθεῖ διαλεγομένου τοῦ Παύλου ἐπὶ πλεῖον, κατενεχθε ὶς ἀπὸ τοῦ ὕπνου ἔπεσεν ἀπὸ τοῦ τριστέγου κάτω καὶ ἤρθη νεκρός.

그런데 유튀코스라는 어떤 젊은이가 창문에 앉아 있다가, 바울이 더 길게 강론하자 깊은 잠에 빠져들어 3층에서 아래로 떨어졌다. 그리고 들어보 니 죽어있었다.

10절

καταβὰς δὲ ὁ Παῦλος ἐπέπεσεν αὐτῷ καὶ συμπεριλαβὼν εἶπεν· μὴ θορυβεῖσθε, ἡ γὰρ ψυχὴ αὐτοῦ ἐν αὐτῷ ἐστιν.

그러자 바울이 내려가서 그에게 엎드려 감싸안고 나서 말했다. "소란 떨지 말라. 그의 목숨이 그 안에 있다."

11절

ἀναβὰς δὲ καὶ κλάσας τὸν ἄρτον καὶ γευσάμενος ἐφ᾽ ἱκανόν τε ὁμιλ ήσας ἄχρι αὐγῆς, οὕτως ἐξῆλθεν.

그리고 올라가 빵을 쪼개어 맛보며 한참 동안 날이 밝을 때까지 이야기하고 그렇게 그는 나갔다.

12절

ἤγαγον δὲ τὸν παῖδα ζῶντα καὶ παρεκλήθησαν οὐ μετρίως.

그리고 사람들은 살아있는 아이를 데려가면서 적지 않게 위로를 받았다.

13절

Ἡμεῖς δὲ προελθόντες ἐπὶ τὸ πλοῖον ἀνήχθημεν ἐπὶ τὴν Ἄσσον ἐκεῖθεν μέλλοντες ἀναλαμβάνειν τὸν Παῦλον· οὕτως γὰρ διατεταγμέν ος ἦν μέλλων αὐτὸς πεζεύειν.

그런데 우리는 먼저 배를 타고 앗소에 가서 거기서 바울을 태우려고 출항했다. 왜냐하면 그렇게 지시를 내린 후 그 자신은 도보로 갈 작정이었기 때문이다.

14절

ὡς δὲ συνέβαλλεν ἡμῖν εἰς τὴν Ἄσσον, ἀναλαβόντες αὐτὸν ἤλθομεν εἰς Μιτυλήνην,

그런데 그가 앗소로 우리에게 왔을 때 우리는 그를 태우고 미튈레네로 갔다.

15절

κἀκεῖθεν ἀποπλεύσαντες τῇ ἐπιούσῃ κατηντήσαμεν ἄντικρυς Χίου, τῇ δὲ ἑτέρᾳ παρεβάλομεν εἰς Σάμον, τῇ δὲ ἐχομένῃ ἤλθομεν εἰς Μίλητον.

그리고 우리는 거기서 출항하여 다음날 키오스 맞은편에 도착했다. 그리고 다음날 사모스에 배를 대고, 다음날 밀레토스로 갔다.

16절

κεκρίκει γὰρ ὁ Παῦλος παραπλεῦσαι τὴν Ἔφεσον, ὅπως μὴ γένηται αὐτῷ χρονοτριβῆσαι ἐν τῇ Ἀσίᾳ· ἔσπευδεν γὰρ εἰ δυνατὸν εἴη αὐτῷ τὴν ἡμέραν τῆς πεντηκοστῆς γενέσθαι εἰς Ἱεροσόλυμα.

바울은 그에게 아시아에서 시간을 지체하는 일이 생기지 않도록 하기 위해서 에베소를 지나쳐 항해하려고 결정했는데, 이는 가능한 한 그에게 허락된다면 오순절에 예루살렘에 도착하려고 서둘렀기 때문이다.

17절

Ἀπὸ δὲ τῆς Μιλήτου πέμψας εἰς Ἔφεσον μετεκαλέσατο τοὺς πρεσβυτέρους τῆς ἐκκλησίας.

그래서 그는 밀레토스에서 에베소로 사람을 보내어 교회의 장로들을 불렀다.

18절

ὡς δὲ παρεγένοντο πρὸς αὐτὸν εἶπεν αὐτοῖς· Ὑμεῖς ἐπίστασθε, ἀπὸ πρώτης ἡμέρας ἀφ᾽ ἧς ἐπέβην εἰς τὴν Ἀσίαν, πῶς μεθ᾽ ὑμῶν τὸν πάντα χρόνον ἐγενόμην,

그리고 그들이 그에게 왔을 때 그가 그들에게 말했다. "내가 아시아에 발을 들여놓은 날부터 내가 어떻게 너희와 함께 모든 시간을 보냈는지 너희는 알 것이다.

19절

δουλεύων τῷ κυρίῳ μετὰ πάσης ταπεινοφροσύνης καὶ δακρύων καὶ πειρασμῶν τῶν συμβάντων μοι ἐν ταῖς ἐπιβουλαῖς τῶν Ἰουδαίων,

나는 모든 겸손과 눈물들과 유대인들의 음모 속에서 나에게 닥친 시험들과 함께 주님을 섬겼다.

20절

ὡς οὐδὲν ὑπεστειλάμην τῶν συμφερόντων τοῦ μὴ ἀναγγεῖλαι ὑμῖν καὶ διδάξαι ὑμᾶς δημοσίᾳ καὶ κατ᾽ οἴκους,

그리하여 너희에게 전하고 너희를 가르쳐서 유익이 되게 하기 위해서는 공개적으로 그리고 집집마다 그 어느 것도 주저하지 않으며

21절

διαμαρτυρόμενος Ἰουδαίοις τε καὶ Ἕλλησιν τὴν εἰς θεὸν μετάνοιαν καὶ πίστιν εἰς τὸν κύριον ἡμῶν Ἰησοῦν.

유대인들과 헬라인들에게 하나님을 향한 회개와 우리 주 예수를 향한 믿음을 증거했다.

22절

Καὶ νῦν ἰδοὺ δεδεμένος ἐγὼ τῷ πνεύματι πορεύομαι εἰς Ἰερουσαλὴμ τὰ ἐν αὐτῇ συναντήσοντά μοι μὴ εἰδώς,

그리고 지금 보라! 나는 심령에 매여 예루살렘으로 가고 있는데 거기서
나에게 일어날 일들을 알지 못하고

23절

πλὴν ὅτι τὸ πνεῦμα τὸ ἅγιον κατὰ πόλιν διαμαρτύρεταί μοι λέγον
ὅτι δεσμὰ καὶ θλίψεις με μένουσιν.

다만 성령께서 도시마다 나에게 증거하시며 말씀하시기를 결박들과 고
난들이 나를 기다리고 있다는 것이다.

24절

ἀλλ᾽ οὐδενὸς λόγου ποιοῦμαι τὴν ψυχὴν τιμίαν ἐμαυτῷ ὡς τελειῶσαι
τὸν δρόμον μου καὶ τὴν διακονίαν ἣν ἔλαβον παρὰ τοῦ κυρίου Ἰησοῦ,
διαμαρτύρασθαι τὸ εὐαγγέλιον τῆς χάριτος τοῦ θεοῦ.

그러나 나는 나의 달려감과 주 예수께로부터 받은 바 섬김, 곧 하나님의
은혜의 복음을 증거하는 일을 위해서는 그 어떤 이유로도 나 자신에게
목숨을 귀한 것으로 만들지 않는다.

25절

Καὶ νῦν ἰδοὺ ἐγὼ οἶδα ὅτι οὐκέτι ὄψεσθε τὸ πρόσωπόν μου ὑμεῖς
πάντες ἐν οἷς διῆλθον κηρύσσων τὴν βασιλείαν.

그리고 지금 보라, 나는 너희 모두가 너희 속에서 나라를 선포하며 두루
다니던 나의 얼굴을 더 이상 보지 못할 것이라는 것을 알고 있다.

26절

διότι μαρτύρομαι ὑμῖν ἐν τῇ σήμερον ἡμέρᾳ ὅτι καθαρός εἰμι ἀπὸ τοῦ αἵματος πάντων·

그러므로 나는 오늘 내가 모든 사람의 피로부터 깨끗하다는 것을 너희에게 증거한다.

27절

οὐ γὰρ ὑπεστειλάμην τοῦ μὴ ἀναγγεῖλαι πᾶσαν τὴν βουλὴν τοῦ θεοῦ ὑμῖν.

왜냐하면 나는 너희에게 하나님의 모든 뜻을 전하는 것을 주저하지 않았기 때문이다.

28절

προσέχετε ἑαυτοῖς καὶ παντὶ τῷ ποιμνίῳ, ἐν ᾧ ὑμᾶς τὸ πνεῦμα τὸ ἅγιον ἔθετο ἐπισκόπους ποιμαίνειν τὴν ἐκκλησίαν τοῦ θεοῦ, ἣν περιεποιήσατο διὰ τοῦ αἵματος τοῦ ἰδίου.

너희 스스로 그리고 자기의 피로 얻으신 하나님의 교회를 다스리라고 너희를 감독들로 세우신 양 떼를 위해 조심하라.

29절

ἐγὼ οἶδα ὅτι εἰσελεύσονται μετὰ τὴν ἄφιξίν μου λύκοι βαρεῖς εἰς ὑμᾶς μὴ φειδόμενοι τοῦ ποιμνίου,

나는 나의 떠남 후에 양 떼를 아끼지 않는 사나운 늑대들이 너희에게 들어올 것을 알고 있다.

30절

καὶ ἐξ ὑμῶν αὐτῶν ἀναστήσονται ἄνδρες λαλοῦντες διεστραμμένα τοῦ ἀποσπᾶν τοὺς μαθητὰς ὀπίσω αὐτῶν.

그리고 너희 자신들 중에서도 제자들을 자기의 뒤로 끌어오기 위해 왜곡된 것들을 이야기하는 사람들이 일어날 것이다.

31절

διὸ γρηγορεῖτε μνημονεύοντες ὅτι τριετίαν νύκτα καὶ ἡμέραν οὐκ ἐπαυσάμην μετὰ δακρύων νουθετῶν ἕνα ἕκαστον.

그러므로 내가 3년 동안 밤낮으로 눈물로 한 사람, 한 사람을 훈계하기를 쉬지 않았던 것을 기억하고 깨어있으라.

32절

Καὶ τὰ νῦν παρατίθεμαι ὑμᾶς τῷ θεῷ καὶ τῷ λόγῳ τῆς χάριτος αὐτοῦ, τῷ δυναμένῳ οἰκοδομῆσαι καὶ δοῦναι τὴν κληρονομίαν ἐν τοῖς ἡγιασμ ένοις πᾶσιν.

그리고 지금 나는 너희를 능히 세우시고 모든 거룩하게 된 자들 속에서 기업을 주실 하나님과 그분의 은혜의 말씀에 맡긴다.

33절

ἀργυρίου ἢ χρυσίου ἢ ἱματισμοῦ οὐδενὸς ἐπεθύμησα·

나는 어느 누구의 은이나 금이나 옷을 탐내지 않았다.

34절

αὐτοὶ γινώσκετε ὅτι ταῖς χρείαις μου καὶ τοῖς οὖσιν μετ᾽ ἐμοῦ ὑπηρέ
τησαν αἱ χεῖρες αὗται.

너희 자신이 알고 있듯이 나의 필요한 것들과 나와 함께 있는 자들을
위해 바로 이 손들이 봉사했다.

35절

πάντα ὑπέδειξα ὑμῖν ὅτι οὕτως κοπιῶντας δεῖ ἀντιλαμβάνεσθαι τῶν
ἀσθενούντων, μνημονεύειν τε τῶν λόγων τοῦ κυρίου Ἰησοῦ ὅτι αὐτὸς
εἶπεν· μακάριόν ἐστιν μᾶλλον διδόναι ἢ λαμβάνειν.

이와 같이 수고하여 연약한 자들을 도와서, '받는 것보다 주는 것이 복되
다'라고 말씀하신 주 예수의 말씀들을 기억하게 하기 위하여 나는 너희에
게 모든 것의 본을 보였다."

36절

Καὶ ταῦτα εἰπὼν θεὶς τὰ γόνατα αὐτοῦ σὺν πᾶσιν αὐτοῖς προσηύξατο.

그리고 그는 이것들을 말하고 나서 그들 모두와 함께 무릎을 꿇고 같이
기도했다.

37절

ἱκανὸς δὲ κλαυθμὸς ἐγένετο πάντων καὶ ἐπιπεσόντες ἐπὶ τὸν τράχη
λον τοῦ Παύλου κατεφίλουν αὐτόν,

그런데 모든 사람이 한동안 울고 나서 바울의 목에 엎드려 그에게 뜨겁게
입 맞추고

38절

ὀδυνώμενοι μάλιστα ἐπὶ τῷ λόγῳ ᾧ εἰρήκει, ὅτι οὐκέτι μέλλουσιν τὸ πρόσωπον αὐτοῦ θεωρεῖν. προέπεμπον δὲ αὐτὸν εἰς τὸ πλοῖον.

특히 그들이 더 이상 그의 얼굴을 보지 못할 것이라고 한 그의 말에 통곡했다. 그리고 그를 배로 전송했다.

해설

바울은 에베소 두란노신학교 사역을 끝으로 제3차 전도여행을 마친 후 예루살렘교회에 전달할 헌금을 모으기 위해 마케도니아를 거쳐 아카이아를 방문한다. 거기서 준비된 헌금을 전달받은 그는 배를 타고 곧장 예루살렘으로 갈 예정이었으나, 유대인들의 암살 음모가 있다는 얘기를 듣고 계획을 수정하여 다시 마케도니아로 올라가서 소아시아를 거쳐 예루살렘으로 돌아가는 우회로를 선택한다. 유대인들의 암살 위험에 대비하여 적지 않은 제자들이 그와 동행한다. 소파트로스, 아리스타르코스, 세쿤도스, 가이오스, 디모데, 튀키코스, 트로피모스, 모두 일곱 명과 사도행전의 저자인 누가와 바울을 합쳐 적어도 아홉 명이 함께 조직적으로 움직인다. 바울 일행은 마케도니아의 빌립보를 출항하여 소아시아의 트로이로 건너간 후 앗소, 미튈레네, 키오스, 사모스를 거쳐 밀레토스에 도착한다. 밀레토스에서 바울은 사람을 보내서 에베소교회의 장로들을 불러 마지막 작별 인사를 나누며 주님의 교회를 부탁하는데, 이 바울의 고별인사가 매우 감동적이다. 그의 고별인사에는 선교사로서 그의 삶의 자세가 잘 묘사되어 있다. 그는 에베소교회 장로들에게 자신이 에베소에서 목회할 때 보여주었던 삶의 모습을 다시 상기시킨다. 그는 모든 겸손과 눈물들과 자신에게 닥쳤던 시험들 속에서 주님을 섬길 때 몸소 노동을 통하여 돈을 벌어 자신과 일행에게 필요한 경제적 문제를 해결하는 가운데 밤낮으로 열심히 가르치고 전하고 훈계하며, 하나님을 향한 회개와 주 예수를 향한 믿음을 증거했으며, 그 누구의 재물을 탐한

적이 없이 깨끗한 양심으로 일했던 것을 말한다. 그리고 예루살렘으로 올라간다. 거기서 무슨 일을 만날지는 알 수 없으나, 가는 곳마다 성령께서 결박과 고난이 기다린다고 계속해서 말씀하시지만 주님께서 맡겨 주신 복음을 전하는 일을 위해서라면 그 어떤 이유로도 자신의 목숨을 귀하게 여기지 않고 기꺼이 주 예수의 이름을 위하여 죽을 준비가 되어 있다고 말한다. 그러므로 앞으로 그들이 자신의 얼굴을 다시는 보지 못할 것이라고 말하자 에베소교회 장로들은 바울과 함께 기도한 후 그의 목을 끌어안고 통곡하며 그를 전송한다. 이것으로 예루살렘으로 가는 바울의 길은 십자가 죽음의 길이라는 것을 알 수 있다.

예루살렘의 반역성

사도행전 21:1-40

1절

Ὡς δὲ ἐγένετο ἀναχθῆναι ἡμᾶς ἀποσπασθέντας ἀπ' αὐτῶν, εὐθυδρο μήσαντες ἤλθομεν εἰς τὴν Κῶ, τῇ δὲ ἑξῆς εἰς τὴν Ῥόδον κἀκεῖθεν εἰς Πάταρα,

그런데 우리가 그들과 헤어진 후 출항하여 곧바로 달려 코스섬으로 갔다. 그리고 다음날 로도스섬으로 그리고 거기서 파타라로 갔다.

2절

καὶ εὑρόντες πλοῖον διαπερῶν εἰς Φοινίκην ἐπιβάντες ἀνήχθημεν.

그리고 페니키아로 건너가는 배를 만나서 올라간 후 출항했다.

3절

ἀναφάναντες δὲ τὴν Κύπρον καὶ καταλιπόντες αὐτὴν εὐώνυμον ἐπλ έομεν εἰς Συρίαν καὶ κατήλθομεν εἰς Τύρον· ἐκεῖσε γὰρ τὸ πλοῖον ἦν ἀποφορτιζόμενον τὸν γόμον.

그리고 우리는 키프로스섬을 바라보고 그 섬을 왼쪽으로 남겨두며 시리 아로 항해하여 두로로 내려갔다. 왜냐하면 거기서 배가 화물을 하역할 것이었기 때문이다.

4절

ἀνευρόντες δὲ τοὺς μαθητὰς ἐπεμείναμεν αὐτοῦ ἡμέρας ἑπτά, οἵτιν
ες τῷ Παύλῳ ἔλεγον διὰ τοῦ πνεύματος μὴ ἐπιβαίνειν εἰς Ἱεροσόλυμα.

그리고 우리는 형제들을 찾아서 거기서 7일을 머물렀는데, 그들은 성령
을 통하여 바울에게 예루살렘으로 올라가지 말라고 말하고 있었다.

5절

ὅτε δὲ ἐγένετο ἡμᾶς ἐξαρτίσαι τὰς ἡμέρας, ἐξελθόντες ἐπορευόμεθα
προπεμπόντων ἡμᾶς πάντων σὺν γυναιξὶν καὶ τέκνοις ἕως ἔξω τῆς πόλε
ως, καὶ θέντες τὰ γόνατα ἐπὶ τὸν αἰγιαλὸν προσευξάμενοι

그런데 우리가 날들을 채우고 나가서 갈 때 그들은 아내와 자녀들과 함께
우리를 그 도시의 밖까지 전송하며 해변에 무릎을 꿇고 기도했다.

6절

ἀπησπασάμεθα ἀλλήλους καὶ ἀνέβημεν εἰς τὸ πλοῖον, ἐκεῖνοι δὲ
ὑπέστρεψαν εἰς τὰ ἴδια.

그리고 서로 작별하고 나서 우리는 배에 오르고 저들은 자기들의 집으로
돌아갔다.

7절

Ἡμεῖς δὲ τὸν πλοῦν διανύσαντες ἀπὸ Τύρου κατηντήσαμεν εἰς Πτο
λεμαΐδα καὶ ἀσπασάμενοι τοὺς ἀδελφοὺς ἐμείναμεν ἡμέραν μίαν παρ'

αὐτοῖς.

그리고 우리는 두로에서 항해를 행하여 프톨레마이오스에 도착했다. 그리고 형제들에게 문안하고 그들 곁에서 하루를 머물렀다.

8절

τῇ δὲ ἐπαύριον ἐξελθόντες ἤλθομεν εἰς Καισάρειαν καὶ εἰσελθόντες εἰς τὸν οἶκον Φιλίππου τοῦ εὐαγγελιστοῦ, ὄντος ἐκ τῶν ἑπτά, ἐμείναμεν παρ᾽ αὐτῷ.

그리고 다음날 나와서 카이사레이아로 가서 일곱 집사에 속한 빌립의 집으로 들어갔다.

9절

τούτῳ δὲ ἦσαν θυγατέρες τέσσαρες παρθένοι προφητεύουσαι.

그런데 이 사람에게는 예언하는 처녀 딸 넷이 있었다.

10절

Ἐπιμενόντων δὲ ἡμέρας πλείους κατῆλθέν τις ἀπὸ τῆς Ἰουδαίας προφήτης ὀνόματι Ἄγαβος,

그런데 우리가 많은 날을 머물고 있을 때 유대에서 아가보스라는 어떤 선지자가 내려왔다.

11절

καὶ ἐλθὼν πρὸς ἡμᾶς καὶ ἄρας τὴν ζώνην τοῦ Παύλου, δήσας ἑαυτοῦ τοὺς πόδας καὶ τὰς χεῖρας εἶπεν· τάδε λέγει τὸ πνεῦμα τὸ ἅγιον· τὸν

ἄνδρα οὗ ἐστιν ἡ ζώνη αὕτη, οὕτως δήσουσιν ἐν Ἰερουσαλὴμ οἱ Ἰουδαῖ
οι καὶ παραδώσουσιν εἰς χεῖρας ἐθνῶν.

그리고 그는 우리를 향해 와서 바울의 허리띠를 빼앗아 자신의 손과 발을
묶으며 말했다. "성령께서 이것들을 말씀하신다. '이 허리띠의 주인을 이와
같이 예루살렘에서 유대인들이 묶어서 이방인들의 손에 넘길 것이다.'"

12절

ὡς δὲ ἠκούσαμεν ταῦτα, παρεκαλοῦμεν ἡμεῖς τε καὶ οἱ ἐντόπιοι
τοῦ μὴ ἀναβαίνειν αὐτὸν εἰς Ἰερουσαλήμ.

그러자 우리가 이것들을 들었을 때, 우리와 그리고 함께 같은 장소에
있던 사람들은 그가 예루살렘으로 올라가지 말라고 권면했다.

13절

τότε ἀπεκρίθη ὁ Παῦλος· τί ποιεῖτε κλαίοντες καὶ συνθρύπτοντές
μου τὴν καρδίαν; ἐγὼ γὰρ οὐ μόνον δεθῆναι ἀλλὰ καὶ ἀποθανεῖν εἰς
Ἰερουσαλὴμ ἑτοίμως ἔχω ὑπὲρ τοῦ ὀνόματος τοῦ κυρίου Ἰησοῦ.

그때 바울이 대답했다. "너희가 어찌하여 울어서 나의 마음을 산산이
부서지게 만드느냐? 나는 주 예수의 이름을 위하여 묶일 뿐 아니라 죽을
준비가 되어 있다."

14절

μὴ πειθομένου δὲ αὐτοῦ ἡσυχάσαμεν εἰπόντες· τοῦ κυρίου τὸ θέλημα
γινέσθω.

그러므로 그가 설득당하지 않자 우리는 잠잠하며 말했다. "주님의 뜻이

이뤄지게 하소서."

15절

Μετὰ δὲ τὰς ἡμέρας ταύτας ἐπισκευασάμενοι ἀνεβαίνομεν εἰς Ἱερο σόλυμα·

그리고 이 일들 후에 우리는 짐을 꾸린 후 예루살렘으로 올라가고 있었다.

16절

συνῆλθον δὲ καὶ τῶν μαθητῶν ἀπὸ Καισαρείας σὺν ἡμῖν, ἄγοντες παρ' ᾧ ξενισθῶμεν Μνάσωνί τινι Κυπρίῳ, ἀρχαίῳ μαθητῇ.

그런데 카이사레이아 출신의 제자 중의 몇 사람이 우리와 동행했는데, 그들은 우리가 그의 집에 숙박하게 될 옛 제자인 키프로스 사람 므낫세를 데리고 갔다.

17절

Γενομένων δὲ ἡμῶν εἰς Ἱεροσόλυμα ἀσμένως ἀπεδέξαντο ἡμᾶς οἱ ἀδελφοί.

그리고 우리가 예루살렘에 도착했을 때 형제들이 우리를 기쁘게 영접했다.

18절

Τῇ δὲ ἐπιούσῃ εἰσῄει ὁ Παῦλος σὺν ἡμῖν πρὸς Ἰάκωβον, πάντες τε παρεγένοντο οἱ πρεσβύτεροι.

그리고 다음날 바울은 우리와 함께 야고보를 향하여 들어갔다. 그리고 모든 장로들이 곁에 있었다.

19절

καὶ ἀσπασάμενος αὐτοὺς ἐξηγεῖτο καθ᾽ ἓν ἕκαστον, ὧν ἐποίησεν ὁ θεὸς ἐν τοῖς ἔθνεσιν διὰ τῆς διακονίας αὐτοῦ.

그리고 그는 그들에게 인사하고 하나님께서 자기의 섬김을 통해 이방인들 속에서 행하신 것들을 하나씩 설명하고 있었다.

20절

Οἱ δὲ ἀκούσαντες ἐδόξαζον τὸν θεὸν εἶπόν τε αὐτῷ· θεωρεῖς, ἀδελφέ, πόσαι μυριάδες εἰσὶν ἐν τοῖς Ἰουδαίοις τῶν πεπιστευκότων καὶ πάντες ζηλωταὶ τοῦ νόμου ὑπάρχουσιν·

그러자 그들이 듣고 나서 하나님을 찬양하며 그에게 말했다. "보라! 형제여, 유대인 중에 믿는 자들이 수만 명이 있는데 그들은 모두 율법에 열심이 있는 자들이다.

21절

κατηχήθησαν δὲ περὶ σοῦ ὅτι ἀποστασίαν διδάσκεις ἀπὸ Μωϋσέως τοὺς κατὰ τὰ ἔθνη πάντας Ἰουδαίους λέγων μὴ περιτέμνειν αὐτοὺς τὰ τέκνα μηδὲ τοῖς ἔθεσιν περιπατεῖν.

그런데 그들은 너에 대하여 네가 이방들 속에 있는 모든 유대인에게 모세를 배반할 것을 가르치며 그들이 자식들에게 할례를 베풀지도 말고 관습을 따라 행하지도 말라고 말한다고 알고 있다.

22절

τί οὖν ἐστιν; πάντως ἀκούσονται ὅτι ἐλήλυθας.

그러므로 무엇이냐? 그들은 분명히 네가 온 것을 들을 것이다.

23절

τοῦτο οὖν ποίησον ὅ σοι λέγομεν· εἰσὶν ἡμῖν ἄνδρες τέσσαρες εὐχὴν ἔχοντες ἐφ᾽ ἑαυτῶν.

그러므로 너는 우리가 너에게 말하는 것을 행하라. 우리에게 스스로 서원을 가진 네 사람이 있으니

24절

τούτους παραλαβὼν ἁγνίσθητι σὺν αὐτοῖς καὶ δαπάνησον ἐπ᾽ αὐτοῖς ἵνα ξυρήσονται τὴν κεφαλήν, καὶ γνώσονται πάντες ὅτι ὧν κατήχηνται περὶ σοῦ οὐδέν ἐστιν ἀλλὰ στοιχεῖς καὶ αὐτὸς φυλάσσων τὸν νόμον.

이 사람들을 데리고 가서 그들과 함께 정결케 돼라. 그리고 그들을 위해 머리를 밀기 위한 비용을 지불하라. 그러면 모든 사람이 너에 대하여 알고 있는 것들이 아무것도 아니며 대신에 너 자신도 율법을 지키며 살아가고 있다는 것을 알게 될 것이다.

25절

περὶ δὲ τῶν πεπιστευκότων ἐθνῶν ἡμεῖς ἐπεστείλαμεν κρίναντες φυλάσσεσθαι αὐτοὺς τό τε εἰδωλόθυτον καὶ αἷμα καὶ πνικτὸν καὶ πορνείαν.

그리고 믿는 이방인들에 대해서는 우리가 판단하여 그들이 우상에게 바친 것과 피와 목 졸라 죽인 것과 음행을 삼가라고 편지를 보냈다."

26절

Τότε ὁ Παῦλος παραλαβὼν τοὺς ἄνδρας τῇ ἐχομένῃ ἡμέρᾳ σὺν αὐτο
ῖς ἁγνισθείς, εἰσῄει εἰς τὸ ἱερὸν διαγγέλλων τὴν ἐκπλήρωσιν τῶν ἡμερ
ῶν τοῦ ἁγνισμοῦ ἕως οὗ προσηνέχθη ὑπὲρ ἑνὸς ἑκάστου αὐτῶν ἡ προσφ
ορά.

그때 바울은 남자들을 데리고 다음날 그들과 함께 정결케 된 후 그들
각자 한 사람 한 사람을 위하여 예물을 드릴 때까지 정결의 날들이 완전히
채워졌음을 알리기 위해 성전에 들어갔다.

27절

Ὡς δὲ ἔμελλον αἱ ἑπτὰ ἡμέραι συντελεῖσθαι, οἱ ἀπὸ τῆς Ἀσίας Ἰουδ
αῖοι θεασάμενοι αὐτὸν ἐν τῷ ἱερῷ συνέχεον πάντα τὸν ὄχλον καὶ ἐπέβα
λον ἐπ᾽ αὐτὸν τὰς χεῖρας

그런데 7일이 끝나려는 때 아시아에서 온 유대인들이 그를 성전에서 보
고서 모든 군중을 선동하여 그를 붙잡으며

28절

κράζοντες· ἄνδρες Ἰσραηλῖται, βοηθεῖτε· οὗτός ἐστιν ὁ ἄνθρωπος
ὁ κατὰ τοῦ λαοῦ καὶ τοῦ νόμου καὶ τοῦ τόπου τούτου πάντας πανταχῇ
διδάσκων, ἔτι τε καὶ Ἕλληνας εἰσήγαγεν εἰς τὸ ἱερὸν καὶ κεκοίνωκεν
τὸν ἅγιον τόπον τοῦτον.

외쳤다. "이스라엘 사람들아, 도우라. 이 사람은 모든 곳에서 모든 사람에
게 율법과 이 장소에 대해 거슬러 말하는 사람인데, 심지어 헬라인들을
성전에 데리고 들어와서 이 거룩한 장소를 더럽혔다."

29절

ἦσαν γὰρ προεωρακότες Τρόφιμον τὸν Ἐφέσιον ἐν τῇ πόλει σὺν αὐτῷ, ὃν ἐνόμιζον ὅτι εἰς τὸ ἱερὸν εἰσήγαγεν ὁ Παῦλος.

왜냐하면 그들은 에베소 사람인 트로피모스를 그와 함께 도시에서 먼저 보았는데, 그를 바울이 성전에 데리고 들어온 것으로 생각했기 때문이다.

30절

ἐκινήθη τε ἡ πόλις ὅλη καὶ ἐγένετο συνδρομὴ τοῦ λαοῦ, καὶ ἐπιλαβόμενοι τοῦ Παύλου εἷλκον αὐτὸν ἔξω τοῦ ἱεροῦ καὶ εὐθέως ἐκλείσθησαν αἱ θύραι.

그러자 온 도시가 소란해지고 백성이 함께 뛰어가는 일이 벌어졌다. 그리고 사람들이 바울을 붙잡아 그를 성전 밖으로 끌어내자 즉시 문들이 닫혔다.

31절

Ζητούντων τε αὐτὸν ἀποκτεῖναι ἀνέβη φάσις τῷ χιλιάρχῳ τῆς σπείρης ὅτι ὅλη συγχύννεται Ἰερουσαλήμ.

그리고 그들이 죽이려고 할 때 보병부대의 천인대장에게 온 도시가 소란스럽다는 보고가 올라갔다.

32절

ὃς ἐξαυτῆς παραλαβὼν στρατιώτας καὶ ἑκατοντάρχας κατέδραμεν ἐπ᾽ αὐτούς, οἱ δὲ ἰδόντες τὸν χιλίαρχον καὶ τοὺς στρατιώτας ἐπαύσαντο τύπτοντες τὸν Παῦλον.

그는 즉시 군인들과 백인대장들을 데리고 그들에게로 달려 내려갔다.

그러자 그들은 천인대장과 군인들을 보고서 바울을 때리는 것을 멈추었다.

33절

τότε ἐγγίσας ὁ χιλίαρχος ἐπελάβετο αὐτοῦ καὶ ἐκέλευσεν δεθῆναι ἁλύσεσιν δυσίν, καὶ ἐπυνθάνετο τίς εἴη καὶ τί ἐστιν πεποιηκώς.

그때 천인대장이 다가가서 그를 붙잡았다. 그리고 두 개의 쇠사슬에 묶이도록 명령했다. 그리고 그가 누구이며 그가 행한 일이 무엇인지 물었다.

34절

ἄλλοι δὲ ἄλλο τι ἐπεφώνουν ἐν τῷ ὄχλῳ. μὴ δυναμένου δὲ αὐτοῦ γνῶναι τὸ ἀσφαλὲς διὰ τὸν θόρυβον ἐκέλευσεν ἄγεσθαι αὐτὸν εἰς τὴν παρεμβολήν.

그러자 군중 속에서 사람들이 서로 다른 무엇을 외치고 있었다. 그리고 그가 소요 때문에 확실한 것을 알 수 없게 되자 그를 막사로 데리고 갈 것을 명령했다.

35절

ὅτε δὲ ἐγένετο ἐπὶ τοὺς ἀναβαθμούς, συνέβη βαστάζεσθαι αὐτὸν ὑπὸ τῶν στρατιωτῶν διὰ τὴν βίαν τοῦ ὄχλου,

그런데 그가 계단에 왔을 때 군중의 폭력 때문에 그는 군인들에 의해 들려서 올라가는 일이 생겼다.

36절

ἠκολούθει γὰρ τὸ πλῆθος τοῦ λαοῦ κράζοντες· αἶρε αὐτόν.

왜냐하면 백성의 무리가 쫓아오면서 "죽여라, 죽여라" 외치고 있었기 때문이다.

37절

Μέλλων τε εἰσάγεσθαι εἰς τὴν παρεμβολὴν ὁ Παῦλος λέγει τῷ χιλιά ρχῳ· εἰ ἔξεστίν μοι εἰπεῖν τι πρὸς σέ; ὁ δὲ ἔφη· Ἑλληνιστὶ γινώσκεις;

그리고 막사로 들어가려 할 때 바울이 천인대장에게 말한다. "당신에게 무엇을 말하는 것이 나에게 가능하냐?" 그러자 그가 엄숙히 말했다. "네가 헬라어를 아느냐?

38절

οὐκ ἄρα σὺ εἶ ὁ Αἰγύπτιος ὁ πρὸ τούτων τῶν ἡμερῶν ἀναστατώσας καὶ ἐξαγαγὼν εἰς τὴν ἔρημον τοὺς τετρακισχιλίους ἄνδρας τῶν σικαρίων;

그러면 너는 혹시 이전에 폭동을 일으킨 후 4,000명의 자객을 광야로 데리고 나간 그 에집트 사람 아니냐?"

39절

εἶπεν δὲ ὁ Παῦλος· ἐγὼ ἄνθρωπος μέν εἰμι Ἰουδαῖος, Ταρσεὺς τῆς Κιλικίας, οὐκ ἀσήμου πόλεως πολίτης· δέομαι δέ σου, ἐπίτρεψόν μοι λαλῆσαι πρὸς τὸν λαόν.

그러자 바울이 말했다. "나는 유대인이고, 길리기아 다소 사람이고, 작지 않은 도시의 시민이다. 그런데 내가 당신께 구하오니, 나에게 백성을 향하여 말하도록 허락하라."

40절

ἐπιτρέψαντος δὲ αὐτοῦ ὁ Παῦλος ἑστὼς ἐπὶ τῶν ἀναβαθμῶν κατέσει
σεν τῇ χειρὶ τῷ λαῷ. πολλῆς δὲ σιγῆς γενομένης προσεφώνησεν τῇ
Ἑβραΐδι διαλέκτῳ λέγων·

그런데 그가 허락하자 바울이 계단에 서서 백성에게 손짓했다. 그리고
많은 침묵이 있자 그가 히브리어로 외치며 말했다.

해설

　밀레토스에서 에베소교회의 장로들과 작별한 바울 일행은 코스, 로도스, 파타라, 두로, 프톨레마이오스, 카이사레이아를 거쳐 예루살 렘으로 올라가 교회의 장로들에게 이방인 교회의 헌금을 전달하고 이방인 선교의 성과를 보고한다. 그러나 예루살렘교회의 지도자들 은 유대주의자들의 공격을 피하기 위해 바울에게 모세의 율법대로 정결 의식을 행하고 예물을 바칠 것을 권유한다. 그리고 바울은 그들 의 말에 복종하여 시키는 대로 하지만, 예루살렘 성전에서 붙잡혀 끌려 나간다. 유대인들이 바울을 돌로 쳐 죽이려는 순간 예루살렘에 주둔하고 있던 로마군 천인대장이 보고를 받고 군대를 이끌고 나타나 그를 구출한다. 유대인들이 바울을 죽이라고 소리치며 따라오자 로 마 군인들은 그를 위로 들어 올린 상태로 로마군 사령부로 데리고 들어간다. 군인들이 사령부로 올라가는 계단에 이르렀을 때 바울은 천인대장의 허락을 받고 유대인들에게 자기 자신을 변증하는 간증을 하게 된다.

　여기서 쟁점이 되는 것은 할례와 율법과 성전의 유효성에 관한 문제다. 그리스도께서 세상에 오셔서 십자가 대속의 죽음을 통해 구 원의 길을 열어놓으신 지 벌써 30년이나 지났지만, 예루살렘 성전에 서는 여전히 짐승들이 도살되고 있고, 기독교 지도자들은 율법과 할 례를 고수하며 유대교 울타리 안에 머물려 한다. 심지어 오직 예수를 믿음으로 하나님의 은혜로 구원받는다고 선포해 왔던 바울도 그들의 의견을 따라 행동한다. 이것은 예루살렘이라는 도시 전체가 얼마나 반역적인가를 보여주는 사례다. 예루살렘은 하나님의 진리의 빛을 삼키는 블랙홀과 같은 어둠의 도시다. 거기서는 세상을 향한 하나님의 사랑, 하나님의 은혜, 하나님의 의, 하나님의 자유와 영광, 하나님과의 생명의 교제, 하나님의 본질에 참여는 밀려나고 사람의 손으로 지은 성전과 짐승의 피와 육체의 생식기에 남겨진 흔적이라는 그림자와 모형이 주인 노릇 하는 반역이 계속되고 있다.

성령을 거역하는 사람들

사도행전 22:1-30

1절

Ἄνδρες ἀδελφοὶ καὶ πατέρες, ἀκούσατέ μου τῆς πρὸς ὑμᾶς νυνὶ ἀπολογίας.

"형제들과 아버지들이여, 지금 여러분을 향한 나의 변명을 들으라."

2절

ἀκούσαντες δὲ ὅτι τῇ Ἑβραΐδι διαλέκτῳ προσεφώνει αὐτοῖς, μᾶλλον παρέσχον ἡσυχίαν. καὶ φησίν·

그런데 그가 히브리어로 목소리를 높이는 것을 듣고 그들은 더욱 침묵을 주었다. 그리고 그는 엄숙히 말했다.

3절

ἐγώ εἰμι ἀνὴρ Ἰουδαῖος, γεγεννημένος ἐν Ταρσῷ τῆς Κιλικίας, ἀνατεθραμμένος δὲ ἐν τῇ πόλει ταύτῃ, παρὰ τοὺς πόδας Γαμαλιὴλ πεπαιδευμένος κατὰ ἀκρίβειαν τοῦ πατρῴου νόμου, ζηλωτὴς ὑπάρχων τοῦ θεοῦ καθὼς πάντες ὑμεῖς ἐστε σήμερον·

"나는 유대 남자이고, 길리기아의 다소에서 태어났고, 이 도시에서 자랐고, 조상의 율법의 엄격함을 따라 가말리엘의 발 옆에서 교육받았고, 오늘 여러분 모두처럼 하나님께 열심 있는 사람이다.

4절

ὃς ταύτην τὴν ὁδὸν ἐδίωξα ἄχρι θανάτου δεσμεύων καὶ παραδιδοὺς εἰς φυλακὰς ἄνδρας τε καὶ γυναῖκας,

나는 남자든지 여자든지 묶어서 감옥에 넘기고 죽이기까지 이 도를 박해하였다.

5절

ὡς καὶ ὁ ἀρχιερεὺς μαρτυρεῖ μοι καὶ πᾶν τὸ πρεσβυτέριον, παρ᾽ ὧν καὶ ἐπιστολὰς δεξάμενος πρὸς τοὺς ἀδελφοὺς εἰς Δαμασκὸν ἐπορευόμην, ἄξων καὶ τοὺς ἐκεῖσε ὄντας δεδεμένους εἰς Ἰερουσαλὴμ ἵνα τιμωρηθῶσιν.

그리하여 대제사장과 모든 장로회가 나를 인정하여, 그들에게서 다메섹에 있는 형제들을 향한 편지를 받아서 갔는데, 그것은 거기에 있는 사람들을 결박하여 예루살렘으로 끌어와 그들이 벌을 받게 하려는 것이었다.

6절

Ἐγένετο δέ μοι πορευομένῳ καὶ ἐγγίζοντι τῇ Δαμασκῷ περὶ μεσημβρίαν ἐξαίφνης ἐκ τοῦ οὐρανοῦ περιαστράψαι φῶς ἱκανὸν περὶ ἐμέ,

그런데 내가 가서 정오쯤 다메섹에 다가갔을 때 갑자기 하늘로부터 강력한 빛이 나의 주위를 두루 비추는 일이 일어났다.

7절

ἔπεσά τε εἰς τὸ ἔδαφος καὶ ἤκουσα φωνῆς λεγούσης μοι· Σαοὺλ Σαούλ, τί με διώκεις;

그리고 나는 바닥에 쓰러져 나에게 말하는 음성을 들었다. '사울, 사울, 왜 나를 핍박하느냐?'

8절

ἐγὼ δὲ ἀπεκρίθην· τίς εἶ, κύριε; εἶπέν τε πρός με· ἐγώ εἰμι Ἰησοῦς ὁ Ναζωραῖος, ὃν σὺ διώκεις.

그래서 나는 대답했다. '당신은 누구입니까, 주님?' 그리고 그가 나를 향하여 말했다. '나는 네가 핍박하는 예수다.'

9절

οἱ δὲ σὺν ἐμοὶ ὄντες τὸ μὲν φῶς ἐθεάσαντο τὴν δὲ φωνὴν οὐκ ἤκουσαν τοῦ λαλοῦντός μοι.

그런데 나와 함께 있던 사람들은 빛을 보았으나 나에게 이야기하는 음성은 듣지 못했다.

10절

εἶπον δέ· τί ποιήσω, κύριε; ὁ δὲ κύριος εἶπεν πρός με· ἀναστὰς πορεύου εἰς Δαμασκὸν κἀκεῖ σοι λαληθήσεται περὶ πάντων ὧν τέτακταί σοι ποιῆσαι.

그래서 나는 말했다. '내가 무엇을 해야 하나요, 주님?' 그러자 주님께서 나를 향하여 말씀하셨다. '일어나 다메섹으로 가라. 그러면 거기서 너에

게 행하도록 결정된 모든 것에 대해 너에게 이야기될 것이다.'

11절

ὡς δὲ οὐκ ἐνέβλεπον ἀπὸ τῆς δόξης τοῦ φωτὸς ἐκείνου, χειραγωγού
μενος ὑπὸ τῶν συνόντων μοι ἦλθον εἰς Δαμασκόν.

그런데 저 빛의 영광 때문에 내가 눈을 뜨지 못하게 되어서 나는 함께
있던 사람들에 의해 인도를 받아 다메섹으로 갔다.

12절

Ἀνανίας δέ τις, ἀνὴρ εὐλαβὴς κατὰ τὸν νόμον, μαρτυρούμενος ὑπὸ
πάντων τῶν κατοικούντων Ἰουδαίων,

그런데 율법을 따라 경건한 사람이며 거기에 거주하는 모든 유대인에
의해 증거를 받는 아나니아라는 어떤 남자가

13절

ἐλθὼν πρός με καὶ ἐπιστὰς εἶπέν μοι· Σαοὺλ ἀδελφέ, ἀνάβλεψον.
κἀγὼ αὐτῇ τῇ ὥρᾳ ἀνέβλεψα εἰς αὐτόν.

나를 향하여 오더니 곁에 서서 나에게 말했다. '사울 형제여, 눈을 떠라.'
그리고 나는 바로 그 시간에 그를 쳐다보았다.

14절

ὁ δὲ εἶπεν· ὁ θεὸς τῶν πατέρων ἡμῶν προεχειρίσατό σε γνῶναι τὸ
θέλημα αὐτοῦ καὶ ἰδεῖν τὸν δίκαιον καὶ ἀκοῦσαι φωνὴν ἐκ τοῦ στόματος
αὐτοῦ,

그러자 그가 말했다. '우리 조상들의 하나님께서 네가 그의 뜻을 알고,
그 의인을 보고, 그의 입에서 나오는 음성을 듣도록 예정하셨으니,

15절
ὅτι ἔσῃ μάρτυς αὐτῷ πρὸς πάντας ἀνθρώπους ὧν ἑώρακας καὶ ἤκου
σας.
이는 네가 그를 위하여 모든 사람을 향하여 네가 보고 들은 것들의 증인이
되게 하시려는 것이다.

16절
καὶ νῦν τί μέλλεις; ἀναστὰς βάπτισαι καὶ ἀπόλουσαι τὰς ἁμαρτίας
σου ἐπικαλεσάμενος τὸ ὄνομα αὐτοῦ.
그러므로 네가 지금 무엇을 할 것이냐? 일어나 세례를 받고 그의 이름을
불러 너의 죄들을 씻으라.'

17절
Ἐγένετο δέ μοι ὑποστρέψαντι εἰς Ἰερουσαλὴμ καὶ προσευχομένου
μου ἐν τῷ ἱερῷ γενέσθαι με ἐν ἐκστάσει
그리고 내가 예루살렘에 돌아가서 성전에서 기도하고 있을 때 내가 환상
속에 있으며,

18절
καὶ ἰδεῖν αὐτὸν λέγοντά μοι· σπεῦσον καὶ ἔξελθε ἐν τάχει ἐξ Ἰερουσ
αλήμ, διότι οὐ παραδέξονταί σου μαρτυρίαν περὶ ἐμοῦ.

그분이 나에게 말씀하시는 것을 보게 되었다. '서둘러 빨리 예루살렘에서 나가라. 왜냐하면 사람들이 나에 대한 너의 증거를 받아들이지 않을 것이기 때문이다.'

19절

κἀγὼ εἶπον· κύριε, αὐτοὶ ἐπίστανται ὅτι ἐγὼ ἤμην φυλακίζων καὶ δέρων κατὰ τὰς συναγωγὰς τοὺς πιστεύοντας ἐπὶ σέ,

그래서 내가 말했다. '주님, 그들 자신이 내가 회당마다 당신을 믿는 사람들을 감금하고 때리고 있었던 것을 알고 있습니다.

20절

καὶ ὅτε ἐξεχύννετο τὸ αἷμα Στεφάνου τοῦ μάρτυρός σου, καὶ αὐτὸς ἤμην ἐφεστὼς καὶ συνευδοκῶν καὶ φυλάσσων τὰ ἱμάτια τῶν ἀναιρούντων αὐτόν.

그리고 당신의 증인 스테파노스의 피가 쏟아질 때 나 자신도 곁에 서서 찬성하여 그를 제거하는 자들의 옷들을 지켰습니다.'

21절

καὶ εἶπεν πρός με· πορεύου, ὅτι ἐγὼ εἰς ἔθνη μακρὰν ἐξαποστελῶ σε.

그러자 그분이 나를 향하여 말씀하셨다. '가라! 이는 내가 너를 멀리 이방인들에게 보낼 것이기 때문이다.'"

22절

Ἤκουον δὲ αὐτοῦ ἄχρι τούτου τοῦ λόγου καὶ ἐπῆραν τὴν φωνὴν

αὐτῶν λέγοντες· αἶρε ἀπὸ τῆς γῆς τὸν τοιοῦτον, οὐ γὰρ καθῆκεν αὐτὸν ζῆν.

그러자 그들은 그의 이 말까지 듣고 나서 그들의 목소리를 높이며 말했다. "이런 자를 땅에서 제거하라. 왜냐하면 그가 사는 것은 합당하지 않기 때문이다."

23절

κραυγαζόντων τε αὐτῶν καὶ ῥιπτούντων τὰ ἱμάτια καὶ κονιορτὸν βαλλόντων εἰς τὸν ἀέρα,

그리고 그들이 고함을 지르며 옷들을 내던지고 공중으로 먼지를 날리고 있을 때

24절

ἐκέλευσεν ὁ χιλίαρχος εἰσάγεσθαι αὐτὸν εἰς τὴν παρεμβολήν, εἴπας μάστιξιν ἀνετάζεσθαι αὐτὸν ἵνα ἐπιγνῷ δι᾽ ἣν αἰτίαν οὕτως ἐπεφώνουν αὐτῷ.

천인대장은 그를 막사로 데려가라고 명령했다. 그리고 어떤 이유로 그들이 이렇게 그에게 소리치고 있었는지 알기 위하여 채찍으로 심문하라고 말했다.

25절

ὡς δὲ προέτειναν αὐτὸν τοῖς ἱμᾶσιν, εἶπεν πρὸς τὸν ἑστῶτα ἑκατόντ αρχον ὁ Παῦλος· εἰ ἄνθρωπον Ῥωμαῖον καὶ ἀκατάκριτον ἔξεστιν ὑμῖν μαστίζειν;

그런데 군인들이 그에게 채찍을 내밀었을 때 바울이 곁에 서 있던 백인대
장을 향하여 말했다. "로마 사람을, 그것도 유죄판결을 받지 않은 상태로
채찍질하는 것이 너희에게 합당하냐?"

26절

ἀκούσας δὲ ὁ ἑκατοντάρχης προσελθὼν τῷ χιλιάρχῳ ἀπήγγειλεν
λέγων· τί μέλλεις ποιεῖν; ὁ γὰρ ἄνθρωπος οὗτος Ῥωμαῖός ἐστιν.

그러자 백인대장이 천인대장에게 나아가 보고하며 말했다. "무엇을 하
시려는 겁니까? 이 사람은 로마 사람입니다."

27절

προσελθὼν δὲ ὁ χιλίαρχος εἶπεν αὐτῷ· λέγε μοι, σὺ Ῥωμαῖος εἶ;
ὁ δὲ ἔφη· ναί.

그러자 천인대장이 다가와 바울에게 말했다. "나에게 말하라. 네가 로마
인이냐?" 그러자 바울이 엄숙히 말했다. "그렇다."

28절

ἀπεκρίθη δὲ ὁ χιλίαρχος· ἐγὼ πολλοῦ κεφαλαίου τὴν πολιτείαν ταύτ
ην ἐκτησάμην. ὁ δὲ Παῦλος ἔφη· ἐγὼ δὲ καὶ γεγέννημαι.

그러자 천인대장이 대답했다. "나는 많은 돈으로 이 시민권을 얻었다."
그러자 바울이 엄숙히 말했다. "그러나 나는 로마인으로 태어났다."

29절

εὐθέως οὖν ἀπέστησαν ἀπ᾽ αὐτοῦ οἱ μέλλοντες αὐτὸν ἀνετάζειν, καὶ ὁ χιλίαρχος δὲ ἐφοβήθη ἐπιγνοὺς ὅτι Ῥωμαῖός ἐστιν καὶ ὅτι αὐτὸν ἦν δεδεκώς.

그러자 그를 심문하려던 군인들이 즉시 그에게 물러났다. 그리고 천인대장은 그가 로마인이라는 것과 그를 결박했던 것 때문에 두려워했다.

30절

Τῇ δὲ ἐπαύριον βουλόμενος γνῶναι τὸ ἀσφαλές, τὸ τί κατηγορεῖται ὑπὸ τῶν Ἰουδαίων, ἔλυσεν αὐτὸν καὶ ἐκέλευσεν συνελθεῖν τοὺς ἀρχιερεῖς καὶ πᾶν τὸ συνέδριον, καὶ καταγαγὼν τὸν Παῦλον ἔστησεν εἰς αὐτούς.

그리고 다음날 그는 자세한 것을, 즉 왜 그가 유대인들에 의해 고발당하고 있는지를 알아보기 위하여 대제사장들과 모든 공의회가 모이도록 명령했다. 그리고 바울을 데리고 내려와 그들에게 세웠다.

해설

　바울은 자신의 동족인 유대인들의 구원을 위해서는 목숨을 바칠 각오까지 되어 있는 사람이다. 그는 하나님께서 성령의 능력으로 자기에게 행하신 기이하고 놀라운 사건을 이야기하면 유대인들이 불신앙에서 돌이켜 하나님께로 돌아오리라 생각하고 간증을 시작한다. 그러나 유대인들은 오히려 더 분노하며 바울을 죽이라고 소리친다. 여기서 문제는 바울과 유대인들의 관계가 아니다. 그것은 하나님과 유대인들의 관계다. 왜냐하면 바울은 없는 이야기를 지어낸 것이 아니기 때문이다. 그는 실제로 자기에게 일어난 일을 솔직하고 담백하게 말하고 있을 뿐이다. 기독교를 잔인하게 파괴하며 그것으로 유대교 지도자들의 인정을 받을 정도로 유대교에 열심이었던 자신이 변하여 예수의 제자가 된 것은 자신의 의지와는 아무 상관이 없는 하나님의 사건이라는 것을 그는 말하고 싶었다. 그리고 그는 우리가 경험하고 살아가는 이 세상에는 모든 것을 초월하는 신의 세계가 존재하며, 인간은 그 나라에 복종해야 한다는 것을 말한다. 그러므로 이 간증의 본질은 하나님의 뜻을 모르고 망둥이처럼 날뛰던 바울을 압도적인 능력으로 쓰러뜨리고 굴복시킨 예수의 살아계심과 절대적 능력을 찬양하는 것이다. 이제 남는 것은 바울을 변화시키고 바울을 통해 말씀하시는 그분의 실체를 어떻게 인식하고 받아들이는가이다. 그들이 바울의 간증을 거부하는 것은 곧 바울을 변화시키시고 바울의 입을 통하여 말씀하시는 성령을 거역하는 것이다. 그리고 성령을 거역하는 일은 그들의 조상들이 옛날부터 해 왔던 일이다. 그 반역은 하나님께서 보내신 예언자들을 죽이고 하나님의 아들 예수 그리스도를 십자가에 못 박음으로 완성되는데, 그 반역은 지금도 계속되고 있다.

임마누엘의 하나님

사도행전 23:1-35

1절

Ἀτενίσας δὲ ὁ Παῦλος τῷ συνεδρίῳ εἶπεν· ἄνδρες ἀδελφοί, ἐγὼ
πάσῃ συνειδήσει ἀγαθῇ πεπολίτευμαι τῷ θεῷ ἄχρι ταύτης τῆς ἡμέρας.

그러자 바울이 공의회를 응시하며 말했다. "형제들아, 나는 모든 선한
양심으로 이날까지 하나님을 섬겼다."

2절

ὁ δὲ ἀρχιερεὺς Ἀνανίας ἐπέταξεν τοῖς παρεστῶσιν αὐτῷ τύπτειν
αὐτοῦ τὸ στόμα.

그러자 대제사장 하나니아가 그의 곁에 서 있던 사람들에 그의 입을 치라
고 명령했다.

3절

τότε ὁ Παῦλος πρὸς αὐτὸν εἶπεν· τύπτειν σε μέλλει ὁ θεός, τοῖχε
κεκονιαμένε· καὶ σὺ κάθῃ κρίνων με κατὰ τὸν νόμον καὶ παρανομῶν
κελεύεις με τύπτεσθαι;

그때 바울이 그를 향하여 말했다. "회칠한 벽아, 하나님께서 너를 치실

것이다. 네가 율법을 따라 심판한다고 앉아 있으면서 율법을 어기며 나를 때리라고 명령하느냐?"

4절

οἱ δὲ παρεστῶτες εἶπαν· τὸν ἀρχιερέα τοῦ θεοῦ λοιδορεῖς;

그러자 곁에 서 있던 사람들이 말했다. "네가 하나님의 대제사장을 비난하느냐?"

5절

ἔφη τε ὁ Παῦλος· οὐκ ᾔδειν, ἀδελφοί, ὅτι ἐστὶν ἀρχιερεύς· γέγραπται γὰρ ὅτι ἄρχοντα τοῦ λαοῦ σου οὐκ ἐρεῖς κακῶς.

그러자 바울이 엄숙히 말했다. "형제들아, 나는 그가 대제사장인 것을 몰랐다. '너는 백성의 지도자를 나쁘게 말하지 말라'고 기록되어 있기 때문이다."

6절

Γνοὺς δὲ ὁ Παῦλος ὅτι τὸ ἓν μέρος ἐστὶν Σαδδουκαίων τὸ δὲ ἕτερον Φαρισαίων ἔκραζεν ἐν τῷ συνεδρίῳ· ἄνδρες ἀδελφοί, ἐγὼ Φαρισαῖός εἰμι, υἱὸς Φαρισαίων, περὶ ἐλπίδος καὶ ἀναστάσεως νεκρῶν ἐγὼ κρίνομαι.

그런데 바울은 한쪽은 바리새인들이고 다른 쪽은 사두개인들인 것을 알고 공의회에서 외치고 있었다. "형제들아, 나는 바리새인이며, 바리새인들의 아들이다. 나는 죽은 자들의 부활과 희망 때문에 재판을 받고 있다."

7절

τοῦτο δὲ αὐτοῦ εἰπόντος ἐγένετο στάσις τῶν Φαρισαίων καὶ Σαδδου
καίων καὶ ἐσχίσθη τὸ πλῆθος.

그런데 그가 이것을 말하자 바리새인들과 사두개인들의 다툼이 일어나
고 무리가 갈라졌다.

8절

Σαδδουκαῖοι μὲν γὰρ λέγουσιν μὴ εἶναι ἀνάστασιν μήτε ἄγγελον
μήτε πνεῦμα, Φαρισαῖοι δὲ ὁμολογοῦσιν τὰ ἀμφότερα.

왜냐하면 사두개인들은 부활도 천사도 영도 없다고 말하고 있었으나,
바리새인들은 모든 것을 인정하고 있었기 때문이다.

9절

ἐγένετο δὲ κραυγὴ μεγάλη, καὶ ἀναστάντες τινὲς τῶν γραμματέων
τοῦ μέρους τῶν Φαρισαίων διεμάχοντο λέγοντες· οὐδὲν κακὸν εὑρίσκο
μεν ἐν τῷ ἀνθρώπῳ τούτῳ· εἰ δὲ πνεῦμα ἐλάλησεν αὐτῷ ἢ ἄγγελος;

그리고 큰 고함 소리가 나고 바리새파의 서기관 중에 어떤 사람들이 일어
나 맞서 싸우며 말하고 있었다. "우리는 이 사람에게서 어떤 악한 것도
찾지 못하고 있다. 만약 영이나 천사가 그에게 이야기했다면…."

10절

Πολλῆς δὲ γινομένης στάσεως φοβηθεὶς ὁ χιλίαρχος μὴ διασπασθῇ
ὁ Παῦλος ὑπ᾽ αὐτῶν ἐκέλευσεν τὸ στράτευμα καταβὰν ἁρπάσαι αὐτὸν
ἐκ μέσου αὐτῶν ἄγειν τε εἰς τὴν παρεμβολήν.

그런데 많은 다툼이 생기자 천인대장은 바울이 그들에 의해 찢길까 두려워하여 군인들로 하여금 내려가서 그를 그들 가운데서 낚아채서 막사로 데려갈 것을 명령했다.

11절

Τῇ δὲ ἐπιούσῃ νυκτὶ ἐπιστὰς αὐτῷ ὁ κύριος εἶπεν· θάρσει· ὡς γὰρ διεμαρτύρω τὰ περὶ ἐμοῦ εἰς Ἰερουσαλήμ, οὕτως σε δεῖ καὶ εἰς Ῥώμην μαρτυρῆσαι.

그런데 다음날 밤 주님께서 그에게 나타나 말씀하셨다. "용기를 내라. 네가 예루살렘에서 나에 대하여 증거한 것처럼, 이와 같이 네가 반드시 로마에서도 증거해야 한다."

12절

Γενομένης δὲ ἡμέρας ποιήσαντες συστροφὴν οἱ Ἰουδαῖοι ἀνεθεμάτισαν ἑαυτοὺς λέγοντες μήτε φαγεῖν μήτε πιεῖν ἕως οὗ ἀποκτείνωσιν τὸν Παῦλον.

그런데 날이 밝았을 때 유대인들은 음모를 꾸미고 그들이 바울을 죽일 때까지 먹지도 않고 마시지도 않겠다고 말하며 스스로 맹세했다.

13절

ἦσαν δὲ πλείους τεσσεράκοντα οἱ ταύτην τὴν συνωμοσίαν ποιησάμενοι,

그런데 함께 이 맹세를 한 사람들이 40명이 넘었는데,

14절

οἵτινες προσελθόντες τοῖς ἀρχιερεῦσιν καὶ τοῖς πρεσβυτέροις εἶπαν· ἀναθέματι ἀνεθεματίσαμεν ἑαυτοὺς μηδενὸς γεύσασθαι ἕως οὗ ἀποκτε ίνωμεν τὸν Παῦλον.

그들은 대제사장들과 장로들에게 나아가 말했다. "우리는 바울을 죽일 때까지는 그 어떤 것도 맛보지 않기로 스스로 맹세하고 맹세했다.

15절

νῦν οὖν ὑμεῖς ἐμφανίσατε τῷ χιλιάρχῳ σὺν τῷ συνεδρίῳ ὅπως καταγ άγη αὐτὸν εἰς ὑμᾶς ὡς μέλλοντας διαγινώσκειν ἀκριβέστερον τὰ περὶ αὐτοῦ· ἡμεῖς δὲ πρὸ τοῦ ἐγγίσαι αὐτὸν ἕτοιμοί ἐσμεν τοῦ ἀνελεῖν αὐτόν.

그러므로 지금 당신들은 공의회와 함께 천인대장에게 가서 그에 대하여 더 자세하게 알려고 하는 것처럼 그를 당신들에게 데리고 내려오도록 하라. 그러면 우리는 그가 가까이 오기 전에 그를 제거할 준비가 되어 있다."

16절

Ἀκούσας δὲ ὁ υἱὸς τῆς ἀδελφῆς Παύλου τὴν ἐνέδραν, παραγενόμεν ος καὶ εἰσελθὼν εἰς τὴν παρεμβολὴν ἀπήγγειλεν τῷ Παύλῳ.

그런데 바울의 자매의 아들이 그 음모를 듣고서 나아가 막사로 들어가서 바울에게 알렸다.

17절

προσκαλεσάμενος δὲ ὁ Παῦλος ἕνα τῶν ἑκατονταρχῶν ἔφη· τὸν

νεανίαν τοῦτον ἀπάγαγε πρὸς τὸν χιλίαρχον, ἔχει γὰρ ἀπαγγεῖλαί τι αὐτῷ.

그러자 바울이 백인대장들 중에 하나를 불러 엄숙히 말했다. "이 젊은이를 천인대장을 향하여 데려가라. 이는 그가 그에게 알릴 무엇인가를 가지고 있기 때문이다."

18절

ὁ μὲν οὖν παραλαβὼν αὐτὸν ἤγαγεν πρὸς τὸν χιλίαρχον καὶ φησίν· ὁ δέσμιος Παῦλος προσκαλεσάμενός με ἠρώτησεν τοῦτον τὸν νεανίσκον ἀγαγεῖν πρὸς σὲ ἔχοντά τι λαλῆσαί σοι.

그러므로 그는 그를 데리고 천인대장을 향하여 가서 엄숙히 말했다. "죄수 바울이 나를 불러서 당신께 무언가 이야기할 것을 가지고 있는 이 젊은이를 당신을 향해 데리고 갈 것을 부탁했다."

19절

ἐπιλαβόμενος δὲ τῆς χειρὸς αὐτοῦ ὁ χιλίαρχος καὶ ἀναχωρήσας κατ' ἰδίαν ἐπυνθάνετο, τί ἐστιν ὃ ἔχεις ἀπαγγεῖλαί μοι;

그러자 천인대장이 그의 손을 잡고 따로 떠나서 물었다. "네가 나에게 알리기 위해 가지고 있는 것이 무엇이냐?"

20절

εἶπεν δὲ ὅτι οἱ Ἰουδαῖοι συνέθεντο τοῦ ἐρωτῆσαί σε ὅπως αὔριον τὸν Παῦλον καταγάγῃς εἰς τὸ συνέδριον ὡς μέλλον τι ἀκριβέστερον πυνθάνεσθαι περὶ αὐτοῦ.

그러자 그가 말했다. "유대인들이 바울에 대하여 무언가 더 자세한 것을 질문하려는 듯이 내일 당신이 그를 공의회에 데리고 내려오도록 당신께 부탁하려고 합의했다.

21절

σὺ οὖν μὴ πεισθῇς αὐτοῖς· ἐνεδρεύουσιν γὰρ αὐτὸν ἐξ αὐτῶν ἄνδρες πλείους τεσσεράκοντα, οἵτινες ἀνεθεμάτισαν ἑαυτοὺς μήτε φαγεῖν μήτε πιεῖν ἕως οὗ ἀνέλωσιν αὐτόν, καὶ νῦν εἰσιν ἕτοιμοι προσδεχόμενοι τὴν ἀπὸ σοῦ ἐπαγγελίαν.

그러므로 당신은 그들에게 설득당하지 말라. 왜냐하면 그들 중 40명이 넘는 사람들이 그를 숨어서 기다리고 있기 때문이다. 그들은 그를 죽일 때까지 먹지도 않고 마시지도 않겠다고 스스로 맹세하고 당신께로부터 약속을 기다리고 있다."

22절

ὁ μὲν οὖν χιλίαρχος ἀπέλυσεν τὸν νεανίσκον παραγγείλας μηδενὶ ἐκλαλῆσαι ὅτι ταῦτα ἐνεφάνισας πρός με.

그러므로 천인대장은 그 젊은이를 보내면서 그가 자기에게 이것들을 알렸다는 것을 그 누구에게도 이야기하지 말라고 명령했다.

23절

Καὶ προσκαλεσάμενος δύο τινὰς τῶν ἑκατονταρχῶν εἶπεν· ἑτοίμασα τε στρατιώτας διακοσίους, ὅπως πορευθῶσιν ἕως Καισαρείας, καὶ ἱππεῖς ἑβδομήκοντα καὶ δεξιολάβους διακοσίους ἀπὸ τρίτης ὥρας τῆς νυκτός,

그리고 백인대장들 중에 둘을 불러 말했다. "카이사레이아로 가도록 밤 3시까지 보병 200명과 기병 70명과 창병 200명을 준비시켜라.

24절

κτήνη τε παραστῆσαι ἵνα ἐπιβιβάσαντες τὸν Παῦλον διασώσωσιν πρὸς Φήλικα τὸν ἡγεμόνα,

그리고 바울을 태워서 총독 펠릭스를 향하여 안전하게 구출할 수 있도록 짐승을 데려와라."

25절

γράψας ἐπιστολὴν ἔχουσαν τὸν τύπον τοῦτον·

그리고 이런 형식을 가진 편지를 썼다.

26절

Κλαύδιος Λυσίας τῷ κρατίστῳ ἡγεμόνι Φήλικι χαίρειν.

"클라우디우스 뤼시아스는 총독 펠릭스 각하에게 인사합니다.

27절

Τὸν ἄνδρα τοῦτον συλλημφθέντα ὑπὸ τῶν Ἰουδαίων καὶ μέλλοντα ἀναιρεῖσθαι ὑπ᾽ αὐτῶν ἐπιστὰς σὺν τῷ στρατεύματι ἐξειλάμην μαθὼν ὅτι Ῥωμαῖός ἐστιν.

나는 유대인들에게 붙잡혀서 그들에 의해 제거되려는 이 사람이 로마인 이라는 것을 알고 군사와 함께 가서 구출했습니다.

28절

βουλόμενός τε ἐπιγνῶναι τὴν αἰτίαν δι' ἣν ἐνεκάλουν αὐτῷ, κατήγα
γον εἰς τὸ συνέδριον αὐτῶν

그리고 무슨 이유로 그들이 그를 고발하는지 알기 위해 그들의 공의회로
데리고 내려갔습니다.

29절

ὃν εὗρον ἐγκαλούμενον περὶ ζητημάτων τοῦ νόμου αὐτῶν, μηδὲν
δὲ ἄξιον θανάτου ἢ δεσμῶν ἔχοντα ἔγκλημα.

그리고 나는 그가 그들의 율법의 문제들 때문에 고발당하고 있다는 것을
발견했는데, 그는 사형이나 결박에 합당한 어떤 죄목을 가지고 있지 않았
습니다.

30절

μηνυθείσης δέ μοι ἐπιβουλῆς εἰς τὸν ἄνδρα ἔσεσθαι ἐξαυτῆς ἔπεμψα
πρὸς σὲ παραγγείλας καὶ τοῖς κατηγόροις λέγειν τὰ πρὸς αὐτὸν ἐπὶ
σοῦ.

그런데 나에게 그 사람에 대한 음모가 보고되었으므로 즉시 당신을 향하
여 보내면서 고발하는 자들에게는 당신께 그를 향한 것들을 말하라고
명령했습니다."

31절

Οἱ μὲν οὖν στρατιῶται κατὰ τὸ διατεταγμένον αὐτοῖς ἀναλαβόντες
τὸν Παῦλον ἤγαγον διὰ νυκτὸς εἰς τὴν Ἀντιπατρίδα,

그러므로 군인들은 그들에게 지시된 대로 바울을 태우고 밤중에 안티파
트리로 갔다.

32절

τῇ δὲ ἐπαύριον ἐάσαντες τοὺς ἱππεῖς ἀπέρχεσθαι σὺν αὐτῷ ὑπέστρε
ψαν εἰς τὴν παρεμβολήν·

그리고 그들은 다음날 기병들이 그와 함께 떠나도록 맡긴 후 막사로 돌아
갔다.

33절

οἵτινες εἰσελθόντες εἰς τὴν Καισάρειαν καὶ ἀναδόντες τὴν ἐπιστολ
ὴν τῷ ἡγεμόνι παρέστησαν καὶ τὸν Παῦλον αὐτῷ.

그리고 기병들은 카이사레이아로 들어가서 총독에게 편지를 넘겨주고
나서 바울을 그에게 데리고 갔다.

34절

ἀναγνοὺς δὲ καὶ ἐπερωτήσας ἐκ ποίας ἐπαρχείας ἐστίν, καὶ πυθόμεν
ος ὅτι ἀπὸ Κιλικίας,

그러자 총독은 편지를 읽고 나서 그가 어느 지방 출신인지 묻고 그가
길리기아 출신인 것을 알고

35절

διακούσομαί σου, ἔφη, ὅταν καὶ οἱ κατήγοροί σου παραγένωνται·
κελεύσας ἐν τῷ πραιτωρίῳ τοῦ Ἡρῴδου φυλάσσεσθαι αὐτόν.

엄숙히 말했다. "너를 고발하는 사람들이 오면 네 말을 자세히 듣겠다."

그리고 그를 헤롯의 관저에 감금하라고 명령했다.

해설

　하나님의 말씀과 주 예수의 이름을 위하여 목숨을 바쳐 충성했던 바울에게 하나님의 구원의 손길이 펼쳐진다. 예루살렘 성전에서 붙잡힌 바울이 유대인들에게 맞아 죽는 순간 갑자기 로마 군대가 나타나 그를 구출한다. 다음날 천인대장이 바울을 심문하기 위하여 유대인 공의회로 데려가서 세웠을 때 바울은 바리새파와 사두개파의 분열을 이용해서 교묘히 저들의 손에서 빠져나온다. 바울에 대한 유대인들의 암살 음모가 진행되고 있을 때 바울의 조카를 통해 그 정보가 로마 군대 천인대장에게 전달되어, 바울은 470명의 로마 군대의 호위 속에 마차를 타고 카이사레이아에 있는 유대 총독 펠릭스에게로 호송된다. 펠릭스 총독은 바울을 헤롯의 궁전에 감금시킴으로 유대인들의 계략으로부터 안전하게 보호한다. 이 모든 일 속에는 하나님께 성실했던 한 인간을 향한 하나님의 구원의 성실성이 계시된다. 그 성실성은 십자가에 죽기까지 아버지의 뜻에 복종하신 예수 그리스도를 죽은 자들 가운데서 일으키신 하나님의 성실성이다. 하나님께서는 예루살렘 로마군 사령부에 억류되었던 바울을 찾아오셔서 그가 반드시 살아서 로마로 가게 될 것을 약속하심으로 앞으로 그에게 닥쳐올 모든 고난 속에서 절망하지 않고 담대하게 전진할 수 있는 힘을 주신다. 이것은 2,000년 전 바울에게만 주어진 것이 아니라 매일매일 자기 십자가를 지고 그리스도의 뒤를 따르는 모든 말씀의 종들에게 주시는 하나님의 위로다.

바울의 재판

사도행전 24:1-27

1절

Μετὰ δὲ πέντε ἡμέρας κατέβη ὁ ἀρχιερεὺς Ἀνανίας μετὰ πρεσβυτέρ ων τινῶν καὶ ῥήτορος Τερτύλλου τινός, οἵτινες ἐνεφάνισαν τῷ ἡγεμόνι κατὰ τοῦ Παύλου.

그런데 5일 후 대제사장 하나니아가 장로들 중 어떤 사람들과 변호사 테르뛸로스와 함께 내려왔는데, 그들은 총독에게 바울을 고소했다.

2절

κληθέντος δὲ αὐτοῦ ἤρξατο κατηγορεῖν ὁ Τέρτυλλος λέγων· πολλῆς εἰρήνης τυγχάνοντες διὰ σοῦ καὶ διορθωμάτων γινομένων τῷ ἔθνει τούτῳ διὰ τῆς σῆς προνοίας,

그런데 바울이 소환되자 테르뛸로스가 고발하기 시작하며 말했다. "당신을 통하여 많은 평화를 얻었고 당신의 선견지명으로 이 민족에게 개선이 있으므로

3절

πάντῃ τε καὶ πανταχοῦ ἀποδεχόμεθα, κράτιστε Φῆλιξ, μετὰ πάσης εὐχαριστίας.

펠릭스 각하, 모든 곳에서 모든 일에 있어서 우리는 많은 감사와 함께
환영한다.

4절

ἵνα δὲ μὴ ἐπὶ πλεῖόν σε ἐγκόπτω, παρακαλῶ ἀκοῦσαί σε ἡμῶν συντό
μως τῇ σῇ ἐπιεικείᾳ.

그러나 당신을 더 괴롭히지 않기 위해 나는 당신께서 당신의 관대함으로
간단하게 우리의 말을 들으시기를 간청한다.

5절

εὑρόντες γὰρ τὸν ἄνδρα τοῦτον λοιμὸν καὶ κινοῦντα στάσεις πᾶσιν
τοῖς Ἰουδαίοις τοῖς κατὰ τὴν οἰκουμένην πρωτοστάτην τε τῆς τῶν Ναζ
ωραίων αἱρέσεως,

우리는 이 사람이 나사렛 이단의 우두머리이며 온 세상에 있는 모든 유대
인에게 다툼을 옮기는 전염병이라는 것을 발견했는데,

6절

ὃς καὶ τὸ ἱερὸν ἐπείρασεν βεβηλῶσαι ὃν καὶ ἐκρατήσαμεν,

그가 또한 성전을 더럽히려고 시도했기 때문에 우리가 그를 붙잡았다.

7절

(없음)

8절

παρ' οὗ δυνήσῃ αὐτὸς ἀνακρίνας περὶ πάντων τούτων ἐπιγνῶναι ὧν ἡμεῖς κατηγοροῦμεν αὐτοῦ.

당신 자신이 그에 대하여 심문하시면 우리가 그를 고발하는 모든 것에 대해 알 수 있을 것이다."

9절

συνεπέθεντο δὲ καὶ οἱ Ἰουδαῖοι φάσκοντες ταῦτα οὕτως ἔχειν.

그러자 유대인들도 공격에 가담하면서 이것들이 사실이라고 주장했다.

10절

Ἀπεκρίθη τε ὁ Παῦλος νεύσαντος αὐτῷ τοῦ ἡγεμόνος λέγειν· ἐκ πολλῶν ἐτῶν ὄντα σε κριτὴν τῷ ἔθνει τούτῳ ἐπιστάμενος εὐθύμως τὰ περὶ ἐμαυτοῦ ἀπολογοῦμαι,

그리고 총독이 그에게 고개를 끄덕이자 바울이 대답하며 말했다. "당신께서 많은 시간 이 민족에게 재판관으로 있는 것을 알므로 나는 나 자신에 대한 것들을 즐겁게 변론한다.

11절

δυναμένου σου ἐπιγνῶναι ὅτι οὐ πλείους εἰσίν μοι ἡμέραι δώδεκα ἀφ' ἧς ἀνέβην προσκυνήσων εἰς Ἰερουσαλήμ.

당신은 내가 예배하기 위해 예루살렘에 올라온 지 12일이 넘지 않는다는 것을 알 수 있을 것이다.

12절

καὶ οὔτε ἐν τῷ ἱερῷ εὗρόν με πρός τινα διαλεγόμενον ἢ ἐπίστασιν ποιοῦντα ὄχλου οὔτε ἐν ταῖς συναγωγαῖς οὔτε κατὰ τὴν πόλιν,

그리고 그들은 내가 성전에서 어떤 사람을 향하여 토론하거나 혹은 회당에서나 도시에서나 군중의 소란을 만드는 것을 본 적이 없으며,

13절

οὐδὲ παραστῆσαι δύνανταί σοι περὶ ὧν νυνὶ κατηγοροῦσίν μου.

또한 그들은 지금 그들이 나를 고발하는 것들에 대해 제시할 수도 없다.

14절

ὁμολογῶ δὲ τοῦτό σοι ὅτι κατὰ τὴν ὁδὸν ἣν λέγουσιν αἵρεσιν, οὕτως λατρεύω τῷ πατρῴῳ θεῷ πιστεύων πᾶσιν τοῖς κατὰ τὸν νόμον καὶ τοῖς ἐν τοῖς προφήταις γεγραμμένοις,

그러나 내가 당신에게 이것을 고백하는 것은 내가 그들이 이단이라고 말하는 도를 따라 율법과 선지자들에 기록된 모든 것을 믿으며 이와 같이 하나님을 섬기고 있다는 것이다.

15절

ἐλπίδα ἔχων εἰς τὸν θεὸν ἣν καὶ αὐτοὶ οὗτοι προσδέχονται, ἀνάστασ ιν μέλλειν ἔσεσθαι δικαίων τε καὶ ἀδίκων. προσδεχονται, αναστασιν μελλειν εσεσθαι δικαίων τε και αδικων.

그리고 나는 그들 자신도 기다리는 바 하나님을 향한 희망을 가지고 있으니, 그것은 곧 장차 의인들과 악인들의 부활이 있을 것이라는 것이다.

16절

ἐν τούτῳ καὶ αὐτὸς ἀσκῶ ἀπρόσκοπον συνείδησιν ἔχειν πρὸς τὸν θεὸν καὶ τοὺς ἀνθρώπους διὰ παντός.

이 안에서 나 자신도 언제나 하나님과 사람들을 향하여 깨끗한 양심을 가지려고 애쓰고 있다.

17절

δι' ἐτῶν δὲ πλειόνων ἐλεημοσύνας ποιήσων εἰς τὸ ἔθνος μου παρεγε νόμην καὶ προσφοράς,

나는 여러 해 동안 내 민족을 위한 구제와 예물을 만든 후 도착했다.

18절

ἐν αἷς εὗρόν με ἡγνισμένον ἐν τῷ ἱερῷ οὐ μετὰ ὄχλου οὐδὲ μετὰ θορύβου,

그날들 중에 그들은 군중도 소동도 없이 정결케 된 나를 성전에서 발견했다.

19절

τινὲς δὲ ἀπὸ τῆς Ἀσίας Ἰουδαῖοι, οὓς ἔδει ἐπὶ σοῦ παρεῖναι καὶ κατηγορεῖν εἴ τι ἔχοιεν πρὸς ἐμέ.

그런데 아시아에서 온 어떤 유대인들이 있었는데, 만약 그들이 나를 향하여 고발할 무엇을 가지고 있다면 그들이 당신 앞에 서서 고발해야 한다.

20절

ἢ αὐτοὶ οὗτοι εἰπάτωσαν τί εὗρον ἀδίκημα στάντος μου ἐπὶ τοῦ συνεδρίου,

혹은 이들 자신이 내가 공의회에 서 있을 때 무슨 범법 사실을 발견했는지 말하게 하라.

21절

ἢ περὶ μιᾶς ταύτης φωνῆς ἧς ἐκέκραξα ἐν αὐτοῖς ἑστὼς ὅτι περὶ ἀναστάσεως νεκρῶν ἐγὼ κρίνομαι σήμερον ἐφ᾽ ὑμῶν.

혹은 내가 그들 속에 서서 외쳤었던 이 하나의 목소리에 대하여, 곧 죽은 자들의 부활에 대하여 나는 오늘 당신들 앞에서 재판을 받고 있다는 사실에 대하여."

22절

Ἀνεβάλετο δὲ αὐτοὺς ὁ Φῆλιξ, ἀκριβέστερον εἰδὼς τὰ περὶ τῆς ὁδοῦ εἴπας· ὅταν Λυσίας ὁ χιλίαρχος καταβῇ, διαγνώσομαι τὰ καθ᾽ ὑμᾶς·

그러자 펠릭스는 그 도에 대하여 자세히 알고 있었기 때문에 재판을 연기하며 말했다. "천인대장 뤼시아스가 내려올 때 너희에 대한 것들을 자세히 알아보겠다."

23절

διαταξάμενος τῷ ἑκατοντάρχῃ τηρεῖσθαι αὐτὸν ἔχειν τε ἄνεσιν καὶ μηδένα κωλύειν τῶν ἰδίων αὐτοῦ ὑπηρετεῖν αὐτῷ.

그리고 백인대장에게 그가 감시를 받되 휴식을 갖고 그의 사람들 중 아무도 그에게 수종 드는 것을 막지 말라고 명령했다.

24절

Μετὰ δὲ ἡμέρας τινὰς παραγενόμενος ὁ Φῆλιξ σὺν Δρουσίλλῃ τῇ ἰδίᾳ γυναικὶ οὔσῃ Ἰουδαίᾳ μετεπέμψατο τὸν Παῦλον καὶ ἤκουσεν αὐτοῦ περὶ τῆς εἰς Χριστὸν Ἰησοῦν πίστεως.

얼마 후에 펠릭스는 유대 여자인 자기의 아내와 함께 와서 바울을 불러 그리스도 예수에 대한 믿음에 관하여 바울의 말을 들었다.

25절

διαλεγομένου δὲ αὐτοῦ περὶ δικαιοσύνης καὶ ἐγκρατείας καὶ τοῦ κρίματος τοῦ μέλλοντος, ἔμφοβος γενόμενος ὁ Φῆλιξ ἀπεκρίθη· τὸ νῦν ἔχον πορεύου, καιρὸν δὲ μεταλαβὼν μετακαλέσομαί σε,

그런데 바울이 의와 절제와 장차 있을 심판에 대하여 강론하자 펠릭스는 무서워하며 대답했다. "지금은 가라. 그러나 때를 얻게 되면 내가 너를 부를 것이다."

26절

ἅμα καὶ ἐλπίζων ὅτι χρήματα δοθήσεται αὐτῷ ὑπὸ τοῦ Παύλου· διὸ καὶ πυκνότερον αὐτὸν μεταπεμπόμενος ὡμίλει αὐτῷ.

동시에 그는 바울에 의해 그에게 돈이 주어질까 기대하고 있었다. 그래서 그는 자주 그를 불러 그와 이야기했다.

27절

Διετίας δὲ πληρωθείσης ἔλαβεν διάδοχον ὁ Φῆλιξ Πόρκιον Φῆστον, θέλων τε χάριτα καταθέσθαι τοῖς Ἰουδαίοις ὁ Φῆλιξ κατέλιπεν τὸν Παῦ λον δεδεμένον.

그런데 2년이 채워졌을 때 펠릭스는 포르기우스 페스투스를 후임자로 얻었는데, 펠릭스는 유대인들에게 호의를 베풀기 위해 바울을 묶인 채로 남겨두고 있었다.

해설

　바울의 재판은 먼저 유대교 측 법률 대리인인 변호사 테르툴로스의 화려한 언변으로 시작된다. 그것은 재판장의 환심을 사기 위한 일종의 속임수로서 그 시대 수사학의 흔적을 볼 수 있다. 테르툴로스는 입에 발린 아부를 늘어놓은 후 갑자기 방향을 전환하여 본격적으로 바울을 공격한다. 그는 나사렛 이단의 우두머리이며 온 세상에 있는 모든 유대인에게 다툼을 옮기는 전염병인 바울이 성전을 더럽히려고 시도했기 때문에 붙잡아왔다고 하면서, 재판장이 직접 심문해 보면 확인할 수 있다고 주장한다. 그러나 유대교 측의 고발은 아무런 구체적인 증거가 없으며 다만 주관적인 판단과 선동으로 가득 차 있을 뿐이었다. 한 가지 흥미로운 것은 그가 기독교를 나사렛 이단이요 유대인들에게 다툼을 옮기는 전염병으로 규정하고 있다는 점이다. 이것은 기독교를 바라보는 유대교의 관점을 잘 보여주는데, 유대교의 입장에서 볼 때 기독교는 반드시 제거되어야 할 존재였던 것이다. 그들은 나사렛 예수를 죽였을 때처럼 재판을 통하여 총독에게 은근한 정치적 압력을 행사하지만, 제국의 정치판에서 잔뼈가 굵은 펠릭스 총독은 그들의 의도에 말려들지 않는다. 반면에 바울은 구체적 사실에 근거하여 유대교 측 고발의 허구성을 폭로한다. 그러면서 오직 자신은 성경이 약속한 바, 죽은 자들의 부활과 심판이라는 종말론적 희망 때문에 결박되어 재판받고 있다고 주장한다. 사실 바울의 재판은 범죄 사실에 근거한 형사재판이 아니라 다만 신학적 해석의 문제를 둘러싼 종교재판이었던 것이다. 한편 기독교에 대한 지식이 있었던 펠릭스는 종교 논쟁에 얽혀들 생각은 전혀 없었지만, 다른 쪽으로는 유대인들에게 약간의 호의를 베풀어 주어야 하는 정치적 계산 때문에 의도적으로 재판을 연기하며 그의 후임자가 올 때까지 시간을 끌었다. 그러면서도 그는 바울에게서 은근히 뒷돈을 기대하면서 자주 불러내어 이야기하는 얍삽함을 보여주는데, 그것이 바로 화려해 보이는 세상 정치꾼들의 실체다.

카이사르에게 항소하다

사도행전 25:1-27

1절

Φῆστος οὖν ἐπιβὰς τῇ ἐπαρχείᾳ μετὰ τρεῖς ἡμέρας ἀνέβη εἰς Ἱεροσ
όλυμα ἀπὸ Καισαρείας,

그러므로 페스투스는 그 지방에 부임하고 3일 후 카이사레이아에서 예
루살렘으로 올라갔다.

2절

ἐνεφάνισάν τε αὐτῷ οἱ ἀρχιερεῖς καὶ οἱ πρῶτοι τῶν Ἰουδαίων κατὰ
τοῦ Παύλου καὶ παρεκάλουν αὐτὸν

그런데 대제사장들과 유대인들 중 우두머리들은 그에게 바울을 고발하
고 간청하면서

3절

αἰτούμενοι χάριν κατ᾽ αὐτοῦ ὅπως μεταπέμψηται αὐτὸν εἰς Ἱερουσ
αλήμ, ἐνέδραν ποιοῦντες ἀνελεῖν αὐτὸν κατὰ τὴν ὁδόν.

바울을 대적하여 그를 길에서 제거하려는 음모를 꾸미면서 그에게 바울
을 예루살렘으로 불러달라고 호의를 요구했다.

4절

ὁ μὲν οὖν Φῆστος ἀπεκρίθη τηρεῖσθαι τὸν Παῦλον εἰς Καισάρειαν,
ἑαυτὸν δὲ μέλλειν ἐν τάχει ἐκπορεύεσθαι·

그러자 페스투스는 바울이 카이사레이아에 구금되어 있고 자신은 속히
나갈 것이라고 대답하며

5절

οἱ οὖν ἐν ὑμῖν, φησίν, δυνατοὶ συγκαταβάντες εἴ τί ἐστιν ἐν τῷ
ἀνδρὶ ἄτοπον κατηγορείτωσαν αὐτοῦ.

엄숙히 말했다. "만약 그 사람에게 무슨 범죄 사실이 있으면 너희 중에
능력 있는 사람들이 함께 내려가서 그를 고발하라."

6절

Διατρίψας δὲ ἐν αὐτοῖς ἡμέρας οὐ πλείους ὀκτὼ ἢ δέκα, καταβὰς
εἰς Καισάρειαν, τῇ ἐπαύριον καθίσας ἐπὶ τοῦ βήματος ἐκέλευσεν τὸν
Παῦλον ἀχθῆναι.

그리고 그는 그들 속에서 많지 않은 날들 곧 8일이나 10일을 지내다가
카이사레이아로 내려가 다음날 재판석에 앉아 바울이 끌려오도록 명령
했다.

7절

παραγενομένου δὲ αὐτοῦ περιέστησαν αὐτὸν οἱ ἀπὸ Ἱεροσολύμων
καταβεβηκότες Ἰουδαῖοι πολλὰ καὶ βαρέα αἰτιώματα καταφέροντες
ἃ οὐκ ἴσχυον ἀποδεῖξαι,

그런데 바울이 나타나자 예루살렘에서 내려온 유대인들이 곁에 서서 증명할 수 없는 많은 무거운 죄목을 끌어왔다.

8절

τοῦ Παύλου ἀπολογουμένου ὅτι οὔτε εἰς τὸν νόμον τῶν Ἰουδαίων οὔτε εἰς τὸ ἱερὸν οὔτε εἰς Καίσαρά τι ἥμαρτον.

그러자 바울이 변론했다. "나는 유대인들의 율법이나 성전이나 카이사르를 향하여 어떤 죄도 짓지 않았다."

9절

Ὁ Φῆστος δὲ θέλων τοῖς Ἰουδαίοις χάριν καταθέσθαι ἀποκριθεὶς τῷ Παύλῳ εἶπεν· θέλεις εἰς Ἱεροσόλυμα ἀναβὰς ἐκεῖ περὶ τούτων κριθῆναι ἐπ᾽ ἐμοῦ;

그러자 페스투스가 유대인들에게 호의를 베풀어 주기를 원했으므로 바울에게 대답하며 말했다. "네가 예루살렘으로 올라가서 거기에서 이것들에 대해 나에게 재판을 받기를 원하느냐?"

10절

εἶπεν δὲ ὁ Παῦλος· ἐπὶ τοῦ βήματος Καίσαρος ἑστώς εἰμι, οὗ με δεῖ κρίνεσθαι. Ἰουδαίους οὐδὲν ἠδίκησα ὡς καὶ σὺ κάλλιον ἐπιγινώσκεις.

그러자 바울이 말했다. "내가 카이사르의 법정에 섰으니 반드시 거기에서 내가 재판을 받아야 한다. 당신도 잘 알고 있듯이 나는 유대인들에게 어떤 불의도 행하지 않았다.

11절

εἰ μὲν οὖν ἀδικῶ καὶ ἄξιον θανάτου πέπραχά τι, οὐ παραιτοῦμαι τὸ ἀποθανεῖν· εἰ δὲ οὐδέν ἐστιν ὧν οὗτοι κατηγοροῦσίν μου, οὐδείς με δύναται αὐτοῖς χαρίσασθαι· Καίσαρα ἐπικαλοῦμαι.

만약 내가 불의를 행하거나 사형에 해당하는 어떤 일을 저질렀다면, 나는 죽는 것을 사양치 않을 것이다. 그러나 만약 그들이 나를 고발하는 것들이 아무것도 아니라면 그 누구도 나를 그들에게 넘겨줄 수 없다. 나는 카이사르에게 호소하노라."

12절

τότε ὁ Φῆστος συλλαλήσας μετὰ τοῦ συμβουλίου ἀπεκρίθη· Καίσαρα ἐπικέκλησαι, ἐπὶ Καίσαρα πορεύσῃ.

그때 페스투스는 참모진과 의논한 후 대답했다. "네가 카이사르에게 호소했으니, 카이사르에게 갈 것이다."

13절

Ἡμερῶν δὲ διαγενομένων τινῶν Ἀγρίππας ὁ βασιλεὺς καὶ Βερνίκη κατήντησαν εἰς Καισάρειαν ἀσπασάμενοι τὸν Φῆστον.

그런데 며칠이 지난 후 아그립바왕과 베르니케가 페스투스에게 문안하기 위해 카이사레아에 도착했다.

14절

ὡς δὲ πλείους ἡμέρας διέτριβον ἐκεῖ, ὁ Φῆστος τῷ βασιλεῖ ἀνέθετο τὰ κατὰ τὸν Παῦλον λέγων· ἀνήρ τίς ἐστιν καταλελειμμένος ὑπὸ Φήλικ ος δέσμιος,

그리고 그들이 거기서 많은 날을 보내고 있을 때, 페스투스가 왕에게 바울에 대한 것을 제기하며 말했다. "펠릭스에 의해 남겨진 어떤 남자 죄수가 있는데,

15절

περὶ οὗ γενομένου μου εἰς Ἱεροσόλυμα ἐνεφάνισαν οἱ ἀρχιερεῖς καὶ οἱ πρεσβύτεροι τῶν Ἰουδαίων αἰτούμενοι κατ᾽ αὐτοῦ καταδίκην.

그 사람에 대하여 내가 예루살렘에 올라갔을 때 대제사장들과 유대인들의 장로들이 나에게 고발하면서 그에 대한 처벌을 요구했다.

16절

πρὸς οὓς ἀπεκρίθην ὅτι οὐκ ἔστιν ἔθος Ῥωμαίοις χαρίζεσθαί τινα ἄνθρωπον πρὶν ἢ ὁ κατηγορούμενος κατὰ πρόσωπον ἔχοι τοὺς κατηγόρ ους τόπον τε ἀπολογίας λάβοι περὶ τοῦ ἐγκλήματος.

그래서 나는 그들을 향해 대답했다. '피고가 면전에서 원고를 마주 보며 고소 사건에 대한 변론의 기회를 갖기 전에 어떤 사람을 넘겨주는 것은 로마인들의 관습이 아니다.'

17절

συνελθόντων οὖν αὐτῶν ἐνθάδε ἀναβολὴν μηδεμίαν ποιησάμενος τῇ ἑξῆς καθίσας ἐπὶ τοῦ βήματος ἐκέλευσα ἀχθῆναι τὸν ἄνδρα·

그러므로 그들이 여기에 함께 내려왔을 때 나는 다음날 지체 없이 재판석에 앉아 그 사람이 끌려오도록 명령했다.

18절

περὶ οὗ σταθέντες οἱ κατήγοροι οὐδεμίαν αἰτίαν ἔφερον ὧν ἐγὼ
ὑπενόουν πονηρῶν,

그런데 그 사람에 대하여 고발인들은 서서 내가 짐작하고 있던 악한 일들
에 대한 어떤 근거도 가져오지 못하고 있었다.

19절

ζητήματα δέ τινα περὶ τῆς ἰδίας δεισιδαιμονίας εἶχον πρὸς αὐτὸν
καὶ περί τινος Ἰησοῦ τεθνηκότος ὃν ἔφασκεν ὁ Παῦλος ζῆν.

그러나 그들은 그를 향하여 자기들의 종교와 바울이 살아있다고 주장하
는 어떤 죽은 예수에 대한 어떤 문제들을 가지고 있었다.

20절

ἀπορούμενος δὲ ἐγὼ τὴν περὶ τούτων ζήτησιν ἔλεγον εἰ βούλοιτο
πορεύεσθαι εἰς Ἱεροσόλυμα κἀκεῖ κρίνεσθαι περὶ τούτων.

그리고 내가 이것들에 대한 조사를 고민하다가 예루살렘에 올라가서
거기서 이것들에 대해 재판받기를 원하느냐고 말하고 있었다.

21절

τοῦ δὲ Παύλου ἐπικαλεσαμένου τηρηθῆναι αὐτὸν εἰς τὴν τοῦ Σεβα
στοῦ διάγνωσιν, ἐκέλευσα τηρεῖσθαι αὐτὸν ἕως οὗ ἀναπέμψω αὐτὸν
πρὸς Καίσαρα.

그러자 바울이 황제의 결정에 자기가 지켜질 것을 호소했기 때문에 나는
내가 그를 카이사르를 향하여 올려 보낼 때까지 그가 감금되도록 명령했다."

22절

Ἀγρίππας δὲ πρὸς τὸν Φῆστον· ἐβουλόμην καὶ αὐτὸς τοῦ ἀνθρώπου ἀκοῦσαι. αὔριον, φησίν, ἀκούσῃ αὐτοῦ.

그러자 아그립바가 페스투스를 향하여 말했다. "나 자신도 이 사람의 말을 듣기 원한다." 페스투스가 엄숙히 말했다. "내일 당신은 그의 말을 들을 것이다."

23절

Τῇ οὖν ἐπαύριον ἐλθόντος τοῦ Ἀγρίππα καὶ τῆς Βερνίκης μετὰ πολλῆς φαντασίας καὶ εἰσελθόντων εἰς τὸ ἀκροατήριον σύν τε χιλιάρχοις καὶ ἀνδράσιν τοῖς κατ᾽ ἐξοχὴν τῆς πόλεως καὶ κελεύσαντος τοῦ Φήστου ἤχθη ὁ Παῦλος.

그러므로 다음날 아그립바와 베르니케가 과시하는 옷차림으로 와서 천 인대장들과 그 도시의 높은 사람들과 함께 방청석에 들어왔을 때 페스투스가 명령하자 바울이 끌려왔다.

24절

καί φησιν ὁ Φῆστος· Ἀγρίππα βασιλεῦ καὶ πάντες οἱ συμπαρόντες ἡμῖν ἄνδρες, θεωρεῖτε τοῦτον περὶ οὗ ἅπαν τὸ πλῆθος τῶν Ἰουδαίων ἐνέτυχόν μοι ἔν τε Ἱεροσολύμοις καὶ ἐνθάδε βοῶντες μὴ δεῖν αὐτὸν ζῆν μηκέτι.

그리고 페스투스가 엄숙히 말했다. "아그립바왕과 우리와 함께 한 모든 사람이여, 유대인들의 모든 무리가 예루살렘과 여기에서 그는 결코 살아 있어서는 안 된다고 외치며 나에게 탄원하고 있던 이 사람을 보라.

25절

ἐγὼ δὲ κατελαβόμην μηδὲν ἄξιον αὐτὸν θανάτου πεπραχέναι, αὐτοῦ δὲ τούτου ἐπικαλεσαμένου τὸν Σεβαστὸν ἔκρινα πέμπειν.

그러나 나는 그가 사형에 해당하는 어떤 것도 저지르지 않았다는 것을 알게 되었으나, 이 사람 자신이 황제께 호소하므로 보내기로 결정했다.

26절

περὶ οὖ ἀσφαλές τι γράψαι τῷ κυρίῳ οὐκ ἔχω, διὸ προήγαγον αὐτὸν ἐφ᾽ ὑμῶν καὶ μάλιστα ἐπὶ σοῦ, βασιλεῦ Ἀγρίππα, ὅπως τῆς ἀνακρίσεως γενομένης σχῶ τί γράψω·

그에 대하여 나는 황제께 쓸 확실한 무엇을 가지고 있지 않다. 그러므로 그를 여러분들 그리고 특히, 아그립바왕이여, 당신 앞에 데리고 나왔으니, 이는 심문하여 내가 쓸 무엇을 얻기 위함이다.

27절

ἄλογον γάρ μοι δοκεῖ πέμποντα δέσμιον μὴ καὶ τὰς κατ᾽ αὐτοῦ αἰτίας σημᾶναι.

왜냐하면 그에 대한 죄목도 표시하지 않고 죄수를 보내는 것은 나에게 불합리한 것으로 보이기 때문이다."

해설

　　바울을 중심으로 펼쳐지는 이야기들은 그가 하나님의 은혜 가운
데 기기묘묘한 방법을 통하여 로마로 가는 과정을 묘사하고 있다.
바울은 마음만 먹으면 언제든지 로마로 갈 수 있었다. 그러나 그는
많은 사람의 반대와 성령의 계속되는 경고에도 불구하고 고난과 결박
이 기다리는 예루살렘행을 고집한다. 거기에는 그리스도와 함께 죽
기를 원했던 그의 신앙 고백적 결단과 의지가 있다. 그는 제2차 전도여
행을 끝내고 안디옥으로 돌아가는 시점에 켄크레아에서 머리를 민
적이 있다. 하나님께 한 서원이 있었기 때문이다. 그때 그는 이미 마음
속으로 어떤 중대한 결단을 내리고 있었던 것이다. 그는 왜 예루살렘
으로 가는 죽음의 길을 고집했을까? 여기서 우리는 그의 십자가 신학
을 들여다볼 수 있다. 그는 타의 추종을 불허하는 선교적 업적을 쌓아
가고 있었지만, 그에게 근본적인 가치는 그리스도와 함께 죽는 것이
었다. 그리고 그 가치를 놓치지 않고 한결같이 붙들었다. 그에게 죽음
은 피해야 할 대상이 아니라 그리스도의 부활에 참여하기 위해 반드시
돌파해야 할 인류의 마지막 원수였다. 그런 점에서 그의 삶은 항상
예수의 죽음을 짊어지고 살아가던 종말론적 삶이었다. 그리스도와
함께 십자가 죽음의 길을 선택하는 것은 인간의 의지적 결단의 영역이
다. 그러나 그리스도의 부활의 능력이 어떤 방식으로 계시되는가는
전적으로 하나님의 절대주권적 통치의 영역이다. 그리스도의 부활
의 영광은 우리에게 각자 다르게 나타난다. 그러나 그 영광 속으로
들어가는 과정인 죽음은 모두에게 똑같이 주어진 숙명의 길이다. 여

기에 죽음의 보편성과 절대성이 있다. 그러므로 언제나 죽음과 맞서 싸우는 바울의 모습은 그의 탁월한 선교적 업적보다 더 근본적이고 위대하다. 그는 죽음을 두려워하거나 피한 적이 없다. 빌립보에서도, 루스트라에서도, 에베소에서도, 예루살렘에서도 그는 언제나 죽음 속에 자신을 내던진다. 선교사로서의 그의 모든 삶의 업적은 예수의 십자가 죽음에 참여했던 그에게 나타난 그리스도의 부활과 영광의 계시였다. 그렇게 그에게 기이하고 놀라운 방법으로 그가 간절히 원했고 또한 하나님께서 약속하셨던 로마로 가는 길이 열린다. 그러나 하나님의 약속이 성취되는 과정은 복잡 미묘한 여러 가지 정치적인 요소가 섞인 인간의 역사 그 자체다. 여기에 사도행전을 기록한 누가의 역사신학적 입장이 드러난다. 바울은 로마법에 대한 지식을 활용하여 카이사르에게 항소함으로써 유대인들의 음모에서 벗어난다. 만약 그가 로마의 법률 체계를 몰랐다면 속수무책으로 당했을 것이다. 로마 시민권의 위력과 로마법에 대한 지식의 힘을 거침없이 사용하는 바울의 모습은 세상 속에 깊이 뿌리 내리고 있는 역사적 실체로서의 교회와 신앙을 보여준다.

바울의 간증

사도행전 26:1-32

1절

Ἀγρίππας δὲ πρὸς τὸν Παῦλον ἔφη· ἐπιτρέπεταί σοι περὶ σεαυτοῦ λέγειν. τότε ὁ Παῦλος ἐκτείνας τὴν χεῖρα ἀπελογεῖτο·

그러자 아그립바가 바울을 향하여 엄숙히 말했다. "너 자신에 대하여 말하는 것이 너에게 허락되었다." 그때 바울이 손을 내밀며 변론하고 있었다.

2절

Περὶ πάντων ὧν ἐγκαλοῦμαι ὑπὸ Ἰουδαίων, βασιλεῦ Ἀγρίππα, ἥγημαι ἐμαυτὸν μακάριον ἐπὶ σοῦ μέλλων σήμερον ἀπολογεῖσθαι

"내가 유대인들에 의해 고발당한 모든 것에 대하여, 아그립바왕이여, 당신 앞에서 오늘 나 자신을 변론하게 된 것을 행복으로 생각한다.

3절

μάλιστα γνώστην ὄντα σε πάντων τῶν κατὰ Ἰουδαίους ἐθῶν τε καὶ ζητημάτων, διὸ δέομαι μακροθύμως ἀκοῦσαί μου.

특히 당신이 유대인들의 모든 관습과 논쟁을 알고 있으므로, 나는 당신이 나의 말을 인내심을 가지고 듣기를 원한다.

4절

Τὴν μὲν οὖν βίωσίν μου᾽ τὴν᾽ ἐκ νεότητος τὴν ἀπ᾽ ἀρχῆς γενομένην ἐν τῷ ἔθνει μου ἔν τε Ἱεροσολύμοις ἴσασιν πάντες οἱ Ἰουδαῖοι

처음부터 예루살렘에서 내 민족 가운데서 이루어진 나의 젊은 시절의 삶을 모든 유대인은 알고 있다.

5절

προγινώσκοντές με ἄνωθεν, ἐὰν θέλωσιν μαρτυρεῖν, ὅτι κατὰ τὴν ἀκριβεστάτην αἵρεσιν τῆς ἡμετέρας θρησκείας ἔζησα Φαρισαῖος.

그들이 처음부터 나를 미리 알고 있기 때문에 만약 그들이 증거하길 원한다면, 나는 우리 종교의 가장 엄격한 분파를 따라 바리새인으로 살았다.

6절

καὶ νῦν ἐπ᾽ ἐλπίδι τῆς εἰς τοὺς πατέρας ἡμῶν ἐπαγγελίας γενομένης ὑπὸ τοῦ θεοῦ ἔστηκα κρινόμενος,

그리고 지금 나는 하나님에 의해 우리 조상들에게 주어진 약속의 희망 때문에 재판을 받으며 서 있다.

7절

εἰς ἣν τὸ δωδεκάφυλον ἡμῶν ἐν ἐκτενείᾳ νύκτα καὶ ἡμέραν λατρεῦον ἐλπίζει καταντῆσαι, περὶ ἧς ἐλπίδος ἐγκαλοῦμαι ὑπὸ Ἰουδαίων, βασιλεῦ.

그 희망에 도달하기 위하여 우리 열두 지파는 밤낮으로 열심히 하나님을 섬기고 있는데, 왕이여, 나는 그 희망 때문에 유대인들에 의해 고발당하고 있다.

8절

τί ἄπιστον κρίνεται παρ' ὑμῖν εἰ ὁ θεὸς νεκροὺς ἐγείρει;

하나님께서 죽은 자들을 일으키신다면, 그것이 왜 당신들에게 믿지 못할 것으로 판단되느냐?

9절

Ἐγὼ μὲν οὖν ἔδοξα ἐμαυτῷ πρὸς τὸ ὄνομα Ἰησοῦ τοῦ Ναζωραίου δεῖν πολλὰ ἐναντία πρᾶξαι,

그런데 참으로 나는 스스로 나사렛 예수의 이름을 향하여 적대적인 많은 것을 해야 한다고 생각했다.

10절

ὃ καὶ ἐποίησα ἐν Ἱεροσολύμοις, καὶ πολλούς τε τῶν ἁγίων ἐγὼ ἐν φυλακαῖς κατέκλεισα τὴν παρὰ τῶν ἀρχιερέων ἐξουσίαν λαβὼν ἀναιρουμένων τε αὐτῶν κατήνεγκα ψῆφον.

그것을 나는 예루살렘에서 행하여 성도들 중에 많은 사람을 가두고 대제사장들에게서 권한을 받아 그들이 죽을 때 찬성표를 던졌다.

11절

καὶ κατὰ πάσας τὰς συναγωγὰς πολλάκις τιμωρῶν αὐτοὺς ἠνάγκαζον βλασφημεῖν περισσῶς τε ἐμμαινόμενος αὐτοῖς ἐδίωκον ἕως καὶ εἰς τὰς ἔξω πόλεις.

그리고 모든 회당을 찾아다니며 자주 징벌하고 비방하기를 강요하고 더욱더 그들에게 격노하여 외국의 도시에까지 가서 핍박하고 있었다.

12절

Ἐν οἷς πορευόμενος εἰς τὴν Δαμασκὸν μετ᾽ ἐξουσίας καὶ ἐπιτροπῆς τῆς τῶν ἀρχιερέων

그러는 중에 나는 대제사장의 권한과 승인을 받아 가지고 다메섹으로 가고 있었다.

13절

ἡμέρας μέσης κατὰ τὴν ὁδὸν εἶδον, βασιλεῦ, οὐρανόθεν ὑπὲρ τὴν λαμπρότητα τοῦ ἡλίου περιλάμψαν με φῶς καὶ τοὺς σὺν ἐμοὶ πορευομένους.

한낮에 길을 따라가면서 나는 보았다. 왕이여, 하늘로부터 해보다 훨씬 더 찬란한 빛이 나와 및 나와 함께 가고 있는 사람들을 두루 비추었다.

14절

πάντων τε καταπεσόντων ἡμῶν εἰς τὴν γῆν ἤκουσα φωνὴν λέγουσαν πρός με τῇ Ἑβραΐδι διαλέκτῳ· Σαοὺλ Σαούλ, τί με διώκεις; σκληρόν σοι πρὸς κέντρα λακτίζειν.

그리고 우리 모두가 땅에 쓰러졌을 때 나는 나를 향하여 말하는 음성을 들었다. '사울, 사울, 왜 나를 핍박하느냐? 꼬챙이를 향하여 발길질하는 것이 너에게 힘들구나.'

15절

ἐγὼ δὲ εἶπα· τίς εἶ, κύριε; ὁ δὲ κύριος εἶπεν· ἐγώ εἰμι Ἰησοῦς ὃν σὺ διώκεις.

그래서 내가 말했다. '주여, 누구십니까?' 그러자 주님께서 말씀하셨다. '나는 네가 핍박하는 예수다.

16절

ἀλλ᾽ ἀνάστηθι καὶ στῆθι ἐπὶ τοὺς πόδας σου· εἰς τοῦτο γὰρ ὤφθην σοι, προχειρίσασθαί σε ὑπηρέτην καὶ μάρτυρα ὧν τε εἶδές με ὧν τε ὀφθήσομαί σοι,

그러나 일어나 네 발로 서라. 이것을 위하여 내가 너에게 나타났으니, 이는 네가 나를 본 것과 너에게 나타날 것들의 일꾼과 증인으로 네가 예정되었기 때문이다.

17절

ἐξαιρούμενός σε ἐκ τοῦ λαοῦ καὶ ἐκ τῶν ἐθνῶν εἰς οὓς ἐγὼ ἀποστέλλω σε

이는 내가 너를 보내는 그 백성과 이방인들에게서 너를 구출하여

18절

ἀνοῖξαι ὀφθαλμοὺς αὐτῶν, τοῦ ἐπιστρέψαι ἀπὸ σκότους εἰς φῶς καὶ τῆς ἐξουσίας τοῦ σατανᾶ ἐπὶ τὸν θεόν, τοῦ λαβεῖν αὐτοὺς ἄφεσιν ἁμαρτιῶν καὶ κλῆρον ἐν τοῖς ἡγιασμένοις πίστει τῇ εἰς ἐμέ.

그들의 눈들을 열고, 어둠에서 빛으로 그리고 사탄의 권세에서 하나님께

돌아오게 하고, 그들이 나를 향한 믿음으로 죄 사함과 거룩하게 된 자들 속에서 기업을 얻게 하려는 것이다.'

19절

Ὅθεν, βασιλεῦ Ἀγρίππα, οὐκ ἐγενόμην ἀπειθὴς τῇ οὐρανίῳ ὀπτασίᾳ

그러므로, 아그립바왕이여, 나는 하늘로부터 나타난 것에 불순종하지 않았다.

20절

ἀλλὰ τοῖς ἐν Δαμασκῷ πρῶτόν τε καὶ Ἱεροσολύμοις, πᾶσάν τε τὴν χώραν τῆς Ἰουδαίας καὶ τοῖς ἔθνεσιν ἀπήγγελλον μετανοεῖν καὶ ἐπιστρ έφειν ἐπὶ τὸν θεόν, ἄξια τῆς μετανοίας ἔργα πράσσοντας.

대신에 먼저 다메섹과 예루살렘에 있는 사람들에게 그리고 모든 유대 땅과 이방인들에게 회개하고 하나님께 돌아와 회개에 합당한 일들을 행할 것을 전파했다.

21절

ἕνεκα τούτων με Ἰουδαῖοι συλλαβόμενοι ὄντα ἐν τῷ ἱερῷ ἐπειρῶντο διαχειρίσασθαι.

이것들 때문에 유대인들이 성전에 있는 나를 붙잡아 죽이려고 시도하고 있었다.

22절

ἐπικουρίας οὖν τυχὼν τῆς ἀπὸ τοῦ θεοῦ ἄχρι τῆς ἡμέρας ταύτης

ἕστηκα μαρτυρόμενος μικρῷ τε καὶ μεγάλῳ οὐδὲν ἐκτὸς λέγων ὧν τε
οἱ προφῆται ἐλάλησαν μελλόντων γίνεσθαι καὶ Μωϋσῆς,

그러나 나는 하나님께로부터 오는 도움을 만나 이날까지 서서 작은 자와
큰 자에게 선지자들과 모세가 장차 이루어질 것이라고 이야기한 것들을
말하는 것 외에는 아무것도 증거하지 않고 있으니,

23절

εἰ παθητὸς ὁ χριστός, εἰ πρῶτος ἐξ ἀναστάσεως νεκρῶν φῶς μέλλει
καταγγέλλειν τῷ τε λαῷ καὶ τοῖς ἔθνεσιν.

이는 그리스도께서 고난 당하시고 죽은 자들 가운데서 먼저 일어나셔서
백성과 이방인들에게 빛을 전파하신다는 것이다."

24절

Ταῦτα δὲ αὐτοῦ ἀπολογουμένου ὁ Φῆστος μεγάλῃ τῇ φωνῇ φησιν·
μαίνῃ, Παῦλε· τὰ πολλά σε γράμματα εἰς μανίαν περιτρέπει.

그런데 그가 이것들을 변론하고 있을 때 페스투스가 큰 목소리로 엄숙히
말했다. "미쳤다, 바울. 많은 책이 너를 미치게 만들었구나."

25절

ὁ δὲ Παῦλος· οὐ μαίνομαι, φησίν, κράτιστε Φῆστε, ἀλλ᾽ ἀληθείας
καὶ σωφροσύνης ῥήματα ἀποφθέγγομαι.

그러자 바울이 엄숙히 말했다. "나는 미치지 않았다. 페스투스 각하, 다만
나는 진실과 건전한 마음의 말들을 말하고 있다.

26절

ἐπίσταται γὰρ περὶ τούτων ὁ βασιλεὺς πρὸς ὃν καὶ παρρησιαζόμενος λαλῶ, λανθάνειν γὰρ αὐτόν τι τούτων οὐ πείθομαι οὐθέν· οὐ γάρ ἐστιν ἐν γωνίᾳ πεπραγμένον τοῦτο.

왜냐하면 왕은 내가 담대하게 선포하며 이야기하는 이것들에 대하여 알고 있기 때문이다. 내가 설득하고 있는 이것 중에 어느 것도 그에게 숨겨지지 않았고, 이것은 구석에서 일어난 것이 아니다.

27절

πιστεύεις, βασιλεῦ Ἀγρίππα, τοῖς προφήταις; οἶδα ὅτι πιστεύεις.

아그립바왕이여, 선지자들을 믿느냐? 나는 당신이 믿고 있음을 알고 있다.”

28절

ὁ δὲ Ἀγρίππας πρὸς τὸν Παῦλον· ἐν ὀλίγῳ με πείθεις Χριστιανὸν ποιῆσαι.

그러자 아그립바가 바울을 향하여 말했다. “네가 적은 말로 나를 설득하여 그리스도인으로 만드느냐?”

29절

ὁ δὲ Παῦλος· εὐξαίμην ἂν τῷ θεῷ καὶ ἐν ὀλίγῳ καὶ ἐν μεγάλῳ οὐ μόνον σὲ ἀλλὰ καὶ πάντας τοὺς ἀκούοντάς μου σήμερον γενέσθαι τοιούτους ὁποῖος καὶ ἐγώ εἰμι παρεκτὸς τῶν δεσμῶν τούτων.

그러자 바울이 말했다. “나는 적으나 많으나 당신뿐 아니라 오늘 나의 말을 듣는 모든 사람이 이 결박들 외에는 나와 같은 이러한 사람들이 되기를 하나님께 기도한다."

30절

Ἀνέστη τε ὁ βασιλεὺς καὶ ὁ ἡγεμὼν ἥ τε Βερνίκη καὶ οἱ συγκαθήμεν
οι αὐτοῖς,

그러자 왕과 총독과 베르니케와 그들과 동석한 사람들이 일어나

31절

καὶ ἀναχωρήσαντες ἐλάλουν πρὸς ἀλλήλους λέγοντες ὅτι οὐδὲν
θανάτου ἢ δεσμῶν ἄξιόν τί πράσσει ὁ ἄνθρωπος οὗτος.

물러가면서 서로 이야기하며 말하고 있었다. "이 사람은 사형이나 결박
에 합당한 어떤 것도 행하지 않고 있다."

32절

Ἀγρίππας δὲ τῷ Φήστῳ ἔφη· ἀπολελύσθαι ἐδύνατο ὁ ἄνθρωπος οὗτ
ος εἰ μὴ ἐπεκέκλητο Καίσαρα.

그리고 아그립바는 페스투스를 향하여 엄숙히 말했다. "이 사람은 카이
사르에게 호소하지 않았다면 석방될 수 있었다."

해설

유대 총독 페스투스는 바울을 황제에게 보내기 전에 그의 죄목에 대해 설명할 확실한 근거들을 얻기 위해 여러 사람 앞에 바울을 불러낸다. 이것은 이미 페스투스가 바울의 무죄를 알고 있었다는 증거다. 그렇게 해서 바울은 페스투스 총독과 아그립바왕 부부와 여러 고위급 인사 앞에서 마지막 변론을 한다. 그는 자신이 어떻게 예수를 핍박하는 자에서 전파하는 자로 방향을 전환하게 되었는지, 그 과정을 자세하게 설명한다. 그의 신앙 간증은 그의 설교뿐 아니라 삶 전체를 받치는 기둥이다. 그는 자신을 강력한 힘으로 땅바닥에 거꾸러뜨린 하나님의 절대주권적 의지에 굴복할 수밖에 없었다. 그가 예수 그리스도의 고난과 부활의 증인이 된 것은 자신의 의지와는 관계없이 하나님에 의해 결정된 것이었다. 그러므로 여러 가지 환란 속에서도 하나님의 기적 같은 은혜로 구원받아 담대하게 복음을 전파할 수 있었다. 그 복음 전파의 목적은 모든 사람이 하나님께 돌아와서 회개에 합당한 열매를 맺고 성도들과 함께 천국을 기업으로 얻게 하는 것이다. 그가 예수 믿을 것을 강력히 촉구하자 페스투스는 바울을 미친 사람이라고 조롱한다. 그러나 사람이 미치지 않고서야 어떻게 세상을 바꾸겠는가? 하물며 한 영혼을 어둠에서 빛으로 돌아서게 하고, 한 인간 존재를 사탄의 권세에서 하나님께 돌아오게 하는 그 엄청난 일이 어떻게 예수에게 완전히 미치지 않고서 일어날 수 있겠는가? 우리 인생은 무엇엔가 미쳤을 때 행복하다. 그러나 그것이 잘못된 방향으로 날아가면 비극적 종말을 맞이한다. 우리에게는 미쳐야 할 진정한 사랑의 대상이 있다. 그것은 하나님의 말씀과 예수 그리스도의 이름과 그분의 핏값으로 세우신 교회다. 그 본을 바울이 보여준다. 주님께서는 바울의 그 열심과 집념과 헌신에 대하여 넘치는 보상을 하신다. 그러나 그것은 반드시 그리스도의 고난에 참여하는 십자가의 길에서 계시되는 부활의 영광이다.

폭풍 속에서

사도행전 27:1-44

1절

Ὡς δὲ ἐκρίθη τοῦ ἀποπλεῖν ἡμᾶς εἰς τὴν Ἰταλίαν, παρεδίδουν τόν τε Παῦλον καί τινας ἑτέρους δεσμώτας ἑκατοντάρχῃ ὀνόματι Ἰουλίῳ σπείρης Σεβαστῆς.

그런데 우리가 이탈리아로 출항하기로 결정되었을 때, 그들은 바울과 다른 죄수들을 황제 보병부대의 율리우스라는 백인대장에게 넘겨주고 있었다.

2절

ἐπιβάντες δὲ πλοίῳ Ἀδραμυττηνῷ μέλλοντι πλεῖν εἰς τοὺς κατὰ τὴν Ἀσίαν τόπους ἀνήχθημεν ὄντος σὺν ἡμῖν Ἀριστάρχου Μακεδόνος Θεσσαλονικέως.

그리고 우리가 배에 올라 아시아에 있는 여러 곳으로 항해하려는 아드라 뭇데노 배에 태워진 후 출항할 때 마케도니아의 데살로니카 사람 아리스타르코스가 우리와 함께 있었다.

3절

τῇ τε ἑτέρᾳ κατήχθημεν εἰς Σιδῶνα, φιλανθρώπως τε ὁ Ἰούλιος τῷ
Παύλῳ χρησάμενος ἐπέτρεψεν πρὸς τοὺς φίλους πορευθέντι ἐπιμελείας
τυχεῖν.

그리고 우리는 다음날 시돈에 도착했다. 그런데 율리우스는 바울에게
친절을 베풀어 친구들에게 가서 필요한 것들을 얻으라고 허락해 주었다.

4절

κἀκεῖθεν ἀναχθέντες ὑπεπλεύσαμεν τὴν Κύπρον διὰ τὸ τοὺς ἀνέμο
υς εἶναι ἐναντίους,

거기서 출항한 후 우리는 바람이 역풍이므로 키프로스섬에 바짝 붙어
항해했다.

5절

τό τε πέλαγος τὸ κατὰ τὴν Κιλικίαν καὶ Παμφυλίαν διαπλεύσαντες
κατήλθομεν εἰς Μύρα τῆς Λυκίας.

그리고 길리기아와 팜필리아 맞은편 심해를 지나 루시아의 뮈라로 내려
갔다.

6절

Κἀκεῖ εὑρὼν ὁ ἑκατοντάρχης πλοῖον Ἀλεξανδρῖνον πλέον εἰς τὴν
Ἰταλίαν ἐνεβίβασεν ἡμᾶς εἰς αὐτό.

거기서 백인대장은 이탈리아로 항해하는 알렉산드리아 배를 만나 우리
를 거기에 태웠다.

7절

ἐν ἱκαναῖς δὲ ἡμέραις βραδυπλοοῦντες καὶ μόλις γενόμενοι κατὰ τὴν Κνίδον, μὴ προσεῶντος ἡμᾶς τοῦ ἀνέμου ὑπεπλεύσαμεν τὴν Κρήτην κατὰ Σαλμώνην,

그리고 여러 날 동안 천천히 항해하여 겨우 크니도스 맞은편에 도착했다. 그런데 바람이 우리를 더 허락하지 않아 크레테섬에 바짝 붙어서 항해하여 살모네로 갔다.

8절

μόλις τε παραλεγόμενοι αὐτὴν ἤλθομεν εἰς τόπον τινὰ καλούμενον Καλοὺς λιμένας ᾧ ἐγγὺς πόλις ἦν Λασαία.

그리고 우리는 겨우 크레테섬을 옆에 끼고 항해하여 라쌔아시에서 가까운 아름다운 항구라는 어떤 곳으로 갔다.

9절

Ἱκανοῦ δὲ χρόνου διαγενομένου καὶ ὄντος ἤδη ἐπισφαλοῦς τοῦ πλοὸς διὰ τὸ καὶ τὴν νηστείαν ἤδη παρεληλυθέναι παρῄνει ὁ Παῦλος

그리고 상당한 시간이 지났고 금식 기간이 이미 지나서 항해하기에 위험하므로 바울이 충고하며

10절

λέγων αὐτοῖς· ἄνδρες, θεωρῶ ὅτι μετὰ ὕβρεως καὶ πολλῆς ζημίας οὐ μόνον τοῦ φορτίου καὶ τοῦ πλοίου ἀλλὰ καὶ τῶν ψυχῶν ἡμῶν μέλλειν ἔσεσθαι τὸν πλοῦν.

그들에게 말했다. "사람들아, 내가 보니 항해하는 것은 화물과 배뿐 아니라 너희의 목숨에 많은 재난과 손해가 있을 것이다."

11절

ὁ δὲ ἑκατοντάρχης τῷ κυβερνήτῃ καὶ τῷ ναυκλήρῳ μᾶλλον ἐπείθετο ἢ τοῖς ὑπὸ Παύλου λεγομένοις.

그러나 백인대장은 바울이 말하는 것보다 선장과 선주에게 합세했다.

12절

ἀνευθέτου δὲ τοῦ λιμένος ὑπάρχοντος πρὸς παραχειμασίαν οἱ πλείονες ἔθεντο βουλὴν ἀναχθῆναι ἐκεῖθεν, εἴ πως δύναιντο καταντήσαντες εἰς Φοίνικα παραχειμάσαι λιμένα τῆς Κρήτης βλέποντα κατὰ λίβα καὶ κατὰ χῶρον.

그리고 항구가 겨울을 나기에 적합하지 않으므로 다수의 사람은 거기서 출항하여 어떻게든 할 수만 있다면 남서쪽과 북서쪽을 바라보는 퓌닉스라는 크레테섬의 항구에 도착하여 겨울을 나기로 뜻을 세웠다.

13절

Ὑποπνεύσαντος δὲ νότου δόξαντες τῆς προθέσεως κεκρατηκέναι, ἄραντες ἆσσον παρελέγοντο τὴν Κρήτην.

그리고 순풍이 불자 그들은 뜻을 얻은 것으로 판단하고 돛을 올리고 크레테섬을 끼고 항해하고 있었다.

14절

μετ᾽ οὐ πολὺ δὲ ἔβαλεν κατ᾽ αὐτῆς ἄνεμος τυφωνικὸς ὁ καλούμενος
εὐρακύλων·

그런데 얼마 지나지 않아 '유라퀼론'이라는 폭풍이 배를 덮쳤다.

15절

συναρπασθέντος δὲ τοῦ πλοίου καὶ μὴ δυναμένου ἀντοφθαλμεῖν
τῷ ἀνέμῳ ἐπιδόντες ἐφερόμεθα.

그리고 배가 낚아채여서 버틸 수 없게 되자 우리는 바람에 맡긴 채로
끌려가고 있었다.

16절

νησίον δέ τι ὑποδραμόντες καλούμενον Καῦδα ἰσχύσαμεν μόλις
περικρατεῖς γενέσθαι τῆς σκάφης,

그리고 '카우다'라는 어떤 작은 섬 옆을 달릴 때 우리는 겨우 구조용 작은
배를 제어하여

17절

ἣν ἄραντες βοηθείαις ἐχρῶντο ὑποζωννύντες τὸ πλοῖον, φοβούμεν
οἵ τε μὴ εἰς τὴν Σύρτιν ἐκπέσωσιν, χαλάσαντες τὸ σκεῦος, οὕτως ἐφέρο
ντο.

그것을 끌어올려 끈을 사용하여 배의 본체에 단단히 묶어놓았다. 그리고
선원들은 암초에 부딪힐까 두려워하여 연장을 내리고 그렇게 끌려가고
있었다.

18절

σφοδρῶς δὲ χειμαζομένων ἡμῶν τῇ ἑξῆς ἐκβολὴν ἐποιοῦντο

그런데 우리가 폭풍에 심하게 시달리고 있을 때 다음날 그들은 배의 짐들을 내던지고 있었다.

19절

καὶ τῇ τρίτῃ αὐτόχειρες τὴν σκευὴν τοῦ πλοίου ἔρριψαν.

그리고 3일째 되는 날 그들은 자기들의 손으로 배의 연장을 내던졌다.

20절

μήτε δὲ ἡλίου μήτε ἄστρων ἐπιφαινόντων ἐπὶ πλείονας ἡμέρας, χειμ
ῶνός τε οὐκ ὀλίγου ἐπικειμένου, λοιπὸν περιῃρεῖτο ἐλπὶς πᾶσα τοῦ
σῴζεσθαι ἡμᾶς.

그리고 여러 날 동안 태양도 별들도 나타나지 않고 적지 않은 추위가 몰려들자 나중에는 우리가 구원받을 모든 희망이 사라졌다.

21절

Πολλῆς τε ἀσιτίας ὑπαρχούσης τότε σταθεὶς ὁ Παῦλος ἐν μέσῳ αὐτ
ῶν εἶπεν· ἔδει μέν, ὦ ἄνδρες, πειθαρχήσαντάς μοι μὴ ἀνάγεσθαι ἀπὸ
τῆς Κρήτης κερδῆσαί τε τὴν ὕβριν ταύτην καὶ τὴν ζημίαν.

그리고 여러 날 먹지 못하고 있을 때 바울이 그들 가운데 서서 말했다.
"사람들아, 나의 말을 믿고 이 손해를 가져온 재난을 당하지 않도록 크레테섬에서 출항하지 말았어야 했다.

22절

καὶ τὰ νῦν παραινῶ ὑμᾶς εὐθυμεῖν· ἀποβολὴ γὰρ ψυχῆς οὐδεμία ἔσται ἐξ ὑμῶν πλὴν τοῦ πλοίου.

그러나 지금 나는 너희가 용기를 내기를 권한다. 왜냐하면 배를 제외하고는 너희 중에 누구의 목숨도 잃는 일이 없을 것이기 때문이다.

23절

παρέστη γάρ μοι ταύτῃ τῇ νυκτὶ τοῦ θεοῦ, οὗ εἰμὶ ἐγὼ ᾧ καὶ λατρεύω, ἄγγελος

지난밤 내가 섬기는 하나님의 천사가 나에게 나타나

24절

λέγων· μὴ φοβοῦ, Παῦλε, Καίσαρί σε δεῖ παραστῆναι, καὶ ἰδοὺ κεχάρισταί σοι ὁ θεὸς πάντας τοὺς πλέοντας μετὰ σοῦ.

말했다. '두려워 말라, 바울. 네가 반드시 카이사르에게 갈 것이다. 그리고 보라! 하나님께서 너와 함께 항해하는 모든 사람을 너에게 맡기셨다.'

25절

διὸ εὐθυμεῖτε, ἄνδρες· πιστεύω γὰρ τῷ θεῷ ὅτι οὕτως ἔσται καθ' ὃν τρόπον λελάληταί μοι.

그러므로 용기를 내라, 사람들아. 왜냐하면 나는 나에게 이야기하신 그대로 이와 같이 될 것이라고 하나님을 믿기 때문이다.

26절

εἰς νῆσον δέ τινα δεῖ ἡμᾶς ἐκπεσεῖν.

그러나 우리는 반드시 어떤 섬에 좌초될 것이다."

27절

Ὡς δὲ τεσσαρεσκαιδεκάτη νὺξ ἐγένετο διαφερομένων ἡμῶν ἐν τῷ
Ἀδρίᾳ, κατὰ μέσον τῆς νυκτὸς ὑπενόουν οἱ ναῦται προσάγειν τινὰ αὐτο
ῖς χώραν.

그런데 14일째 되는 날 한밤중에 우리가 아드리아 바다에서 이리저리
끌려다니고 있을 때 선원들은 어떤 땅이 그들에게 다가오고 있는 것을
알아차렸다.

28절

καὶ βολίσαντες εὖρον ὀργυιὰς εἴκοσι, βραχὺ δὲ διαστήσαντες καὶ
πάλιν βολίσαντες εὖρον ὀργυιὰς δεκαπέντε·

그리고 수심을 재어본 후 20길을 확인했다. 그리고 조금 간격을 두고
나서 다시 수심을 재어본 후 15길을 확인했다.

29절

φοβούμενοί τε μή που κατὰ τραχεῖς τόπους ἐκπέσωμεν, ἐκ πρύμνης
ρίψαντες ἀγκύρας τέσσαρας ηὔχοντο ἡμέραν γενέσθαι.

그리고 그들은 어떤 거친 곳에 좌초될까 두려워하여 배 뒤쪽에서 네 개의
닻을 던진 후 날이 새기를 기도하고 있었다.

30절

Τῶν δὲ ναυτῶν ζητούντων φυγεῖν ἐκ τοῦ πλοίου καὶ χαλασάντων τὴν σκάφην εἰς τὴν θάλασσαν προφάσει ὡς ἐκ πρῴρης ἀγκύρας μελλόντων ἐκτείνειν,

그런데 선원들이 배에서 도망치려고 마치 배 앞에서 닻을 내리려는 것처럼 가장하여 바다로 구조용 작은 배를 내리고 있을 때,

31절

εἶπεν ὁ Παῦλος τῷ ἑκατοντάρχῃ καὶ τοῖς στρατιώταις· ἐὰν μὴ οὗτοι μείνωσιν ἐν τῷ πλοίῳ, ὑμεῖς σωθῆναι οὐ δύνασθε.

바울이 백인대장과 군인들에게 말했다. "만약 이 사람들이 배에 머물러 있지 않으면 너희는 구원받을 수 없다."

32절

τότε ἀπέκοψαν οἱ στρατιῶται τὰ σχοινία τῆς σκάφης καὶ εἴασαν αὐτὴν ἐκπεσεῖν.

그러자 군인들은 구조용 작은 배의 끈을 끊고 그것이 떨어져 나가도록 내버려두었다.

33절

Ἄχρι δὲ οὗ ἡμέρα ἤμελλεν γίνεσθαι, παρεκάλει ὁ Παῦλος ἅπαντας μεταλαβεῖν τροφῆς λέγων· τεσσαρεσκαιδεκάτην σήμερον ἡμέραν προσδοκῶντες ἄσιτοι διατελεῖτε μηθὲν προσλαβόμενοι.

그리고 날이 새려고 할 때 바울이 모두에게 음식을 취할 것을 권유하며

말했다. "우리가 음식을 먹지 않은 채 기다리기를 계속한 것이 오늘로 15일이다.

34절

διὸ παρακαλῶ ὑμᾶς μεταλαβεῖν τροφῆς· τοῦτο γὰρ πρὸς τῆς ὑμετέρας σωτηρίας ὑπάρχει, οὐδενὸς γὰρ ὑμῶν θρὶξ ἀπὸ τῆς κεφαλῆς ἀπολεῖται.

그러므로 나는 너희가 음식을 취할 것을 권한다. 왜냐하면 이것이 너희의 구원이 되고 너희의 머리에서 어느 누구의 머리카락도 잃지 않을 것이기 때문이다."

35절

εἴπας δὲ ταῦτα καὶ λαβὼν ἄρτον εὐχαρίστησεν τῷ θεῷ ἐνώπιον πάντ ων καὶ κλάσας ἤρξατο ἐσθίειν.

그리고 그는 이것들을 말하고 나서 모든 사람 앞에서 빵을 취한 후 하나님께 감사하고 쪼개어 먹기 시작했다.

36절

εὔθυμοι δὲ γενόμενοι πάντες καὶ αὐτοὶ προσελάβοντο τροφῆς.

그러자 모든 사람이 용기를 얻어 그들도 음식을 받아먹었다.

37절

ἤμεθα δὲ αἱ πᾶσαι ψυχαὶ ἐν τῷ πλοίῳ διακόσιαι ἑβδομήκοντα ἕξ.

그런데 배 안에 있는 우리는 276명이었다.

38절

κορεσθέντες δὲ τροφῆς ἐκούφιζον τὸ πλοῖον ἐκβαλλόμενοι τὸν σῖτ
ον εἰς τὴν θάλασσαν.

그리고 음식으로 만족한 후 선원들은 배를 가볍게 하기 위해 곡물을 바다
에 던져버리고 있었다.

39절

Ὅτε δὲ ἡμέρα ἐγένετο, τὴν γῆν οὐκ ἐπεγίνωσκον, κόλπον δέ τινα
κατενόουν ἔχοντα αἰγιαλὸν εἰς ὃν ἐβουλεύοντο εἰ δύναιντο ἐξῶσαι
τὸ πλοῖον.

그리고 날이 밝았을 때 그들은 해변을 가진 어떤 알지 못하는 땅을 주목하
고, 할 수 있으면 그 해변으로 배를 밀고 들어가려고 결정했다.

40절

καὶ τὰς ἀγκύρας περιελόντες εἴων εἰς τὴν θάλασσαν, ἅμα ἀνέντες
τὰς ζευκτηρίας τῶν πηδαλίων καὶ ἐπάραντες τὸν ἀρτέμωνα τῇ πνεούσῃ
κατεῖχον εἰς τὸν αἰγιαλόν.

그리고 닻들을 끊어서 바닷속에 내버려두었다. 그리고 페달의 줄을 풀고
바람에 맞추어 돛을 올리고 해변을 향하여 배를 고정시키고 있었다.

41절

περιπεσόντες δὲ εἰς τόπον διθάλασσον ἐπέκειλαν τὴν ναῦν καὶ ἡ
μὲν πρῷρα ἐρείσασα ἔμεινεν ἀσάλευτος, ἡ δὲ πρύμνα ἐλύετο ὑπὸ τῆς
βίας τῶν κυμάτων.

그리고 모래언덕으로 인해 바다가 갈라지는 곳을 향하여 밀고 들어가 배를 좌초시켰다. 그러자 배의 앞부분은 단단히 고정되어 흔들리지 않은 채 그대로 머물러 있었고 배의 뒷부분은 파도의 힘에 의해 부서지고 있었다.

42절

Τῶν δὲ στρατιωτῶν βουλὴ ἐγένετο ἵνα τοὺς δεσμώτας ἀποκτείνωσιν, μή τις ἐκκολυμβήσας διαφύγῃ.

그러자 군인들은 누가 헤엄쳐서 도망칠까 하여 죄수들을 죽이려고 했다.

43절

ὁ δὲ ἑκατοντάρχης βουλόμενος διασῶσαι τὸν Παῦλον ἐκώλυσεν αὐτοὺς τοῦ βουλήματος, ἐκέλευσέν τε τοὺς δυναμένους κολυμβᾶν ἀπο ρίψαντας πρώτους ἐπὶ τὴν γῆν ἐξιέναι

그러나 백인대장은 바울을 구원하기를 원했기 때문에 군인들의 뜻을 가로막고 헤엄칠 수 있는 사람들은 먼저 바다에 몸을 던져 땅으로 나가라고 명령했다.

44절

καὶ τοὺς λοιποὺς οὓς μὲν ἐπὶ σανίσιν, οὓς δὲ ἐπί τινων τῶν ἀπὸ τοῦ πλοίου. καὶ οὕτως ἐγένετο πάντας διασωθῆναι ἐπὶ τὴν γῆν.

그리고 나머지 사람들은 널빤지나 배에서 떨어진 무엇을 의지하여 땅으로 나가게 했다. 그리하여 이와 같이 모두가 땅에 구조되었다.

해설

    카이사르의 법정에 호소한 바울은 드디어 로마로 가게 된다. 그는 다른 죄수들과 함께 로마 황제 직속 보병부대의 율리우스라는 백인대장에게 넘겨진다. 바울을 태우고 이탈리아 반도를 향해 출발한 배는 거친 날씨 때문에 육지에 바짝 붙어서 조심조심 항해를 계속한다. 그러는 중 항해가 불가능한 겨울이 다가오자 월동하기 편한 항구를 찾아 떠난다. 그때 바울은 큰 재난과 손해가 있을 것이니 출항하지 말라고 충고한다. 그러나 호송 책임자인 백인대장은 바울의 말을 무시하고 선장과 선주의 의견을 따른다. 그러나 배는 얼마 가지 못해 큰 폭풍을 만나 그 엄청난 힘에 붙들려 15일 동안이나 지중해 바다를 이리저리 끌려다닌다. 그러는 동안 선원들은 배가 암초에 걸려 깨지지 않게 하려고 연장들을 바다에 던져버린다. 그리고 나중에는 화물도 버리고, 곡물도 버리고, 닻줄까지 끊어버린다. 남는 것은 사람의 목숨이다. 한편 배의 승객들은 음식도 제대로 먹지 못하고 죽음의 공포 속에 하루하루를 보내면서 생존의 희망을 포기한다. 그리하여 지중해 바다는 그들에게 암흑과 절망의 바다가 된다. 그때 하나님께서 바울에게 천사를 보내셔서 그가 반드시 카이사르의 법정에 설 것을 약속하시고 배 안에 있는 모든 사람의 목숨을 바울에게 맡기신다. 그 말씀에 힘을 얻은 바울은 절망 중에 있는 사람들 가운데 일어나 그들을 위로한다. 배는 어느 섬에 좌초될 것이지만 사람들은 모두 안전하게 구조될 것이라고 담대하게 선포한다. 그러고 나서 모든 사람 앞에서 빵을 들어 하나님께 감사한 후 쪼개 먹자 다른 사람들도 용기를 내어 음식을 먹고 기운을 차린다. 바울은 배 안에서 신적인 존재가 된다. 배는 바울의 예언대로 어느 섬에 좌초된다. 그러나 배 안에 있던 276명은 무시무시한 폭풍 속에서 살아남아 육지에 올라간다. 이 이야기는 죽음의 바다에서 살아남은 사람이 쓴 일종의 신앙 간증이다. 동시에 신학적 깊이를 가진 탁월한 문학 작품이다. 이야기의 주제는 인간의 연약성과 하나님의 초월성이다. 그러나 하나님의 직접적 개입은 없다. 하나님의 초월성은 자연을 통해 계시된다. 인간은 자연의 힘 앞에서 무력한 존재다. 인간의 위대성이라는 허구는 산산이 깨진다. 난파된 배는 인간의 실체를 계시한다. 그는 아무것도 아니며 없는 것이나 마찬가지다. 그것은 인간의 실체와 함께 하나님의 영광이 드러나는 계시의 현장이다. 그러나 하나님은 침묵 속에서 자신의 위대함을 드러내신다. 그리고 오직 한 사람, 바울을 통해서 말씀하신다. 그는 하나님의 대리인이며 계시의 통로다. 그러나 그는 연약한 육체이며 하나님 앞에서 자랑할 것이 없는 죄인이다. 그러므로 그의 영광은 그의 것이 아니다.

로마에 가다

사도행전 28:1-31

1절

Καὶ διασωθέντες τότε ἐπέγνωμεν ὅτι Μελίτη ἡ νῆσος καλεῖται.

그리고 구조된 후 그때 우리는 그 섬이 '멜리테'라 불리는 것을 알았다.

2절

οἵ τε βάρβαροι παρεῖχον οὐ τὴν τυχοῦσαν φιλανθρωπίαν ἡμῖν, ἅψαντες γὰρ πυρὰν προσελάβοντο πάντας ἡμᾶς διὰ τὸν ὑετὸν τὸν ἐφεστῶτα καὶ διὰ τὸ ψῦχος.

그런데 원주민들은 우리에게 범상치 않은 인간애를 베풀었는데, 그들은 내리고 있던 비와 추위 때문에 불을 피우고 우리 모두를 영접했다.

3절

Συστρέψαντος δὲ τοῦ Παύλου φρυγάνων τι πλῆθος καὶ ἐπιθέντος ἐπὶ τὴν πυράν, ἔχιδνα ἀπὸ τῆς θέρμης ἐξελθοῦσα καθῆψεν τῆς χειρὸς αὐτοῦ.

그런데 바울이 나뭇가지 몇 묶음을 모아서 불에 얹었을 때 독사가 열기 때문에 나와서 그의 손을 물었다.

4절

ὡς δε ειδον οἱ βάρβαροι κρεμαμενον το θηριον εκ της χειρός αυτού, προς ἀλλήλους ελεγον, Πάντως φονευς εστιν ὁ ἄνθρωπος οὗτος ὃν διασ ωθεντα εκ της θαλάσσης ἡ δικη ζην ουκ ειασεν.

그러자 원주민들은 그 동물이 그의 손에 매달려 있는 것을 보고 서로 말했다. "이 사람은 분명히 살인자다. 그가 바다에서는 구원받았지만 공의가 살아있는 것을 허락하지 않았다."

5절

ὁ μὲν οὖν ἀποτινάξας τὸ θηρίον εἰς τὸ πῦρ ἔπαθεν οὐδὲν κακόν,

그러나 그가 불 속에 그 동물을 떨어버렸을 때 그는 아무런 해를 당하지 않았다.

6절

οἱ δὲ προσεδόκων αὐτὸν μέλλειν πίμπρασθαι ἢ καταπίπτειν ἄφνω νεκρόν. ἐπὶ πολὺ δὲ αὐτῶν προσδοκώντων καὶ θεωρούντων μηδὲν ἄτοπ ον εἰς αὐτὸν γινόμενον μεταβαλόμενοι ἔλεγον αὐτὸν εἶναι θεόν.

그러자 그들은 그가 부어오르거나 갑자기 쓰러지리라고 예상하고 있었다. 그러나 그들이 한참 동안 기다리다가 그에게 아무 해로운 일이 생기지 않는 것을 보고서 생각을 바꾸어 그를 신이라 말하고 있었다.

7절

Ἐν δὲ τοῖς περὶ τὸν τόπον ἐκεῖνον ὑπῆρχεν χωρία τῷ πρώτῳ τῆς νήσου ὀνόματι Ποπλίῳ, ὃς ἀναδεξάμενος ἡμᾶς τρεῖς ἡμέρας φιλοφρόν ως ἐξένισεν.

그런데 그 장소 주변에는 그 섬의 우두머리인 포플리오스의 땅이 있었는데, 그가 우리를 영접하고 3일 동안 친절하게 숙박을 제공했다.

8절

ἐγένετο δὲ τὸν πατέρα τοῦ Ποπλίου πυρετοῖς καὶ δυσεντερίῳ συνεχόμενον κατακεῖσθαι, πρὸς ὃν ὁ Παῦλος εἰσελθὼν καὶ προσευξάμενος ἐπιθεὶς τὰς χεῖρας αὐτῷ ἰάσατο αὐτόν.

그런데 포플리오스의 아버지가 열병과 이질에 걸려 누워있었는데, 그를 향하여 바울이 들어가서 기도하고 그에게 안수하여 그를 고쳤다.

9절

τούτου δὲ γενομένου καὶ οἱ λοιποὶ οἱ ἐν τῇ νήσῳ ἔχοντες ἀσθενείας προσήρχοντο καὶ ἐθεραπεύοντο,

이 일이 생기자 그 섬에 나머지 연약함을 가지고 있는 사람들도 나와서 치료받고 있었다.

10절

οἳ καὶ πολλαῖς τιμαῖς ἐτίμησαν ἡμᾶς καὶ ἀναγομένοις ἐπέθεντο τὰ πρὸς τὰς χρείας.

그리고 그들은 많은 존경심으로 우리를 존대했다. 그리고 떠나는 우리에게 필요한 것들을 얹어주었다.

11절

Μετὰ δὲ τρεῖς μῆνας ἀνήχθημεν ἐν πλοίῳ παρακεχειμακότι ἐν τῇ νήσῳ, Ἀλεξανδρίνῳ, παρασήμῳ Διοσκούροις.

그리고 3개월 후 우리는 그 섬에서 겨울을 난 알렉산드리아 항구 소속으로 제우스의 쌍둥이 아들을 표시한 배에 올라갔다.

12절

καὶ καταχθέντες εἰς Συρακούσας ἐπεμείναμεν ἡμέρας τρεῖς,

그리고 시라쿠사에 정박하여 3일을 머물렀다.

13절

ὅθεν περιελόντες κατηντήσαμεν εἰς Ῥήγιον. καὶ μετὰ μίαν ἡμέραν ἐπιγενομένου νότου δευτεραῖοι ἤλθομεν εἰς Ποτιόλους,

거기서 두루 다니며 레기온에 도착했다. 그리고 하루 후에 남풍이 불어서 이튿날 포티올리로 갔다.

14절

οὗ εὑρόντες ἀδελφοὺς παρεκλήθημεν παρ᾽ αὐτοῖς ἐπιμεῖναι ἡμέρας ἑπτά· καὶ οὕτως εἰς τὴν Ῥώμην ἤλθαμεν.

거기서 우리는 형제들을 만나 위로를 받고 그들과 함께 7일 동안 머물렀다. 그리고 이와 같이 우리는 로마에 갔다.

15절

κἀκεῖθεν οἱ ἀδελφοὶ ἀκούσαντες τὰ περὶ ἡμῶν ἦλθαν εἰς ἀπάντησιν

ἡμῖν ἄχρι Ἀππίου φόρου καὶ Τριῶν ταβερνῶν, οὓς ἰδὼν ὁ Παῦλος εὐχα
ριστήσας τῷ θεῷ ἔλαβεν θάρσος.

거기서 형제들이 우리에 대한 소식을 듣고 우리를 만나러 아피우스 광장
과 세 여인숙까지 왔다. 바울은 그들을 보고서 하나님께 감사하고 용기를
얻었다.

16절

Ὅτε δὲ εἰσήλθομεν εἰς Ῥώμην, ἐπετράπη τῷ Παύλῳ μένειν καθ᾿
ἑαυτὸν σὺν τῷ φυλάσσοντι αὐτὸν στρατιώτῃ.

그런데 우리가 로마에 들어갔을 때 바울에게 그를 지키는 군인과 함께
따로 지내도록 허락되었다.

17절

Ἐγένετο δὲ μετὰ ἡμέρας τρεῖς συγκαλέσασθαι αὐτὸν τοὺς ὄντας
τῶν Ἰουδαίων πρώτους· συνελθόντων δὲ αὐτῶν ἔλεγεν πρὸς αὐτούς·
ἐγώ, ἄνδρες ἀδελφοί, οὐδὲν ἐναντίον ποιήσας τῷ λαῷ ἢ τοῖς ἔθεσιν
τοῖς πατρῴοις δέσμιος ἐξ Ἱεροσολύμων παρεδόθην εἰς τὰς χεῖρας τῶν
Ῥωμαίων,

그리고 3일 후 그는 유대인들 중의 우두머리들을 함께 불렀다. 그리고
그들이 왔을 때 그는 그들을 향하여 말하고 있었다. "형제들아, 나는 백성
에게나 우리 조상들의 관습에 아무 반대하지 않았으나 예루살렘에서
죄수가 되어 로마인들의 손에 넘겨졌다.

18절

οἵτινες ἀνακρίναντές με ἐβούλοντο ἀπολῦσαι διὰ τὸ μηδεμίαν αἰτίαν θανάτου ὑπάρχειν ἐν ἐμοί.

그들은 나를 심문하여 나에게 사형에 처할 아무런 근거가 없으므로 석방하려고 결정했다.

19절

ἀντιλεγόντων δὲ τῶν Ἰουδαίων ἠναγκάσθην ἐπικαλέσασθαι Καίσαρα οὐχ ὡς τοῦ ἔθνους μου ἔχων τι κατηγορεῖν.

그러나 유대인들이 반대하므로 어쩔 수 없이 카이사르에게 호소한 것이지 내 민족을 고발할 무엇을 가지고 있는 것은 아니다.

20절

διὰ ταύτην οὖν τὴν αἰτίαν παρεκάλεσα ὑμᾶς ἰδεῖν καὶ προσλαλῆσαι, ἕνεκεν γὰρ τῆς ἐλπίδος τοῦ Ἰσραὴλ τὴν ἅλυσιν ταύτην περίκειμαι.

그러므로 이런 이유로 내가 너희를 보고 함께 이야기하기 위해 불렀으니, 나는 이스라엘의 희망 때문에 이 사슬에 묶여 있다."

21절

οἱ δὲ πρὸς αὐτὸν εἶπαν· ἡμεῖς οὔτε γράμματα περὶ σοῦ ἐδεξάμεθα ἀπὸ τῆς Ἰουδαίας οὔτε παραγενόμενός τις τῶν ἀδελφῶν ἀπήγγειλεν ἢ ἐλάλησέν τι περὶ σοῦ πονηρόν.

그러자 그들은 그를 향하여 말했다. "우리는 유대로부터 당신에 대한 문서들을 받은 일도 없고, 형제들 중 누가 와서 당신에 대한 어떤 나쁜 것을 알리거나 이야기한 적이 없다.

22절

ἀξιοῦμεν δὲ παρὰ σοῦ ἀκοῦσαι ἃ φρονεῖς, περὶ μὲν γὰρ τῆς αἱρέσεως ταύτης γνωστὸν ἡμῖν ἐστιν ὅτι πανταχοῦ ἀντιλέγεται.

그리고 우리는 당신이 생각하고 있는 것들을 당신으로부터 듣는 것이 옳다고 생각한다. 왜냐하면 이 분파에 대하여는 그것이 모든 곳에서 반대를 받고 있다는 것으로 우리에게 알려져 있기 때문이다.”

23절

Ταξάμενοι δὲ αὐτῷ ἡμέραν ἦλθον πρὸς αὐτὸν εἰς τὴν ξενίαν πλείονες οἷς ἐξετίθετο διαμαρτυρόμενος τὴν βασιλείαν τοῦ θεοῦ, πείθων τε αὐτοὺς περὶ τοῦ Ἰησοῦ ἀπό τε τοῦ νόμου Μωϋσέως καὶ τῶν προφητῶν, ἀπὸ πρωῒ ἕως ἑσπέρας.

그리고 그들은 그에게 날을 정한 후 자주 그를 향하여 숙소로 왔다. 그리고 그는 그들에게 하나님의 나라를 제시하며 증거했다. 그리고 아침부터 저녁까지 모세의 율법과 선지자들을 가지고 예수에 대하여 그들을 설득했다.

24절

καὶ οἱ μὲν ἐπείθοντο τοῖς λεγομένοις, οἱ δὲ ἠπίστουν·

그러자 그의 말을 믿는 자들도 있었고, 믿지 않는 자들도 있었다.

25절

ἀσύμφωνοι δὲ ὄντες πρὸς ἀλλήλους ἀπελύοντο εἰπόντος τοῦ Παύλου

ῥῆμα ἕν, ὅτι καλῶς τὸ πνεῦμα τὸ ἅγιον ἐλάλησεν διὰ Ἡσαΐου τοῦ προφή
του πρὸς τοὺς πατέρας ὑμῶν

그런데 그들이 서로 일치하지 못하여 흩어질 때 바울이 한마디 말을
했다. "성령께서 선지자 이사야를 통하여 너희 조상들을 향하여 잘 이야
기하셨다.

26절
λέγων·

πορεύθητι πρὸς τὸν λαὸν τοῦτον καὶ εἰπόν·ἀκοῇ ἀκούσετε καὶ οὐ
μὴ συνῆτε
καὶ βλέποντες βλέψετε καὶ οὐ μὴ ἴδητε·

말씀하시기를,
'이 백성을 향하여 가서 말하라. 너희는 귀로 들으나 깨닫지 못하고, 보기
는 보아도 보지 못하리라.

27절
ἐπαχύνθη γὰρ ἡ καρδία τοῦ λαοῦ τούτου καὶ τοῖς ὠσὶν βαρέως ἤκουσαν
καὶ τοὺς ὀφθαλμοὺς αὐτῶν ἐκάμμυσαν·μήποτε ἴδωσιν τοῖς ὀφθαλ
μοῖς
καὶ τοῖς ὠσὶν ἀκούσωσιν
καὶ τῇ καρδίᾳ συνῶσιν καὶ
ἐπιστρέψωσιν, καὶ ἰάσομαι αὐτούς.

이는 이 백성의 마음이 둔해졌고 귀로 느리게 듣고 눈을 감았으니,
이는 그들이 눈으로 보지 못하고 귀로 듣지 못하고

마음으로 깨닫지 못하고 돌아서지 못하여

내가 그들을 치료하지 못하게 하려는 것이다.'

28절

γνωστὸν οὖν ἔστω ὑμῖν ὅτι τοῖς ἔθνεσιν ἀπεστάλη τοῦτο τὸ σωτήρι

ον τοῦ θεοῦ· αὐτοὶ καὶ ἀκούσονται.

그러므로 너희는 알라. 하나님의 이 구원이 이방인들에게 보내질 것이
다. 그러면 그들은 들을 것이다."

29절

(없음)

30절

Ἐνέμεινεν δὲ διετίαν ὅλην ἐν ἰδίῳ μισθώματι καὶ ἀπεδέχετο πάντας

τοὺς εἰσπορευομένους πρὸς αὐτόν,

그리고 그는 만 2년을 자기의 셋집에서 머물면서 그를 향하여 들어오는
모든 사람을 영접하고

31절

κηρύσσων τὴν βασιλείαν τοῦ θεοῦ καὶ διδάσκων τὰ περὶ τοῦ κυρίου

Ἰησοῦ Χριστοῦ μετὰ πάσης παρρησίας ἀκωλύτως.

하나님의 나라를 선포하고 많은 담대함을 가지고 주 예수 그리스도에
대한 것들을 가르쳤다.

해설

바울이 타고 있던 배가 좌초된 곳은 멜리테(몰타)섬이었다(몰타섬은 훗날 중세 십자군 기사단의 본거지로서 이슬람과의 전쟁에서 기독교 세력을 수호하는 최전선 방파제 역할을 한다). 그는 거기서도 성령의 능력으로 병고침과 기적을 행하여 신적 존재로 존경받는다. 거기서 겨울을 난 후 시칠리아섬을 거쳐 마침내 로마에 도착한다. 누가는 그 감격을 이렇게 표현한다.

και ούτως εις την Ρωμην ηλθομεν
그리고 이와 같이 우리는 로마에 갔다.

이 짧은 문장에는 얼마나 많은 사연이 들어 있는가? 여기에는 많은 고생과 눈물과 두려움이 감추어져 있다. 그들은 죽음의 고비를 넘겨가면서 거기에 갔던 것이다. 바울이 간절히 소망했던 로마로의 길은 그가 원하지도 않았고 상상하지도 못한 과정을 통해 이루어지는데, 그 속에는 하나님의 기묘한 섭리의 손길이 작용한다. 거기에는 그 어떤 인간의 공로도 의로움도 확신도 용기도 영광도 사라지고, 오직 천지 만물을 창조하시고 다스리시는 절대적 존재자의 능력과 위대성만이 계시된다.

그는 형제들을 만나 위로를 받고 안도의 숨을 쉰다. 그리고 하나님께 감사하며 큰 용기를 얻어 로마에서의 새로운 삶을 시작한다. 그러나 로마에서의 삶은 다른 곳에서의 삶과 다른 것이 없었다. 그는 죄수의 신분이었기에 유대교 회당을 방문하여 강론하지는 못했으나, 먼저 로마에 있는 유대인 공동체 지도자들을 초청해 자신에 대하여 변론한 후 예수 그리스도를 전한다. 그는 로마에서도 유대인들의 반발에 부딪히고 이방인들에게로 방향을 돌린다. 그러나 유대인들에 의한 폭동은 일어나지 않는다. 그것은 제국의 수도에서는 용납될 수 없는 중대 범죄였기 때문이다. 그는 2년 동안 셋집에서 감시를 받으면서도 자유롭게 복음을 전파했는데, 그 후의 이야기는 생략되어 있다. 그렇기 때문에 그는 우리에게 영원히 불굴의 투사로 남아 있다. 사도행전의 저자가 베드로와 바울의 순교 소식을 전하지 않는 것은 인간의 업적이 우상화되는 것을 피하려는 의도로 보인다. 오늘날 인간이 우상화되는 시대에 우리가 깊이 생각해 봐야 할 대목이다.